青柳健隆
Aoyagi Kenryu

岡部祐介
Okabe Yusuke

編著

部活動の論点

「これから」を考えるためのヒント

旬報社

まえがき

「部活動ってなくなるんでしょう？」。

1年ほど前にそんな声を聞き，「そうか，そう思っている（部活動の議論がそう伝わっている）人もいるのか」と驚きました。確かに，議論のひとつの方向性として部活動の縮小や地域への移行もあるのは事実です。「ブラック部活動」という言葉が生まれ，忌避すべき対象としてのイメージを大きくした方もいるでしょう。しかし，部活動環境を改善するために議論されていることはそれだけではありません。

多くの人が中学生や高校生のころに部活動を経験し，大人になってからもお子さんやお孫さんが加入しているなど，日本人にとって部活動はとても身近な存在です。自分の所属する部署やグループの中で，部活動の経験者が1人もいないことの方が珍しいのではないでしょうか。それでも，部活動の実態を知っている人はあまり多くない印象です。

本書では部活動について多様な視点から眺め，考察することにトライしています。部活動関連の書籍はスポーツや教育の専門家が執筆している場合が多いのですが，本書にはスポーツや教育の研究者に加えて，哲学，倫理学，男性学，メディア文化論，現代日本社会論などを専門とする研究者にも参加していただき，これまであまり論じられていないような部分にも光を当てています。また，章としては紙面を割けなかった部活動に関わるユニークなテーマを16編のコラムとしてちりばめました。

今，部活動にどのようなイメージを持っていますか？　子どものため，先生のため，社会のために部活動はどうあってほしいと思いますか？　本書の各章・コラムをヒントに，今一度フラットな視点から部活動について考えてみませんか？　その先にきっと，これからの部活動の在り方が見えてくるはずです。

2019年10月

青柳健隆

もくじ

第1章

部活動の基礎知識

青柳健隆

関東学院大学准教授

　本章では，部活動の制度的位置づけや実施状況，部活動に関する研究成果，部活動が抱える問題点などについての基礎知識を整理する。そうして，続く各章の理解を深め，読者が共通認識を持って議論できるようにすることを目指している。歴史的な部分は他章に譲り，本章ではあくまでも部活動の現状についてまとめる。

1——部活動の制度的位置づけ

(1)　学習指導要領における部活動の理念

　小中学校や高校の教育内容は「学習指導要領」という，いわば教育マニュアルのようなものに従って行われている。学習指導要領は学校教育法施行規則にもとづいて作成されているため，法的な拘束力があり学校教育への影響力が強いものである。その学習指導要領[1]のなかで，部活動については次のように記述されている。

　生徒の自主的，自発的な参加により行われる部活動については，スポーツや文化，科学等に親しませ，学習意欲の向上や責任感，連帯感の涵養等，学校教育が目指す資質・能力の育成に資するものであり，学校教育の一環として，教育課程との関連が図られるよう留意すること。その際，学校や

地域の実態に応じ，地域の人々の協力，社会教育施設や社会教育関係団体等の各種団体との連携などの運営上の工夫を行い，持続可能な運営体制が整えられるようにするものとする。

ここで確認しておきたいのは，①部活動は生徒の自主的・自発的な参加により行われるという前提があること，②学校教育が目指す資質・能力の育成に資するものであるという認識が持たれていること，③学校教育の一環として，教育課程との関連が図られるように留意するべきものであることの3点である。

①について，本来（理念的に）部活動は，やりたい生徒が集まって自主的・自発的に行う活動であるとされている。たとえば，大学のサークル活動や社会人クラブのようなものである。しかし，実際には自主的・自発的な参加により成り立っていない場合もある。部活動の強制加入率（いずれかの部活動に入部することが義務づけられている学校の割合）は中学校で31.8%（公立32.5%，私立21.8%），高校で19.5%（公立23.7%，私立7.3%）であることが示されている[2]。また，「部活動に入るのが当たり前」というような風潮など，自主的・自発的というよりは成り行きによって入部している生徒もいる[3]。

②について，部活動を行うことは「学習意欲の向上」や「責任感，連帯感の涵養」などに関連していると考えられている。または，これらをねらいの一部として部活動は実施されるべきものであるとも捉えることができる。学習指導要領のこの記述からは，部活動が教育上効果的なものであると理解されていることがわかる。具体的にどのような効果があるのかについては，後述する「3　部活動の効果に関する研究成果」にて説明する。

③について，部活動はあくまでも学校教育の一環であることは顧問教員だけではなく部員，保護者，学外の指導者など，部活動にかかわるすべての関係者が共有すべき前提である。しかし，部活動を教育活動と認識していない関係者も少なからずいるようである。この前提がないがしろにされると，「勝てばいい」といった勝利至上主義の考え方や，体罰・ハラスメントが生じる原因にもなってしまう。この「学校教育の一環である」という点が，部

活動と学校外で行われる習い事やクラブ活動との大きな違いであるといえよう。

　どちらが正しいと言い切れるものではないが，学習指導要領に示されている部活動の理念と，実際に行われている部活動（または人々が考える部活動というもの）には相違も多い。

(2)　部活動の在り方に関する総合的なガイドライン

　2018 年 3 月，スポーツ庁は「運動部活動の在り方に関する総合的なガイドライン」[4] を示した。ガイドラインでは，①適切な運営のための体制整備，②合理的でかつ効率的・効果的な活動の推進のための取組，③適切な休養日等の設定，④生徒のニーズを踏まえたスポーツ環境の整備，⑤学校単位で参加する大会等の見直しの 5 つの項目について提言を行っている。詳細は原典を参照していただきたいが，このガイドラインの要点のひとつに具体的な休養日等の設定について言及した点が挙げられる。ガイドライン中に示された基準は以下のとおりである。

・学期中は，週当たり 2 日以上の休養日を設ける。平日は少なくとも 1 日，土曜日及び日曜日（以下「週末」という。）は少なくとも 1 日以上を休養日とする。週末に大会参加等で活動した場合は，休養日を他の日に振り替える。
・長期休業中の休養日の設定は，学期中に準じた扱いを行う。また，生徒が十分な休養を取ることができるとともに，運動部活動以外にも多様な活動を行うことができるよう，ある程度長期の休養期間（オフシーズン）を設ける。
・1 日の活動時間は，長くとも平日では 2 時間程度，学校の休業日（学期中の週末を含む）は 3 時間程度とし，できるだけ短時間に，合理的でかつ効率的・効果的な活動を行う。

　このように，週 2 日の休養日を設けること，オフシーズンを設けること，平日 2 時間程度・休日 3 時間程度という時間規制を設けることが提言されて

図 1-1　ガイドラインの遂行体制

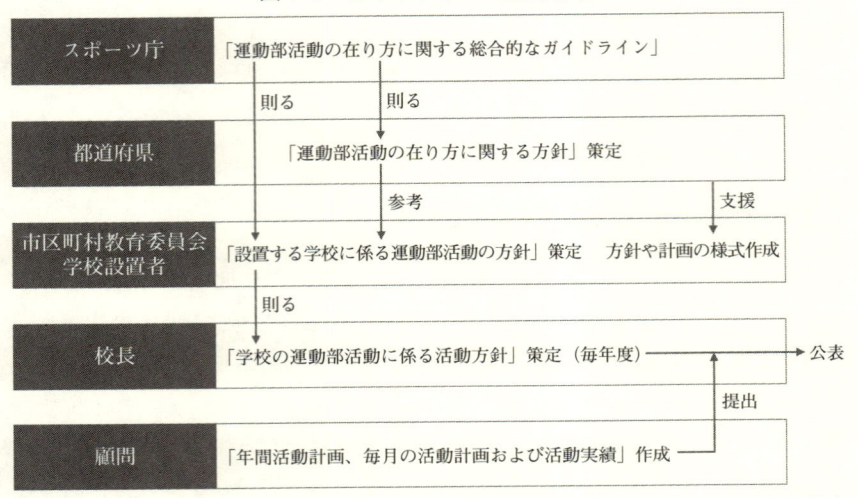

出典：スポーツ庁（2018）「運動部活動の在り方に関する総合的なガイドライン」をもとに筆者作成。

いる。

　また，もうひとつこのガイドラインの特徴として遂行体制まで細かく盛り込んだ点がある。ガイドラインで示された基準をもとに都道府県が休養日および活動時間等の方針を策定し，都道府県の方針をもとに学校設置者（市区町村教育委員会等）が休養日および活動時間等の方針を策定し，学校設置者の方針をもとに校長が休養日および活動時間等の活動方針を策定し，顧問の作成した活動計画と合わせて学校のホームページ等で公表することとなっている。最終的に公表することと定めたことで，方針策定の強い原動力となると考えられる（**図1-1**）。また，スポーツ庁はガイドラインにもとづく全国の運動部活動改革の取組状況について定期的にフォローアップすることとしており，チェック体制も強化された。

　もう一点ガイドラインの興味深い部分は，生徒のニーズを踏まえた運動部の設置に言及している点である。具体的な例として，季節ごとに異なるスポーツを行う活動（シーズンスポーツ），競技志向でなくレクリエーション志向で行う活動，体つくりを目的とした活動等が挙げられ，活動内容の多様

化が提案された。なお，本ガイドラインは義務教育である中学校段階の運動部活動（国公私立すべて）を主な対象としているが，高校段階の運動部活動についても原則として適用することが記載された。

さらに，2018年12月には「文化部活動の在り方に関する総合的なガイドライン」[5] が公表された。内容的には運動部活動同様の休養日および活動時間の基準，遂行体制（各学校による公表），多様なニーズを踏まえた活動の設置が提示されている。

新聞等[6] ではガイドラインを踏まえた各自治体での対応が報じられており，早いところでは学校現場への影響が出始めている。ただし，ガイドラインに違反したことに対しての罰則はなく，ガイドラインを守っている学校と守らない学校の競技力に差が生じるなどの不公平を招く可能性もあり，運用にはさらなる工夫が求められるだろう。

2——部活動の実施状況

続いて，どのくらいの生徒が部活動に参加しているのか，またどのくらい活動しているのかを整理する。

(1) 部活動加入状況

スポーツ庁が実施した運動部活動等に関する実態調査[7] によると，公立中学校で92.0％，私立中学校で90.9％，公立高校で84.0％，私立高校で72.3％の生徒が部活動に加入していた。そのなかで運動部活動には公立中学校で73.2％，私立中学校で64.6％，公立高校で56.6％，私立高校で48.3％の生徒が加入している（複数所属も含める）。文化部活動には，公立中学校で19.5％，私立中学校で29.3％，公立高校で29.2％，私立高校で25.1％の生徒が加入していた（図1-2）。運動部活動について男女で比較すると，平均よりも10〜15％程度男子で加入率が高く，10〜15％程度女子で低いことがわかっている[8]。反対に，文化部活動への加入率は平均よりも10〜15％程度女子が高く，10〜15％程度男子で低い[9]。運動部活動への加入率の推移については，2000年代に入ってから大きな変化はない（高校では微増。ただし少子

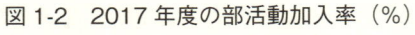

図1-2　2017年度の部活動加入率（%）

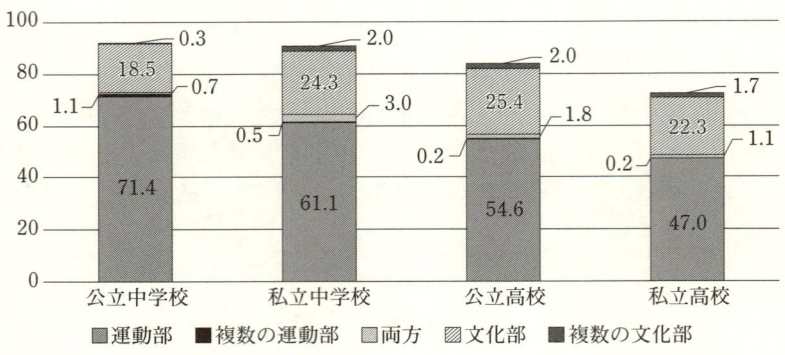

凡例：■運動部　■複数の運動部　□両方　▨文化部　■複数の文化部

化にともない，加入者数は減少している）[10]。

(2)　部活動実施日数および時間

　次に，部活動の実施日数および時間について確認する。ガイドラインでは平日と土日にそれぞれ1日ずつ，計2日は休養日とすること，また平日の活動時間は2時間，土日は3時間を目安とすることが提言された。しかし，現在の活動日数は，中学校運動部の88.0%，高校運動部の90.8%が週5日以上であった。また，文化部では中学校で64.2%，高校で44.4%が週5日以上であった（**図1-3**）。活動時間も，平日に2時間以上活動している運動部が中学校で58.4%，高校で73.8%，文化部では中学校で47.3%，高校で40.1%存在していた（**図1-4**）。また，土日についても3時間以上活動している運動部が5割程度，文化部では2〜4割程度であった（**図1-5**）。運動部，文化部ともにガイドライン以上の日数，時間で活動している部活動が多数存在していた。ガイドラインの基準が適切か（まだ長すぎるか，または短いか。筋，神経系，心理面，生活面など，何に対して適切か）についてはさらなる検証が必要であるが，現状のガイドラインに対しては実際の活動状況が上回っているといえる。

　このように，ほぼ毎日，2時間以上の活動をしている部活動（簡易試算：2.5時間 × 6日 × 50週 = 750時間）は，年間に行う授業時数（中学校の場合，

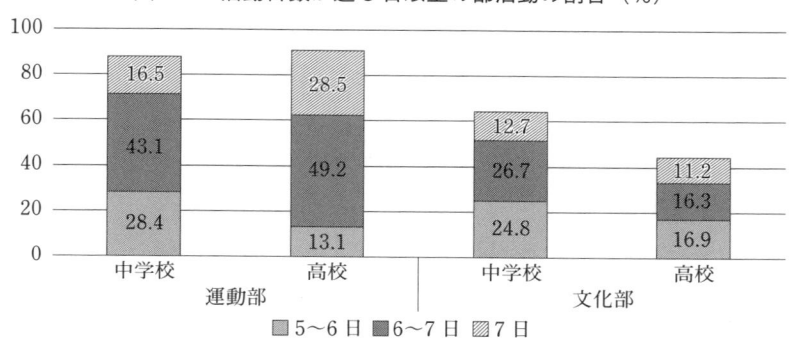

図 1-3　活動日数が週 5 日以上の部活動の割合（%）

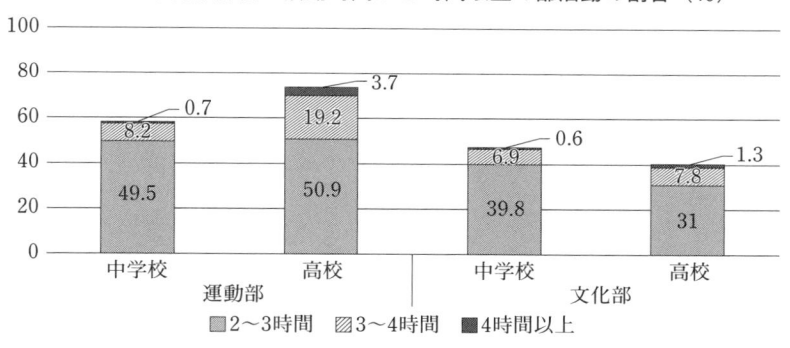

図 1-4　平日放課後の活動時間が 2 時間以上の部活動の割合（%）

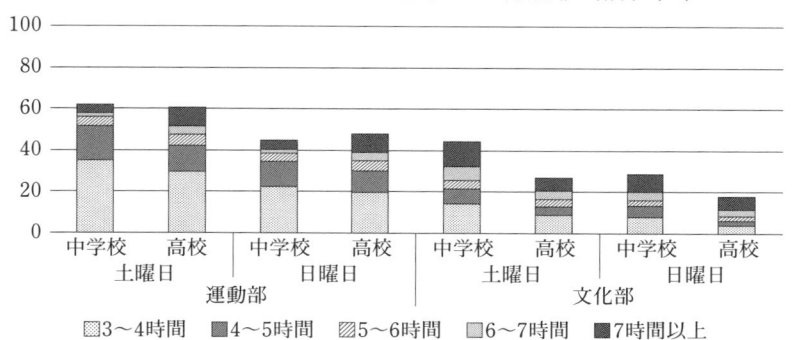

図 1-5　週末の活動時間が 3 時間以上の部活動の割合（%）

出典：図 1-2〜5 すべて，スポーツ庁（2018）『平成 29 年度　運動部活動等に関する実態調査報告書』東京書籍をもとに筆者作成。

50 分 × 年間 1015 コマ = 845 時間）と比べても遜色のないほど長い時間であることがわかる。過半数を超える生徒が多くの時間を費やす部活動は，いかに巨大な教育活動であるかを再認識する必要がある。

3── 部活動の効果に関する研究成果

部活動改革について論じる際，部活動がどのような機能や効果を持つのか理解していないと正しい判断が行えない。部活動に参加することで技能が向上することや，運動部であれば体力が向上することなどは納得感があるだろうが，それ以外にはどのような効果があるのだろうか。ここでは学術論文を参照し，部活動の効果についてこれまでわかっていることをまとめる。

(1) 部活動の効果に関する日本の研究

特に運動部活動の効果として，毎年学校で行われている新体力テストの結果を用いた研究がある[11]。それらによると，中学校，高校ともに運動部活動所属者のほうが非所属者よりも新体力テストの各項目で高い得点を示した（研究により統計的に意味のある差の認められた項目は多少異なるが，平均値は基本的に部活動所属者が良い）ことが報告されており，運動部活動加入者のほうが体力・運動能力が高いことがわかる。また女子に限ってであるが，中学1年生から3年生までのあいだに，部活動所属者の体力テストの結果のほうが伸びたという経時的（縦断的）な結果も示されている[12]。部活動の身体面に関する効果についてはそれほど研究が多くはないが，部活動についての研究だけでなく青少年の健康や発育発達に関する多くの研究から，運動やスポーツが体力向上に有効であることはよく知られており，運動部活動への参加は身体面に良い効果があることは間違いないだろう。

また，心理面についての研究としては，たとえばレジリエンス（精神的回復力），ストレス対処能力に関するものがある。そこでは運動部活動参加者は非参加者に比べてレジリエンスが高いこと[13]，運動部活動の競技状況スキル（スポーツ場面における他者とのかかわりに関する対人スキルと目標達成に向けた取り組みに関する個人スキル）が間接的にレジリエンスに影響し

ていること [14]，運動部や文化部への所属経験が就職後のストレス対処への積極的行動と関連していること [15] が示されている。

　そのほかに部活動の効果についての研究として比較的多いのはライフスキルの研究である。ライフスキルは WHO においては「日常生活で生じる様々な問題や要求に対して，建設的かつ効果的に対処するために必要な能力」と定義され，具体的には，意思決定，問題解決，創造的思考，批判的思考，効果的コミュニケーション，対人関係スキル，自己意識，共感性，情動への対処，ストレスへの対処を含むスキルである [16]。学習指導要領において目指されている「生きる力」にも通じる概念であり，運動部活動参加者のほうが非参加者に比べてライフスキルが高いことが複数の研究で示されている [17]。同一の対象者に複数回調査を行った研究では，運動部活動での経験が日常生活に転化されるという因果関係も示された [18]。また，運動部活動に参加することがライフスキルを高め，進路成熟（進路を選択・決定しようと模索する行動）につながることも報告されている [19]。部活動参加と進路成熟の関連を支持する研究として，運動部員のほうがキャリア形成能力（人間関係形成・社会形成能力，自己理解・自己管理能力，課題対応能力，キャリアプランニング能力）が高いとする研究結果 [20] や，運動部活動参加者の社会性（意思表示，目標遂行，対人関係，創意工夫）が非参加者等に比べて高いという研究 [21] もある。

　また，学業に関係して，中学校の運動部と文化部ともに部活動への意欲が学習意欲に関連しているという研究 [22] や，中学校の部活動において，部活動への積極性が学業コンピテンス（勉強ができるという感覚）やその後の学校生活への満足感に影響しているという研究結果 [23] もある。

　わが国の運動部活動に関する研究論文を概観すると，部活動加入者は非加入者に比べて諸能力が高いといえそうである。一部の論文からは，部活動加入が諸能力へ好影響を与えていることもうかがえた。これらの結果は多くの教員の経験的な実感とも一致するものだろう。しかし，横断的な（因果関係ではなく相関関係を見る）デザインの研究が多く，まだまだ部活動の効果に関する研究が十分に蓄積されているとはいえない（たとえば，もともと諸能力が高い生徒が部活動を選択して入部している可能性を排除できない研究デ

ザインもある)。

　では今後，どのような研究が必要になってくるだろうか。部員を対象に部活動で何を学んだかを聞き取るような研究は因果関係を予想するのには有用だが，「部活動に入らなかった自分」とは比較できないため，どちらが優れているかはわからない（部活動に入らずに，その時間にほかの経験をしていたらどのような成長ができたのだろうか）。また，顧問教員の目から見た部活動加入者と非加入者を比較した成長の違いなども因果的な示唆を与えうるが，主観的な評価になってしまうことや成長の程度の（数値的な）理解が難しいことが課題となる。

　部活動の効果を知るという目的のためだけにも，様々な，そして質の高い研究手法を用いて研究を重ねる必要がある。効果を示すための条件は単なる参加の有無なのか，その部活動での活動内容なのか，指導者のかかわりなのかなど，部活動のなかのいったいどのような要素が影響したのかについても着目したい点である。

(2)　課外活動に関する海外の研究

　日本だけではなく海外においても，学校で行われるスポーツや文化的な課外活動 (School-based Extracurricular Activity) は青少年の健全育成 (Positive Youth Development) にとって重要なものとして認識されている。海外ではどのような研究が行われているのかを見てみよう。ここでは，関連するテーマについて網羅的に論文を収集し，そのテーマについてこれまでわかっていることをまとめた Farb & Matjasko (2012)[24] の総説（レビュー）論文を参照する。

　この論文では，2004 年から 2009 年のあいだに発表された論文を対象に，主にアメリカの学校の課外活動と学業成績（学業的達成），薬物使用，性行為，心理的適応，非行との関連をまとめている。

　学業面については，GPA（評定平均），テストの点数，学習意欲（進学意欲），学習態度（学校が好きか，学校に行きたいか，学校との結合性）などが変数として扱われている。そして，レビューされた研究の多くでは活動に参加すると学業面でも望ましい成果が出ているという関係が見出された。以

下が例である。

・10年生時に学校主催活動に参加していることは，12年生時の数学テスト
の得点が高いことおよび大学への進学意欲が高いことに関連している
（Dumais, 2009）。

・6～9年生において，課外活動に時間を費やすことは学校での自尊心や学
校との結合性が高いことと関連があるが，成績とは関連がなかった
（Dotterer, McHale, & Crouter, 2007）。

・高校時代に学校スポーツに参加していた女子生徒は参加していない女子生
徒に比べて大学を卒業する割合が高い。また数学とリーディングのテスト
でも高い点数を示した（Troutman & Dufur, 2007）。

・10年生時のスポーツや学術的活動への参加は進学意欲と10年後の収入に
影響している（Lleras, 2008）。

　薬物使用には，違法薬物（マリファナなど），飲酒，喫煙などが含まれる。
まとめると，課外活動に参加しているほうが薬物使用は少ないという結果が
一般的である。ただし，スポーツ参加者については飲酒が多いという報告も
ある。

・8年生時の課外活動参加が少ないと，12年生時の薬物使用障害および喫煙
が増加する（Bohnert & Garber, 2007）。

・スポーツ参加は 現在およびその後の飲酒を増加させる。一方，その他の
活動参加者は飲酒が少なく，8年生時のパフォーマンス活動やファイン
アート活動は9年生時や10年生時の飲酒が少ないことを予測する
（Denault et al. 2009）。

・高校スポーツ参加者は活動非参加者や他の活動への参加者と比べて飲酒が
多い。また，マリファナ使用は非参加者に比べて少ないが，その他の活動
への参加者よりは多い（Darling, 2005）。

　性行為はパートナーの数，性交の頻度，初めての性交の年齢，10代での
出産などが変数として扱われる。性行為自体が悪いわけではないという考え
方もあろうが，性病や望まない妊娠につながる可能性もあるため，いくつも

の研究で指標として扱われていると推察する。ただ，結果は混在しているため，どのような活動が性行為に関連しているのかは結論づけられていない。

・13〜16歳において，学校スポーツに参加していることやスポーツ参加の頻度は軽微な非行（性行為，浮気，罵り，親との対立，飲酒，嘘，門限破り，ずる休み）とは関連がなかった。しかし，ジョックアイデンティティ（スポーツマンであるという認識）は非行と関連していた（Miller et al. 2007）。

・15〜18歳において，楽器演奏・歌唱，工芸・手芸・裁縫，娯楽のための読書，音楽を聴くこと，クラブ参加，スカウトなどの趣味活動や課外活動参加者は，それ以外の時間の過ごし方をしている者よりも性行為が少ない（Barnes et al. 2007）。

・その高校のスポーツ参加率と近隣の青少年の逮捕率および10代での出産率には関連がなかった（Cohen et al. 2007）。

心理的適応については，抑うつ，負の情動，ネガティブ感情，自尊心，ウェルビーイング，自己概念などに関する研究が行われている。心理面の評価の多くには妥当性の検証された尺度（CBCL: Child Behavior Checklist, CDI: Children's Depression Inventory, CES-D: The Center for Epidemiologic Studies Depression Scale など）が用いられている。

・7年生において，スポーツ参加者は非参加者に比べて自尊心が高く，社会的能力があると教師から評価され，またシャイではない（McHale et al. 2005）。

・11年生でのスポーツ参加者は抑うつ傾向が低く，自尊心が高い（Fredricks & Eccles, 2006）。

・11年生において，宗教的奉仕活動参加はアイデンティティ構築，感情制御，対人能力の発達に関連している。スポーツや芸術活動参加は自発性の発達に関連するが，スポーツはストレスも大きい。サービス活動参加はチームワークの発達，良好な関係，ソーシャルキャピタルに関連している（Larson, Hansen, & Moneta, 2006）。

・中学校におけるスポーツと芸術活動参加者は高いレベルの没頭を感じてい

る。スポーツ参加者は集中的な努力，重要性，没頭を感じているが，ネガティブ感情は高くない。芸術活動参加者は高い内発的モチベーション，集中的な努力，没頭を感じており，無気力さは低い（Shernoff & Vandell, 2007）。

最後に，非行には反社会的行動，不正行為，逮捕，リスク行動，いじめ，虐待，けんかなどが含まれる。以下に紹介するのは一部だが，非行については特に結果が混在しており，課外活動への参加が非行にどのように影響するのかはいまだ結論にいたっていない。

・10年生において，学校対抗スポーツ（野球，ソフトボール，バスケットボール，フットボール，サッカーなど）に参加している生徒はいじめられにくい（Peguero, 2008）。
・7〜12年生において，学校での課外活動（スポーツ，アート，アカデミック）への参加者は非行が少なかった。（Guest & McRee, 2009）
・高校スポーツへの参加は万引きの少なさと関連していた。またスポーツ参加に対する重要性の認識とスポーツに費やした時間の長さは30歳時における万引きの少なさと関連していた（Hartmann & Massoglia, 2007）。

さて，いかがだっただろうか。日本とはやや違い，海外における課外活動研究では，学校で行われるスポーツ活動，アート（美術・表現）活動，生徒会活動，ボランティア活動など課外活動を広くとらえ，参加者の特徴や活動の効果を検証しようとしている研究が多いようである。また，ポジティブな面だけでなく薬物使用，性行為，非行などのネガティブな面に着目した研究も数多くなされている。ここでは参加の有無を主な分析視点とした研究結果を紹介したが，研究によっては活動の強度，幅（数），継続期間などの詳細な特徴や媒介要因（たとえば仲間の存在），性や人種の影響などを考慮した検証もされている。わが国の部活動研究においても，参加の有無に加えて，活動の詳細な内容や条件などを考慮し，より子細に分析していくことが求められる。

4——部活動の問題点・論点

(1)　これまでの部活動問題

　部活動は良い面だけでなく，多くの問題を抱えたまま長らく実施されてきた。例を挙げると顧問教員の負担，推薦入試制度（内申点），先輩後輩の過度な上下関係，強制入部制，体罰，パワーハラスメント，セクシャルハラスメント，いじめ，ケガ，ドロップアウト，バーンアウト（燃え尽き症候群），過度な競技力向上・勝利至上主義，勉強との両立の難しさなど，多岐にわたる。

(2)　部活動問題の大局的理解

　部活動は多くの問題を抱え，特に顧問の負担に注目した「ブラック部活動」という言葉も生み出された。この言葉は「ブラック企業」という言葉を受けて派生した「ブラック○○」の一種と考えられるが，部活動の存在そのものを指しているのか，部活動の実施・運営のされ方を指しているのか，一部の不適切な部活動を指しているのかについては慎重に見極めたい。ブラック部活動とラベリングし，一面的に批判するだけでは良い改善策は生まれないため，俯瞰的な視点を持って部活動の問題点を眺める必要がある。「4 (1) これまでの部活動問題」で示した問題点を整理してみよう。

　ひとつ目の視点は，部活動という営み固有の問題点である。これには，顧問教員の負担，推薦入試制度，先輩後輩の過度な上下関係，強制入部制などがある。ふたつ目の視点は，部活動という場が舞台におこっているが，部活動そのものの問題点というよりは，指導者であったり，スポーツそのものの問題点であったり，人が集まることで生じる問題であったりと，部活動に付随する部分でおこっている問題である。たとえば，体罰，パワーハラスメント，セクシャルハラスメント，いじめ，ケガ，ドロップアウト，バーンアウト，過度な競技力向上・勝利至上主義，勉強との両立の難しさなどが挙げられる（**表1-1**）。

表 1-1　部活動に関連する問題の分類

部活動固有の問題点	その他の活動でも生じうる問題点
・顧問の負担 ・推薦入試制度 ・先輩後輩の過度な上下関係 ・強制入部（一部の学校）	【指導者に起因】 ・体罰 ・ハラスメント ・競技力・勝利至上主義 【スポーツに起因】 ・ケガ ・ドロップアウト ・勉強との両立の難しさ 【人間集団に起因】 ・いじめ

出典：筆者作成。

　部活動固有の問題については，部活動そのものの在り方を見直し，制度的な位置づけや実施ルールを改善する必要がある。それ以外の問題については「部活動だから」生じているわけではないため，指導者の意識改革や工夫によって改善・解決の見込まれるものである。そのためには指導者講習会なども有効な方法となるだろう。それぞれの問題が部活動固有のものか，それ以外の何に起因するものなのか理解して議論することで，改革の方向性が見えやすくなる。

まとめ

　本章では部活動が理念的，または制度的にどのように位置づけられているのか，部活動の実施ルールはどうなっているのか，そして実際にはどのように実施されているのか，部活動にはどのような効果や問題点があるのかを整理した。理念と現実のギャップを知り，蓄積された研究成果を概観することで，部活動について議論する地平を共有できれば幸いである。以下のポイントを踏まえて，続く各章を読み進めていただきたい。

注

1) 文部科学省（2017）「中学校学習指導要領」〈http://www.mext.go.jp/component/a_menu/education/micro_detail/__icsFiles/afieldfile/2018/05/07/1384661_5_4.pdf〉2018年12月14日閲覧。文部科学省（2018）「高等学校学習指導要領」〈http://www.mext.go.jp/component/a_menu/education/micro_detail/__icsFiles/afieldfile/2018/07/11/1384661_6_1_2.pdf〉2018年12月14日閲覧。

2) スポーツ庁（2018a）『平成29年度　運動部活動等に関する実態調査報告書』東京書籍。

3) 青柳健隆，荒井弘和，岡浩一朗（2014）「中学生および高校生の運動部活動参加動機の質的検討」日本スポーツ教育学会第34回大会。

4) スポーツ庁（2018）「運動部活動の在り方に関する総合的なガイドライン」〈http://www.mext.go.jp/sports/b_menu/shingi/013_index/toushin/__icsFiles/afieldfile/2018/03/19/1402624_1.pdf〉2018年12月14日閲覧。

5) 文化庁（2018b）「文化部活動の在り方に関する総合的なガイドライン」〈http://www.bunka.go.jp/seisaku/bunkashingikai/kondankaito/bunkakatsudo_guideline/h30_1227/pdf/r1412126_01.pdf〉2019年1月21日閲覧。

6) 朝日新聞「部活動　平日は上限2時間」2018年12月22日福岡版，「適切な運動部活動　県の方針が決まる」2018年12月26日山形版，「中高の運動部　週休2日」2019年2月6日長野東北信版。

7) スポーツ庁（2018a）

8) スポーツ庁（2017）「運動部活動の現状について」〈http://www.mext.go.jp/sports/b_menu/shingi/013_index/shiryo/__icsFiles/afieldfile/2017/08/17/1386194_02.pdf#search=% 27bukatudoukanyuuritu% 27〉2018 年 12 月 22 日閲覧。

9) 国立青少年教育振興機構（2018）「青少年の体験活動等に関する意識調査（平成 28 年度調査)」〈http://www.niye.go.jp/kanri/upload/editor/130/File/report170529.pdf〉2018 年 12 月 22 日閲覧。

10) 笹川スポーツ財団（2017）『スポーツ白書 2017——スポーツによるソーシャルイノベーション』笹川スポーツ財団。

11) 中谷敏昭，塩見玲子，杉岡憲二，中村稔，岡田寛，大谷幸世，大野由梨（2005）「高校生における運動部活動実施の有無が 30 秒椅子立ち上がりテストと体力・運動能力に及ぼす影響」『天理大学学報』212, 1-8 頁。大石康晴（2010）「運動部活動が熊本市内中学生の体力に及ぼす影響」『熊本大学教育学部紀要（自然科学)』59, 93-97 頁。

12) 小川正行，村松祐典，小川勇之助，青木繁伸（2005）「縦断研究による群馬県内中学生の運動部活動が体格・体力に及ぼす影響の検討」『群馬大学教育学部紀要　芸術・技術・体育・生活科学編』40, 91-103 頁。

13) 葛西真記子，石川八重子（2014）「高校生のスポーツ活動とリジリエンスの関連について」『鳴門教育大学学校教育研究紀要』28, 1-10 頁。

14) 上野耕平，若原優二（2013）「高校における運動部活動経験と精神的回復力の関係」『スポーツ産業学研究』23（2)，155-164 頁。

15) 井上文夫，山内雄貴，山本祥子，森孝宏，浅井千恵子（2014）「小学校教員の過去の部活動経験とストレス対処能力との関連」『京都教育大学紀要』124, 101-110 頁。

16) WHO 編，川畑徹朗ほか監訳（1997）『WHO ライフスキル教育プログラム』大修館書店。

17) 上野耕平，中込四郎（1998）「運動部活動への参加による生徒のライフスキル獲得に関する研究」『体育学研究』43, 33-42 頁。日野克博（2010）「中学校部活動における生徒のライフスキル獲得と生徒からみた指導者のライフスキル指導との関係」『愛媛大学教育学部保健体育紀要』7, 39-44 頁。島本好平，米川直樹（2014）「運動部活動におけるスポーツ経験がライフスキルの獲得に与える影響——青年期におけるゴルフ競技者を対象として」『三重大学教育学部研究紀要』65, 327-333 頁。

18) 渋倉崇行，西田保，佐々木万丈，北村勝朗，磯貝浩久（2018）「高校運動部活動における心理社会的スキルの日常生活への般化——3 時点での交差遅れ効果モデルによる検討」『体育学研究』63, 563-581 頁。

19) 上野耕平（2014）「ライフスキルの獲得を導く運動部活動経験が高校生の進路成熟に及ぼす影響」『スポーツ教育学研究』34（1)，13-22 頁。

20) Aoyagi, K., Ishii, K., Shibata, A., Arai, H., & Oka, K. (2019) Differences in career forming ability between practitioners and non-practitioners of school-based extracurricular sports activities. Journal of Physical Education and Sport, 19（2),

pp.461-465.

21) 山本浩二，神野賢治（2013）「学校部活動への参加義務化がもたらす効果と課題に関する一考察」『津山高専紀要』55, 45-50 頁。

22) 石田靖彦，亀山恵介（2006）「中学校の部活動が学習意欲に及ぼす影響——部活動集団の特徴と部活動への意欲に着目して」『愛知教育大学教育実践総合センター紀要』9, 219-225 頁。

23) 角谷詩織（2005）「部活動への取り組みが中学生の学校生活への満足度をどのように高めるか——学業コンピテンスの影響を考慮した潜在成長曲線モデルから」『発達心理学研究』16（1），26-35 頁。

24) Farb, A. F. & Matjasko, J. L. (2012) Recent advances in research on school-based extracurricular activities and adolescent development. Developmental Review, 32, pp.1-48.

コラム①
日本部活動学会とは

　2017年12月，日本部活動学会という組織が誕生しました。設立発起人や設立賛同人には教育学や社会学などの多様な分野の研究者をはじめ，現場の教員や行政・民間企業関係者など，部活動に関わる様々な方が名を連ねています。部活動学会では，部活動に関する学術的な研究を進めることや，部活動の在り方を追究すること，関係者の相互研鑽を図ることなど，研究と実践の往還を重視しているようです。加えて，設立趣意書には実態に即した多角的な分析の必要性（児童生徒の視点，教員の視点，行政の視点など）や多様な分野の研究者による学際的な研究の必要性，実践者である教員による実践研究の重要性，そして研究者・実践者だけでなく，児童生徒の保護者，地域の指導者，教育行政関係者，部活動経験者などが集い，だれもが議論や協議に参加できる共通の場（プラットフォーム）の必要性が示されており，これらを実現するために設立されたことがわかります。確かに，学校教育系の学会やスポーツ系の学会など，これまでも部活動に関する学会発表が行われる場はありましたが，たとえば私の所属する日本体育学会や日本スポーツ教育学会では文化部活動の内容は発表しづらい（発表テーマとして適さない）と感じます。

　日本部活動学会の第2回大会は2019年3月に大阪大学にて開催され，「高等学校の部活動指導における安全配慮義務——自転車競技部の公道練習を中心に」，「高校写真部の現状と課題——写真をめぐる環境の変化と写真部への影響」，「吹奏楽部の起源——運動部活動と比較して」，「生徒が楽しめる部活動の在り方——ニュージーランドと日本の国際比較研究における部活動季節性の観点から」など興味深い研究テーマが並んでいます。また，シンポジウムは「学校部活動と近隣トラブル」がテーマでした。学会大会は例年3月に開催予定とのことですが，それ以外にも研究集会が秋から冬ごろに行われます。また，紙面（研究紀要や実践事例年報，会報など）の発行もあり，部

活動に関連する情報を精力的に発信しています（会報は学会員のみ閲覧可）。

　私は第1回の学会大会に参加しましたが，他の学会とは異なり，ニックネームでの参加が認められていたり，広報写真に写らない席が設けられていたりと，参加者のプライバシーに慎重な配慮がなされていると感じました。現場の先生も多いため，いわゆる「生の声」が聞きやすく，研究者と現場の先生方とのネットワークづくりにも資する場だと思いました。しかし，課題意識や向上心を持って参加する先生方が匿名（ニックネーム）で参加しなければならないということが，学校現場の閉鎖性（保守性）を物語っているようにも思います。参加していたことが学校の関係者に伝わると，何か不利益なことがあるのではないかと勘繰ってしまいます。設立の趣旨にもあるように，さまざまな人が参加し，オープンに部活動について語り合える場であることを願います。まだまだスタートしたばかりの学会ですが，部活動改革が進められている昨今，その役割がますます大きくなっていくはずです。興味のある方は，ぜひ参加してみてはいかがでしょうか。

参考資料
日本部活動学会ホームページ〈https://jaseca2017.jimdo.com/〉2019年3月25日閲覧。

（青柳健隆）

コラム②

運動部活動における体罰・暴力

●運動部活動という空間の特徴

　運動部活動をめぐる問題の１つに体罰・暴力問題があります。この問題については すでに多くの研究があり，さまざまな解決策が提示されています。しかし，にもかかわらず，体罰・暴力という現象そのものについての本質的理解がまだなされていないと，私は考えています。「本質的理解」とは，「なぜ人間は暴力をおこなうのか」「暴力とは何か」という問いに向き合いながら，暴力に関わる人間の姿を明るみに出すことを意味しています。むしろ，そのような試みがなされない限り，真の解決策はあり得ないだろうと思っています。いくら「だめだ」と叫んでも，暴力はなくならないからです。

　本コラムでは，暴力を人間的現実として力強く受け止め（肯定ではない），「運動部活動の暴力性」という構造的な問題に着目しながら，体罰・暴力の発生メカニズムを考察することで，その本質的理解の一断面を示してみようと思います。

　運動部活動という場は，「今よりも良く」という理念を，教員にも生徒にも求める空間です。それは，「今のままではダメ」というある種の力として作用しています。この「より良く」という力の影響によって，教員は「今よりもいい指導者」に，生徒は「今よりもいい部員・選手」になろうと日々の部活動に取り組んでいると考えることができます。

　ここでは，この根源的な力を「暴力性」と名づけておきたいと思います。可視的な現象としての暴力行為とは区別される力という意味で，「暴力」に「性」を接続しています。暴力性は，運動部活動を主導する立場にある教員を媒体として現実化します。その典型が体罰です。

　ここで急いで強調しておきたいのは，運動部活動の暴力性が体罰につながるからといって，「暴力性をなくせ！」，とはならないということです。暴力性とは，別の角度から見れば，あえてそう名づける必要がないような，運動

部活動という営みそのものを成立させているような根源的な力を意味しています。「あえてそう名づける必要がない」ので，別の角度から見れば，「暴力性」は，たとえば，「より速く，より高く，より強く」というオリンピック標語としてもありうるでしょう。それは，私たち人間をスポーツという身体的・競争的ゲームに駆り立てる力です。ただ，それでもなお，ここでは「暴力性」という言い方にこだわっておきたいと思います。そこには，スポーツ・運動部活動という営みの根源には，暴力につながりうるような荒々しい力が本質的に在るということへの反省的な理解を促したいという意図があります。あえて「暴力性」ということで，運動部活動という場に力強く向き合ってみよう，ということです。

●指導者の心的情況と体罰

目には見えない根源的な力・作用としての暴力性は，教員という具体的な存在を通して現実的な影響力を持つことになります。この構造にある条件が整うと体罰という現象が発生します。その条件について考えてみましょう。

教員は，「より良い教員・指導者」であろうとします。それは，教員として然るべき態度です。その際に，教員は指導者・顧問としての自分についての理想像を抱き，それに向かって奮闘します。ただし，理想を抱くときに，生徒たちとの関係を無視することは絶対にできません。生徒を無視した理想は，必ずしも理想とはいえないからです。

さて，この理想は，生徒たちからの期待などを取り込んでいくことによってどんどん膨れ上がっていきます。この理想が過剰に膨れ上がっていくと，教員は，理想と現実のギャップに苦しみはじめます。しかし教員は，「より良く」という教育的良心にもとづいて頑張るわけですから，どれほどそのギャップが重圧であっても，この理想を捨てることができません。それを捨てることは，「良い教師」からの脱落を意味するからです。

膨れ上がった理想を抱える教員の目には，取るに足らないほどの生徒のささいな振る舞いが，理想の実現を妨げる大きな要因のように映ってしまいます。このとき，この教員は，自身の教師性・指導者性が危機にさらされています。理想が実現されていないかぎり，自分が理想の教員ではないことに対

するフラストレーションが生まれるわけです。不満・不安・危機感が混濁したこの心的状態がトリガーとなり，教員が体罰をおこなう可能性が生まれます。なぜかというと，教師らしい振る舞いのなかに「体罰をおこなう」という要素も入り込んでおり，そういう運動部活動の風土の中で私たちは生きているからです。教師が体罰をおこなうことは，教師らしさをまさに暴力的に体現・誇示することによって，自身の指導者性・教師性が埋もれてしまわないようにするためのある種の生きる技法であると考えることができるでしょう。

●どう向きあうのか

　従来の体罰・暴力問題への対策は，表面的なレベルでしか考えられてこなかったといえるようなところがあります。念頭に置いているのは，厳罰化やアンガーコントロールなどです。それらは，たしかに，迅速な対応が要求される現場のために必要なものではあります。

　しかし，「怒りを制御しろ」ということはわかっていても，そうはできないのがある意味では人間の自然な在り方でもあります。興味深いことは，「禁止ばかりされたらどうすればいいかわからない」という声が，現場から聞こえてきているということです。本コラムが提示した「暴力性」という視点から考えてみると，こうした現場の声を単なる無思慮な発言としてバカにしてはならないでしょう。むしろ，暴力性という根源的な力に気づいているかのような発言として解釈することもできます。

　「こうすれば体罰・暴力はなくなる！」という唯一の方法はありません。体罰・暴力は目に見える現象としての酷さがありますから，「禁止する」という発想が生まれやすいことは理解できるし，もちろん，抑止力として，そうした声がなくなるべきでもありません。しかし，具体的な状況にそぐわない対策を一律に課すようなことも，実は暴力的であったりします。

　おそらく，個別の状況にコミットしなければ解決策・改善案を見出していくことは難しいと思われます。教員の性格や，彼・彼女たちが置かれている状況は千差万別ですから，その状況をまずは理解し，分析し，何が要因となって暴力が起きたのかを，当事者と共に明らかにしていくことが重要です。

それは，単に研究ということを超えて，現場の教員たちへのケアやサポートでありうるでしょう。たとえば，「どうすればうまくいくのかわからなかった」という教員の悩みが暴力の要因だったとすれば，指導力の改善に向けた具体的なアドバイスが必要でしょう。「プレッシャーを強く感じていた」ということであれば，教員だけでなく運動部活動に関わる保護者や学校全体として活動目標などの見直しが必要でしょう。

　ただし，暴力的な人間を相手にすることは非常に険しいことです。児童虐待の悲惨な事件などを見ていても，そのことは感じられるでしょう。だれにでもできることではないかもしれません。しかし，暴力がその可能性として，生徒を自死に追い込むことがあることを知っている私たちとしては，決して逃げてはならない問題です。問題意識を持つ人びとが連携し，しぶとく，粘り強く向き合っていく。そういうタフさがこの問題には最も重要であることを最後に強調し，このコラムを閉じたいと思います。

（松田太希）

第2章

競技力向上のための運動部活動とその問題性

岡部祐介

関東学院大学准教授

　わが国における「部活」とは，学校において教科外教育として位置づけられた活動である。学校教育の一環であるがゆえに，経験の有無に依らず多くの人びとに認知されている実践であるといえる。

　しかし，この部活をめぐって近年ではさまざまな問題が取り上げられている。体罰やハラスメントといった部活顧問・指導者の在り方や指導内容の問題，「ブラック部活」という言葉で表現されるような，部活を担う顧問教員の業務負担，過度な拘束の問題など，メディアを通じて連日のように発信され，話題となっている。このようないわゆる部活問題は，今や社会問題として捉えられ，その解決に向けた議論や取り組みが必要とされている。

　こうした問題状況のなかで，部活に参与する主体としての顧問教員・指導者や部員・生徒はどのようなことを考え，実践しているのだろうか。また，彼らにとって部活とは何なのか，何のために部活をするのか。本章では，このような原初的な問いからはじめ，「部活問題」の本質・根本的要因とでもいえるような部分に光をあてたい。

　本章では「部活」の内容を運動・（競技）スポーツに限定し，現代スポーツや部活が抱えている問題の本質は何なのか，どのように解決していくべきかを考えてみたい。私見では，スポーツや部活が抱えている現代的な問題には，スポーツに対する見方や考え方，すなわち「スポーツの価値観」が関わっていると考える。部活だけにかぎらず，スポーツの実践において何を重

要な目的・価値とするのか。それは勝利（の追求）か，教育や人間形成なのか。健康の維持・増進や自己実現，気晴らしなのか。スポーツおよび部活の研究領域（スポーツ科学研究領域）では，すでにこのテーマで研究の蓄積が確認でき，おおむね次のような共通見解が得られている。すなわち，わが国の部活はその位置づけや性格をめぐって「教育としての部活」と「競技としての部活」という「二重構造」が看取されること[1]，スポーツの実践においては，担い手の競技水準・レベルにかかわらず「勝利至上主義」[2]の弊害が指摘されていることである。本章では，これらの見解を取り上げて考察することによって「部活問題」解決への方途を探ることとする。

　なお，本章では問題を具体的なイメージに依りながら考究するために，スポーツマンガの『ピンポン』（松本大洋）を取り上げながら論じていく。『ピンポン』は，1996年から1997年にかけて『週刊ビッグスピリッツ』にて連載された。5人の男子高校生たちがそれぞれの問題状況に対峙しながらも競い合い，交流し，挫折や成功を経験するという青春スポーツ物語である。

　片瀬高校卓球部の星野裕（ペコ）と月本誠（スマイル）は幼なじみで，ともに才能を秘めている。彼らの前に立ちふさがるのが，全国でも屈指の名門校である海王学園高校のエースであり，インターハイの覇者である風間竜一（ドラゴン）である。その風間にあこがれて海王学園に入学し，力をつけた佐久間学（アクマ）は，星野・月本と幼なじみである。また，古豪復活を目指す辻堂学院高校では，中国から留学生として孔文革（コン・ウェンガ）（チャイナ）が招へいされている。

　『ピンポン』で描写されている卓球は，高校生の部活ではあるが，まぎれもなく真剣勝負の「競技スポーツ」である。しかし，部活という場における競技スポーツとしての卓球への向き合い方，卓球（スポーツ）に対する見方・考え方は，主な登場人物でそれぞれ異なっており，トレーニングや試合を通じて彼らの内面および実践に変化が生じていく様子はとても興味深く，本章のテーマに関わって例示すべき点は少なくないと考える[3]。また，卓球は個人（対人）競技であり，チームスポーツとは異なる側面があるが，共通点も多いと考え，参照例として取り上げたい。

　以下の各節では，次の3つの論点について順次検討，考察を進める。

①部活は教育なのか，競技なのかという「二重構造」はどのようにして醸成され，どのようなことが問題化されたのか。

②「競技スポーツの論理」をどのように捉えればよいか。

③「競技スポーツの論理」を克服するためには，どのような「スポーツの価値観」を培っていけばよいか。

1—— 部活における二重構造とその問題性

　本節では，部活における二重構造（部活は教育なのか・競技なのか）について検討し，その問題性について考察を試みる。本章の冒頭でも述べたように，部活は学校教育における教科外活動とされ，正規カリキュラムとは別の活動に位置づけられているが，あくまでも教育の一環としての活動である。では，部活はどのようにして学校教育に位置づけられたのか。

　スポーツに教育的な意味を見出し，学校教育に取り入れたのは，イギリスのパブリックスクールがその先駆であるといわれている[4]。粗野で暴力的であったそれ以前のスポーツ（フットボール）を，エリート教育のための教養としてカリキュラムに位置づけたのである。そこでは，スポーツによって勇気や忍耐，規律，協同の精神が養われ，心身共に剛健な人間が創られるというイデオロギー，「アスレティシズム」が根拠とされており，やがてその有効性が認められ，他の学校においても広く正当性が与えられていった。

　日本においても，エリート養成校であった旧制高校にスポーツが取り入れられ，校友会運動部の活動として実践されるようになった。そこでは，上述のアスレティシズムを精神的なバックグラウンドとし，エリート養成のための教育としてスポーツを位置づけたイギリスのパブリックスクールの実践とのつながりが意識されていたように思われる。

　しかし，旧制高校では部活の地位が教養主義[5]の考え方によって奪われ，スポーツは周辺的な地位に追いやられることとなった。そのため，イギリスではエリート教育としての有効性を持ちながらスポーツが大衆化していったのに対し，日本では教育的価値の低いものとしてスポーツが捉えられ，大衆化していくこととなった。そこで，近代化を志向する当時の日本において，

競争意識を煽るうえでスポーツの有効性が見出され，スポーツの競技・競争的要素を強調し，勝利への意識を醸成することに広く教育的な意味が付与されていったと考えられている[6]。

　上述のように，わが国ではスポーツそのものの捉え方や，スポーツに教育的意味が付与されていった過程と内容が，先行したイギリスと異なる展開を見せており，戦前の部活の伝統を引き継ぎ，戦後の学校教育の改革を経て現在に至るまで存続しているわが国の部活は，諸外国とくらべて特異なシステム・制度であるといえる[7]。

　戦後，1948年の文部省（現・文部科学省）による「学徒の対外試合について」（対外試合基準）という通達にはじまり，部活は「教育活動」として位置づけられた。しかし，1964年の東京オリンピックの開催をきっかけとして「選手中心主義」が志向され，優れた競技者を養成する場と捉えられるようになった。各競技団体からの要請を受け入れるかたちで，それまで遵守されてきた対外試合基準が緩和され，「競技の論理」が「教育の論理」よりも優先される状況を生み出した。このような状況において部活は，すべての生徒のための学校教育活動とは矛盾した在り方として批判された[8]。

　上述のように，戦後の学校教育の一環としての部活は，その最初の位置づけである「教育的な活動」と，日本体育協会（現・日本スポーツ協会）を中心とした競技団体の要請による「競技力向上をねらいとした活動」との間において，その制度上の位置づけが変動しているといえる。

　制度的な位置づけだけでなく，部活の実践場面においてもさまざまな位相で問題性が指摘されている。部活という実践の中核を担う存在であるのは部員生徒であり，顧問教員（指導者）であるといえる。彼らが部活という集団を構成し，そのなかで人間関係を築きながら目標に向かって活動していくことになるが，それは決して固定的な一枚岩のようなものではなく，時には衝突があったり，またある時には融和したりといった微細な問題状況を生起させながら変容し続けていくものだといえる。

　部活を構成する実践主体は，競技志向あるいはエンジョイ志向で部活に参与しており，顧問教員・指導者側でも競技力向上志向あるいは教育・人間形成志向で指導にあたっていることが考えられ，部活の構成員の志向性は多様

である。『ピンポン』を読み進めていくと，登場人物それぞれの部活（卓球）への向き合い方，志向性の相異に気がつく。たとえば月本は，顧問の小泉から卓球の才能を見出され，高負荷のトレーニングや競争心を要求されるが，それを拒み，友人の星野に以下のように語る。

> 「強くなるとか，優勝するとか…そうゆう卓球をやりたくないんだ，僕は。楽しければいい。面白ければそれで十分。プレーする事で何かを犠牲にしたり，勝つために誰かを引きずりおろしたり，したくないんだ。」（『ピンポン』第1巻129頁）

しかし，星野は月本に次のように語る。

> 星野「この星の一等賞になりたいの，俺はっ！！　世界チャンプ目指して
> 　　　んだな，これがっ！！　夢なの，俺のっ！！」
> 月本「大声出さなくたって知ってるよ。子供の時から聞いてるもん。」
> 星野「お前とは違うな，コレ。」
> 月本「うん。」
> 星野「単純なのよ，俺のばやい（場合：筆者注）。人様がどうなろうが敗
> 　　　北なんか楽しめねえかんよ。とにかく勝ちゃいいかんね。」
> 月本「格好いいね，ソレ。応援するよペコ。」
> 星野「ほんなら明日から部活出て来い。スマイル。お前いねえと，練習な
> 　　　んねえ。」（第1巻 pp.136-137）

月本は，顧問の小泉をはじめ，ライバルとなる海王学園の風間からは卓球の才能を見出され，より高みを目指すことを求められるが，卓球や部活に対して個人の自由意思によって楽しんでプレイすることを志向する。インターハイ県予選の場面で顧問の小泉との対話でも以下のように語っている。

> 小泉「雑な速攻だな。隙が目に余る。相手を間違えれば，ふっ飛ばされる
> 　　　所だ。」

月本「気晴らしです。」
小泉「別の方法を考えてくれんか？」
月本「暇潰しの卓球。気晴らしの速攻です。」
小泉「Why ？」
月本「卓球に人生懸けるなんて，僕に言わせればナンセンスです。理解に苦しむ。」
「（観客席にいる風間を見ながら：筆者注）気味が悪い。」（『ピンポン』第 2 巻 71-72 頁）

　上述の語りでは，観客席にいる風間を見上げる描写があることから，月本は風間の卓球への志向性と自身のそれとを対照的に捉えていると考えられる。その風間は，インターハイ王者として自他ともに勝利を求める（求められる）存在であり，競技志向の持ち主であることがわかる。風間が試合前にトイレに籠る場面が描写されるが，「勝たなければならない」立場として，自分自身や学校の名誉のために，自分にあこがれて入部してきた佐久間をはじめとした部員たちのために，精神的な重圧・プレッシャーを受けながら，星野や月本のような可能性を秘めた選手や孔のような強豪選手と対峙していくこととなる。

　風間や佐久間が所属する海王学園や中国から孔を招へいした辻堂学院における部活では，明らかに「競技の論理」が「教育の論理」よりも優先される状況を呈している。星野や月本が所属する片瀬高校にしても，顧問の小泉は月本の才能を見出すと，他の部員への指導もそこそこに，月本への個別指導に時間を割くようになる。このような状況に対して，卓球部主将である太田が以下のように恨み節や皮肉をいう場面が描写されている。

「見下げてんのよ，俺らのことをな。へへ…」
「馬鹿みてえに試合するのも，ウチ（片瀬）にロクな練習相手がいねえからさ。」
「この部に，もうチームなんて存在しねえさ。奴一人が一軍選手で，残りは全員球拾いって図式よ。」（『ピンポン』第 3 巻 32-33 頁）

図2-1　学校運動部をめぐる二項対立原理

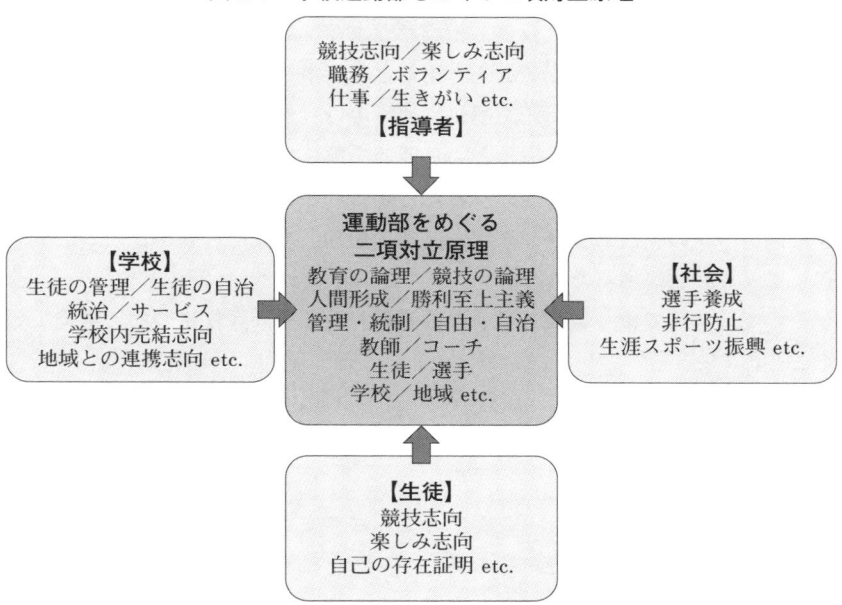

出典：友添（2013）16頁をもとに筆者作成。

　上述のように，実践主体となる部員生徒をはじめ，顧問教員や学校（経営）といったそれぞれの立場で部活の捉え方や志向性が必ずしも一致しているわけではないということは，『ピンポン』のなかの架空の話にとどまらず，実際の部活状況に見出すことができよう。

　図2-1に示されるように，これまでの部活問題は，教育の論理／競技の論理，人間形成（主義）／勝利至上主義，管理・統制／自由・自治，教師／コーチ，生徒／選手，学校／地域といった二項対立原理をもとに議論が展開されてきた[9]。

　しかし，変化の著しい現代社会において，価値観の多様化や少子化といった状況に部活もまた対応していかなければならず，上述の諸原理が単純に二項対立的に捉えきれなくなっている。教育か，競技かという二重構造にしても，現代ではそのどちらでもない，良好な人間関係を構築するためや，自分

の居場所を得るために部活に参与する生徒たちがいることも考えられる。多様な価値観や考えを持った教員／指導者および部員／生徒たちによって組織的に部活が展開されていくことを考えるとき，上述の対立軸そのものが揺らぎ，錯綜するなかで部活問題を解決に導くのは容易なことではないといえる。

　では，部活における二重構造という問題を解決するにはどうすればよいのか。本章の冒頭で述べたように，私たちがこれまで当たり前のように捉えてきたスポーツの実践および「スポーツの価値観」を，その根本において問い直してみる必要があるだろう。

　そこで，次節では「競技スポーツの論理」とその問題性について考えていくこととする。

2── 「競技スポーツの論理」とその問題性

　私たちが生きる社会では，いたるところにさまざまな位相で競い合いと勝敗がある。スポーツもまた，その多くが勝敗を競うかたちをとっている。スポーツとは何かを考える際にも，当該活動がスポーツと見なされる条件として競争や勝敗が挙げられることから，スポーツを考えるうえで，結果としての勝敗はスポーツの本質的な特徴として考えることができる。

　競技スポーツでは，勝利を重要視することや，結果としての勝利にこだわることは当然のことであると考えることもできる。アスリートとよばれる実践主体は，勝利のために尽くさなければ一流の存在にはなれないといえよう。その背景には，スポーツが高度化・専門化し，競技者がフルタイムで競技活動に従事しなければ好成績を残すことができなくなりつつあるという状況が考えられる。

　では，このような状況をもたらした要因は何なのか。上述のようなスポーツのあり方はいつ，どのように形成されたのか。それは19世紀以降の近代という時代や社会の成立に大きく関わっている。

　近代社会は，産業革命を通して資本主義体制が確立され，宗教的な束縛や経済的な貧困から解放されたブルジョワジー（新興中産階級）と呼ばれる市民の生活と関わりながら成立した。担い手の自由や平等，自由競争といった

思想の萌芽とともに，勤勉で規範的なプロテスタント（キリスト教の宗派の
ひとつ）の行動規範に支えられた競争秩序によって近代資本主義（競争）社
会が形成されていった[10]。このような社会体制が近代スポーツの醸成基盤
になったといえる。また，この時代にはブルジョワジーによるアマチュアリ
ズムが存在しえた。

その後，20世紀後半以降の資本主義，商業主義の論理が席捲する社会状
況を背景として，近代スポーツにおいて支配的な思想とされてきたアマチュ
アリズムの崩壊とプロフェッショナル・スポーツの隆盛がスポーツ界に変化
をもたらした[11]。国家的公共事業として競技スポーツ振興が企てられ，オ
リンピックをはじめとした国際大会の開催も国家の主導によって行われてき
た。しかし，大会の規模が大きくなるにつれて，このやり方の限界がみえは
じめた。

オリンピックを例にあげれば，1976年のモントリオール大会のころには
大会の赤字運営は破綻状況に陥っていたといわれている。そこで方向転換が
はかられ，1984年のロサンゼルス大会でオリンピックは民営化され，ビジ
ネスとして成功をおさめた。教育機関である学校のスポーツでさえ，その特
徴が学生たちの個人的，社会的なニーズに応えるのではなく，市場の原理に
よって厳密に組織化された資本の蓄積の追求であり，ビジネスであるという
見解も確認できる[12]。

このような社会状況の下で，スポーツでは結果や業績，生産物としての勝
利が重要視されるようになる。競争による卓越性の追求，業績主義や能力主
義といったことが「近代の原理」としてスポーツにも反映されていったとい
える。

ベッテ（Bette, K.H.）とシマンク（Schimank, U.）は，スポーツの構造を
社会システム論的な視点のもとに分析しており，その特質のひとつに勝／敗
の二元的コード（規範）を挙げている。社会システム論の視点は，近代社会
をさまざまな種類のシステムが併存しているものとして捉える。たとえば，
正／不正のコードを有した法システム，支払い可能／不可能のコードを有し
た経済システム，権力の所有／喪失，与党／野党のコードを有した政治シス
テム，真理／否真理のコードを有した科学システムといった領域があげられ

る。それぞれのシステムにおいて特有のものの見方や考え方，行為の仕方が形成されるように方向づけられている[13]。

上述のスポーツの構造的な視点によれば，勝／敗の二元的コードによって実践主体は各々の動機や状態が異なるものであっても勝利を追求することを強いられるようになる。特に競技スポーツでは，勝／敗の二元的コードのみを主題として純粋化することが極端に進められる。

『ピンポン』においても関連する描写が確認できる。たとえば，星野と月本と幼なじみである佐久間は，卓球というスポーツに優れた星野や風間にあこがれ，彼らに追いつくために厳しいトレーニングを積む努力を惜しまない「練習の虫」として描写されている。月本が風間から海王学園へ勧誘されていることを知り，彼の才能に嫉妬していた佐久間は，対外試合を申し込み，月本に挑む。しかし，歯が立たずに惨敗してしまう。

> 「どうしてお前なんだよっ！？　一体どうして！！　俺は努力したよっ！！　お前の10倍，いや100倍1000倍したよっ！　風間さんに認められるために！！　ペコに勝つために！！　それこそ，朝から晩まで卓球のことだけを考えて…卓球に全てをささげてきたよ，なのにっ…」（『ピンポン』第3巻70-72頁）

それに対して，月本は，佐久間に卓球の才能がない，それだけのことだと冷徹に言い放つ。スポーツマンガ（アニメ）に特徴的な物語の構想として，上述のような「才能や努力，成功」といった要素が指摘される。『ピンポン』に限らず，名作といわれるスポーツマンガの世界には，すでに述べた「近代の原理」が大きな物語として存在していると考えられる[14]。佐久間だけでなく，風間や月本，孔，主人公である星野もまた，「近代の原理」が反映されたスポーツの論理に，あるいは勝／敗の二元的コードに支配されたスポーツのシステムに組み込まれていく。

上述のように，近代競技スポーツでは勝敗が重要な二元的コードとして特徴化されるが，同時に倫理的な諸問題の発生源になることが考えられる。スポーツ倫理の研究領域では，スポーツにおいて結果としての勝利が重要なの

か，あるいは結果にいたる過程が重要なのかといった問題が議論されている。

たとえば，スポーツの結果（勝敗）とそこにいたる過程について，次の3つの立場が挙げられる[15]。

①勝利至上主義の価値観（ロンバルディアン倫理）
②勝敗に至る過程を重視する価値観（反・ロンバルディアン倫理）
③勝利と過程の両方を重視する価値観

①の立場における勝敗の考え方には，アメリカンフットボールの名コーチであったヴィンス・ロンバルディ（Vincent Thomas Lombardi）の「勝つことは全てではない。それは唯一のものである（Winning isn't everything, it's the only thing.)」というコメントが引用されるように，試合の結果としての勝敗が絶対的なものであると考えられ，そこまでの過程や個人的な達成感などは，結果にコミットしないかぎり無意味であるとされる[16]。すべては勝利という結果さえ得られれば良いという立場であり，勝利至上主義の弊害に結びつけられ，批判される。

上述の立場とは対照的な②の立場では，「勝敗ではなく，いかにプレイしたか」ということが重要とされる。つまり，結果としての勝敗よりもそこまでの過程が重視される。しかし，結果（勝利）を完全に否定してしまうことは，試合の存在や目的を消滅させてしまうことであり，スポーツを成立させている社会の価値を無視していると批判される。

結果（勝利）か過程かという二項対立的な立場に対して，③の立場が提唱される。つまり，結果に優れることは重要であるが，それが成し遂げられる過程も同様に重要であると考える立場である。

結果（勝利）を重要視すれば，勝利至上主義の問題にかかわる倫理的逸脱現象の生起が予見されることとなる。他方で，過程を重視することは，スポーツがもっている本質的特質を無視することになり，スポーツとして成立しなくなることが考えられる。すると，結果に優れることは重要であるが，それが成し遂げられる過程も同様に重要であると考えることが妥当であるように思われる。

しかし，結果と過程の両方を認めようとすることに対して，現実のスポーツ場面では矛盾した状況が指摘される。例えば，試合終了間近になってスコアが優勢なチームは，あえて攻撃をせず，戦略的に時間を稼ぐことがある。結果だけでなく過程も認めるのであれば，勝利のために最後までプレイすることが重要であろう。このように，スポーツにおいて結果か過程かということについては，両方を認めて重要視することで解決されるという容易な問題ではないといえる。

　スポーツの勝敗についての議論が混乱する原因は，勝つことと勝とうと試みること（追求すること）という2つの意味を同一のものとして勝利という言葉で表現していることにあるという指摘がある[17]。勝利は，最終的に限られた選手（チーム）が得られるものであるが，勝利を追求すること・勝とうと試みることは，スポーツの試合に参与するすべての実践主体が成し遂げることができる。1回も勝てずに敗退した選手（チーム）でも，勝利の追求・勝とうと試みることはできたといえる。結果としての「勝利」と「勝利の追求，勝とうと試みること」を分けて捉えることによって，勝敗の問題や勝利の倫理的な意味について議論が整理され，検討しやすくなるだろう。

　しかし，現実にはスポーツを含めビジネスや政治の世界でも勝利あるいは勝利者が求められる。『ピンポン』においても，星野たちが幼少期から通った卓球場を営む田村（オババ）が次のようにつぶやく場面がある。

　「こうゆう所（インターハイ県予選の会場：筆者注）来ると，昔思い出すね。必勝のハチマキ頭に，それこそ死にもの狂いで戦ったよ。勝つ事が全ての時代さね。負けた選手は人格まで否定されちまう。そうゆう精神が生み出した挫折を随分見てきた。」（『ピンポン』第2巻157-158頁）

　実際に，日本ではスポーツが受容され普及していく過程で，上述のような勝利至上主義的な性質が指摘されている[18]。「近代の原理」が反映されたスポーツの論理・構造に組み込まれた主体にとって，勝利することでしか自らの存在を維持できないのだとすれば，そこから離脱する方法は敗北や挫折以外にないのだろう。

無断で月本との対外試合をしたうえに，その試合に負けて卓球部を退部することとなった佐久間は，彼にインターハイ県予選で敗れ，卓球から遠ざかっていた星野に以下のように語る。

　　佐久間「スマイルにふっ飛ばされた後にな…いろいろ考えたよ，俺様。」
　　　　　　「奴の言う俺の無能を納得するのに時間は必要なかったし…それ受け入れちまえば安心できた。見通しも利いたよ。」
　　星野「見通し？」
　　佐久間「競争原理から離れる事で見える景色さ。」
　　星野「回りくどいのね，オイラにはサッパリ…」
　　佐久間「それはお前がまだ群れん中いるからだぜ。」（『ピンポン』第3巻115-116頁）

　上述の佐久間の顛末は，競技スポーツの論理・構造による帰結であり，「競技としての部活」であることを考えれば首肯できるのかもしれない。しかし，「教育としての部活」であることを考えれば，その在り方は問題視されなければならないだろう。つまり，競技スポーツの論理・構造によって導き出される実践や価値観は，教育としてのスポーツの実践と対立することになり，二重構造の問題を解決することはできないといえる。
　では，どのようなスポーツのあり方や価値観を創造することが問題解決につながるのだろうか。

3──「遊び＝プレイ」からスポーツ・部活を再考する

　前項で述べたように，近代の原理は確かにスポーツのあり方や勝敗の重要性，実践主体の立場や内面も変化させてきたといえる。しかし，そうした変化は表層部分で起きているに過ぎず，深層部分では変わらないものがスポーツに求められているのではないだろうか。グローバル化が進み，スポーツが世界共通言語となりつつあることからも，スポーツという文化には本質的なレベルで人類が共有できる何かがあるのだと考えられる。この深層部分で人

びとの心を捉えるのは，スポーツの語源的意味に由来する遊びや気晴らしといった性質ではないかと考える。

　オランダの西洋史学者であったホイジンガ（Johan Huizinga）は，この遊び＝プレイについて 30 年以上にわたって研究し，『ホモ・ルーデンス』を著した[19]。ホイジンガは，第二次世界大戦を目前に控え，ナチス・ドイツの支配が拡大していった，プレイの精神からほど遠い雰囲気にあった時代にこれを書いた。近代を合理性に覆われた社会と捉えたホイジンガは，プレイに見出だせるような非合理性を大切にする精神が，人間の豊かな文化を生み出してきたと考え，プレイはあらゆる文化に先立つ原初的な活動のかたちであることを大胆に論証しようとした。

　ホイジンガは，プレイを真面目や仕事＝ワークとは反対のものとして捉える。また，プレイが何かの役に立つという有用性の観点を棄却し，プレイという現象をありのままに観察し，そこに固有のものと考えられる特性（自由な活動，没利害性・非日常性，完結性・限定性，規則のある活動）を挙げていった。そして，プレイの本質は「楽しさ・面白さ」にあると捉えた。

　このようなプレイの性質をもとに，ホイジンガは現代社会におけるスポーツがプレイの領域から離れていくと批判する[20]。スポーツが真面目なワークとして前景化され，プレイの要素が後景し薄められていくことによって，文化としてのスポーツがもつ豊かさが失われてしまうことを危惧する彼の指摘は，これまでのスポーツのあり方や価値観を再考しようとする本節の試みにとって示唆的である。

　上述のホイジンガの批判をふまえつつ，プレイの性質や捉え方を深めていくことによって，現代のスポーツならびに部活（教育）に対して次のような取り組みを促すことができると考えられる。

①プレイの性質にもとづいて部活や教育の目的・内容を構想し，実践する（スポーツ＝プレイ）
②部活や教育をプレイとは明確に異なるものとして構想し，実践する（スポーツ≠プレイ），
③スポーツの論理・構造にもとづいた部活やスポーツ教育の実践に，プレ

イの要素をどこまで組み込むことができるのかを探究する
（スポーツ≒プレイ）

　このように，プレイの性質や捉え方を深めることから現代のスポーツや部活を再考すると，実践主体それぞれのスポーツの価値観が自己や他者へ与える影響および問題点を鮮明化することができると考える。

　『ピンポン』の内容を例にしていえば，星野や月本，佐久間は幼少期から卓球に取り組んできたが，それはプレイあるいはプレイとしてのスポーツであったはずである。そこで経験した卓球の面白さ・楽しさをもとに，技術の向上や勝つことの喜び，達成感を味わうために夢中で取り組んできたのではないか。ところが，スポーツの論理・構造に組み込まれ，真面目なワークになっていくことで，彼らにとっての卓球はプレイから遠ざかっていき，それぞれのかたちで行き詰まりを見せることになる。星野は佐久間に敗れたことによって挫折し，一時的に卓球から離れてしまうし，月本は才能に恵まれながらもエンジョイ志向で，勝利への執着や真面目な競技としての卓球を嫌うが，小泉の指導によって競技志向の卓球に取り組みつつも，そのような自己自身に疑問を感じていた。星野や風間にあこがれ，彼らに追いつくために死にもの狂いで猛練習をしてきた佐久間もまた，努力によっては埋まらない差を自覚し，卓球から離れてしまう。明確に勝利至上主義を志向する風間にしても，試合前にトイレにこもらなければならないほどに卓球が「苦しい」ものになってしまっていた。星野や月本をはじめとした登場人物たちが実践しているのは，真面目なワークとしての卓球であり，それは上述の②の取り組みとして，スポーツ≠プレイの価値観として捉えることができる。

　しかし，彼らにとっての卓球というスポーツは，本当にプレイの領域から離れてしまったのであろうか。本章で検討してきた「部活は競技か，教育か」という二重構造のように，プレイは単純に二項対立的に捉えられるものなのだろうか。真面目なワークか，楽しむプレイかということは，実のところ主体の意識の程度の問題に過ぎないのではないだろうか。実際に，遊ぶように楽しく仕事をする人がいるだろうし，勝敗にこだわった真面目な仕事のように遊ぶ人もいるだろう。つまり，プレイとワークは，程度の違いを持ち

つつ連続している，あるいは，つねに二重構造や融合性をもっていると捉えることができる。

　ホイジンガは，プレイの重要性を考えこだわるあまり，真面目なワークと区別することに対して性急になり過ぎてしまったのではないか。彼が見落としていたのは，日常生活がプレイでもワークでもなく曖昧な活動に満ちているという事実であるといえる。外部からの観察によって，スポーツのプレイ性を判断することには限界があり，スポーツがプレイであるかどうかを考えるとき，主体にとってプレイであるかどうかが重要なのであって，現象形態がその判断のもととなっているわけではない[21]。

　スポーツの実践では，それが真面目なワークにもなり，プレイにもなるという流動性・可変性が看取される。では，このような流動性や可変性はどのようなことをきっかけとして起こるのか。『ピンポン』の終盤に描写される星野と風間の対戦場面を取り上げてみよう。

　挫折から立ち直り，田村の息子が指導する大学で特訓を受け，猛練習をしてきた星野は，新たな技術も体得し，インターハイ予選に出場し，準決勝の風間との対戦までこぎつけた。しかし，膝の状態が悪化してしまった星野は，風間に第1セットを取られてしまい，追いつめられる。

　ところが第2セットに入り，星野が覚醒する。超人的なパフォーマンスで風間を圧倒しはじめ，2人の状況は逆転し，第2セットは星野が取り返す。第3セットに入り，今度は風間が追いつめられた状況となるが，どうも様子が違う。試合を観戦していた孔は，彼のコーチに次のように語る。

　コーチ「カザマには辛いな。」
　孔「どうかな。ホシノのプレーは型にはまっていないよ，コーチ。卓球が
　　　好きで仕方ないという感じさ。そういう相手と一緒にプレーできると
　　　いう事は…少なくとも俺は…」（『ピンポン』第5巻100頁）

　上述の孔の語りに続く言葉については，マンガでは明示されないが，実写映画版では，「幸せなことだ」というセリフが続く。実際に，激しいラリーが続き，追いつめられたはずの風間が笑顔を見せるのである。

海王の部員「下がるな風間っ…前っ，前っ，前っ，前っ，…」

風間「ゴチャゴチャうるせえっ！　邪魔するなっ！！」

海王の部員「あっ…」「笑うとったぞ，今…」「なんでや？」(『ピンポン』
第5巻 107-109 頁)

　星野と風間の試合では，両者がスポーツを深いところで「楽しんでいた」
といえる。それはまた，競技スポーツとして目標である勝利を追求する実践
でありながら，その過程を手段とせず，むしろそこに没入し，卓球そのもの
を楽しむというプレイ空間を創出しているといえよう。さらに，このプレイ
空間は「個」という枠組みを超えた，自己と他者の「関係性」によって創出
されるものであると考えられる。この関係は「遊戯関係」とよばれ，プレイ
によって「没我」「夢中」といった日常生活にはない存在様態に至り，主体
とも客体ともわかちがたく，つかずはなれず，ゆきつもどりつする関係であ
ると考えられている[22]。この「遊戯関係」が形成されるとき，実践主体に
とって実存的なレベルで生き生きとした実践が可能になるといえよう。『ピン
ポン』のクライマックスである星野と風間の試合終盤の描写は，プレイ空
間，「遊戯関係」を鮮明に表現していると筆者は考える。

　すでに述べたように，競技スポーツの論理・構造によって導き出される実
践や価値観は，教育としてのスポーツ，部活の実践と対立することになり，
二重構造の問題を解決することは困難であろう。しかし，プレイとしてのス
ポーツのあり方や実践について考察を深めていくことによって，競技スポー
ツおよびそれを活動内容とする部活にも変化をもたらすことができるのでは
ないか。

おわりに

　本章では，部活動の内容を運動・(競技) スポーツに限定し，部活におけ
る諸問題の根本要因に「競技なのか・教育なのか」という二重構造を看取し，
競技スポーツの論理・構造に着目しながら，部活問題解決のためのスポーツ
のあり方やスポーツの価値観について検討・考察を試みてきた。

近代社会の進行につれて発展してきたスポーツは，勝敗を重要視し，達成することへと一元的に方向づけられてきた。このようなスポーツを再考し，捉えなおそうとすることは，近代から現代にいたる社会のあり方を捉えなおそうとすることでもある。現代およびこれからのスポーツは，近代競技スポーツとは別様の，あるいは多元的なアプローチによって構想される必要があるだろう。本章で最後に取り上げた遊び＝プレイについて考えることによって，スポーツや部活に関する問題解決に向けた議論が深められれば幸いである。

【本章のポイント】

①部活は教育なのか，競技なのかという「二重構造」はどのようにして醸成され，どのようなことが問題化されたのか。

→わが国における部活は，スポーツがエリート教育として旧制高校に取り入れられ，校友会運動部の活動として展開していった。戦後，「教育的な活動」と「競技力向上をねらいとした活動」との間において，制度上の位置づけが変動していく。ここに部活の「二重構造」が看取される。やがて，競技力向上としての活動が教育をはじめとした他の活動や考え方に優先され，その過剰さが部活問題を生起させることとなった。さらに，価値観の多様化や少子化といった変化の著しい社会状況に部活も対応していかなければならず，教育の論理／競技の論理をはじめとした諸原理が単純に二項対立的に捉えきれなくなっている。

②「競技スポーツの論理」をどのように捉えればよいか。

→資本主義体制が確立され，担い手の自由や平等，自由競争といった思想とともに近代社会が形成され，結果や業績，生産物としての勝利が重要視されるようになった。近代社会における経済的，政治的側面の変化は，スポーツのあり方や勝敗の重要性，実践主体の立場や内面も変化させることとなり，勝利／敗北の二元的なコード（規範）によって実践主体は各々の動機や状態が異なるものであっても勝利を追求することを強いられるようになる。それが勝利至上主義を核心とした競技スポーツの論理である。

③「競技スポーツの論理」を克服するためには，どのような「スポーツの価値観」を培っていけばよいか。

→スポーツの実践では，誰もが楽しみたい，上達したいと思うだろうし，その喜びを他者と共有したいとも思うだろう。このような思いを可能にするようなスポーツの新たな価値観が創造されなければならない。これをふまえて部活における実践を考えるのであれば，卓越性の追求だけではない，実践の多様性が追求されるべきであろう。「プレイ」や「遊戯関係（の形成）」はスポーツの価値観を変革する際のキーターームとなるのではないか。

注

1) たとえば，次の論考が挙げられる。森田啓之（1993）「運動部活動における「競技力向上」の問題性——「対外運動競技基準」の緩和をめぐって」『体育・スポーツ哲学研究』15（1），3-16頁。中村敏雄（1995）「スポーツ環境としての「部活」」『日本的スポーツ環境批判』大修館書店，89-197頁。久保正秋（1996）「わが国の「学校教育における運動部活動」の二重構造に関する研究」『東海大学紀要体育学部』26，1-13頁。

2) 勝利至上主義という言葉の成立や意味については，次の論考を参照。岡部祐介（2018）「スポーツにおける勝利追求の問題性に関する一考察：〈勝利至上主義〉の生成とその社会的意味に着目して」『関東学院大学経済学部・経営学部総合学術論叢「自然・人間・社会」』65，15-37頁。

3) 『ピンポン』はフィクションである。そのため本章では，筆者がもっていた問題意識と，それに照合して見聞きした多くの実例を総合した議論を，あくまでもわかりやすく示すための参照項として『ピンポン』に言及しつつ論じることとする。

4) 杉本厚夫（2013）「混迷する学校運動部——学校と地域の狭間で」『現代スポーツ評論』28，創文企画，44頁。

5) 教養主義とは，明治時代の末期（1910年代）に日本の知識人たちの間に成立した，人間性の発達に関する信条・「主義」のことをさす。ドイツの教養概念の影響を受け，若いエリートたちは，ギリシャ発祥の西洋の哲学，芸術，科学などを継承することを通して人格者になりたいと考えた。彼らはそれらに触れることによって理性，意志が鍛えられ，個人の行動を律することができると期待した。北村三子（1999）「近代青年と教養：教養主義を超えて（〈特集〉教養の解体と再構築）」『教育学研究』66（3），268-277頁。

6) デビットノッター・竹内洋（2001）「スポーツ・エリート・ハビトゥス」杉本厚夫編『体育教育を学ぶ人のために』世界思想社，4-23頁。

7) 諸外国に目を向けてみると，アメリカやイギリスに代表されるように，学校にス

ポーツクラブは存在しているものの，教育の一環という点ではわが国と比べてみれば規模は小さい。むしろ諸外国では学校外の地域にあるクラブがスポーツ実践の場として機能している。この意味で，部活は世界的に見ても特異な制度であるといえる。

8) 中澤篤史（2014）『運動部活動の戦後と現在——なぜスポーツは学校教育に結び付けられるのか』青弓社，126-128 頁。

9) 友添秀則（2013）「学校運動部の課題とは何か——混迷する学校運動部をめぐって」『現代スポーツ評論』28，創文企画，15-16 頁。

10) 西山哲郎（2006）『近代スポーツ文化とはなにか』世界思想社，22-28 頁。

11) 時代状況の変化に対して従来のアマチュアリズムを堅持することに限界がみえ，1974 年の IOC 総会を経て，IOC 憲章から「アマチュア」の文字が削除された。その後，各競技連盟の規則の範囲内で競技者の金銭授受が認められることになり，プロの選手の参加も認められるようになった。

12) Sage, G.H.（1990）. High School and College Sports in the United States, JOPERD, 61（2），pp.59-63.

13) K.H. ベッテ・U. シマンク，木村真知子訳（2001）『ドーピングの社会学——近代競技スポーツの臨界点』不昧堂出版，25-26 頁。

14) 高橋豪仁（2002）「スポーツ・マンガ／アニメの世界」橋本純一編『現代メディアスポーツ論』世界思想社，139-161 頁。

15) Scott, J.（1973）Sport and the Radical Ethic, Quest, 19（1），pp.71-77.

16) アメリカンフットボールのコーチであったロンバルディは，「あなたにとって勝つことはすべてか」という問いに対して本文にある引用のとおりコメントしたといわれている。彼のコーチング哲学にもとづいてチームは猛練習を行い，試合に勝利し続けたことから，それを信奉する人びとの倫理観が「ロンバルディアンの倫理」といわれる。久保正秋（2010）『体育・スポーツの哲学的な見方』東海大学出版会，214-215 頁。

17) W.P. フレイリー，近藤良享ほか訳（1989）『スポーツモラル』不昧堂出版, 50-51 頁。

18) 岸野雄三（1968）「日本のスポーツと日本人のスポーツ観」『体育の科学』18（1），12-15 頁。菅原禮（1976）「日本的スポーツ風土の社会学的考察」『新体育』46（4），22-25 頁。

19) J. ホイジンガ，高橋英夫訳（1973）『ホモ・ルーデンス——人類文化と遊戯』（文庫版）中央公論社。

20) ホイジンガ（1973），399 頁。

21) 関根正美（2008）「遊戯としての身体運動における経験——ホイジンガの再解釈から」『体育・スポーツ哲学研究』30（2），99-111 頁。

22) 西村清和（1989）『遊びの現象学』勁草書房，31-32 頁。

コラム③
部活動は地域移行でどう変わる？

　部活動改革の議論では，学校での実施をやめて地域に移行すればいいという意見を聞くこともよくあります。もしも，部活動を地域に移行したらどのようなことが起こるのでしょう。そこで参考になるのが小学校の部活動です。小学校では実際に部活動を地域に移行した事例が複数あり，中学校や高校の部活動地域移行を考える際のヒントになりそうです。

　中学校や高校で盛んな部活動ですが，地域によっては小学校でも行われています。小学校の運動部活動の分布を調べた調査によると，全国の23.0%の市区町村（401地域）では運動部活動が行われています。また，6.4%の市区町村（112地域）では調査時点（2016年度）からさかのぼって10年以内に部活動がなくなったことがわかりました。この，部活動がなくなった地域には，スポーツ少年団など地域の活動に移行した事例が含まれています。

　部活動からスポーツ少年団への移行によって先生や子どもを取り巻く教育環境にどのような変化が生じたかを明らかにするため，地域移行が行われたある地域の先生方にインタビューを行ったところ，表のような意見が出てきました。

表　部活動の地域移行にともなう教育環境の変化

プラスの変化	マイナスの変化
・教員の負担軽減	・児童の負担増加
・活動の多様性，持続可能性の向上	・学校生活との補完的指導機会の喪失
・保護者の関わりの拡大	・言動や態度の悪化
・活動の専門性の向上	・保護者による指導の難しさ
	・教員の負担増加
	・指導したい教員が関われないこと

　プラスの変化については，ねらいどおり，教材研究をする時間やその他の業務を行うための時間は増えたようです。また，少子化でチームが組めなかったり，先生の異動によって指導者がいなくなったりという問題にも対応

しやすくなり，活動の多様性や持続可能性が高まりました。保護者の責任感が高まったことや競技経験のある保護者の参加によって専門的な指導も充実したという意見も挙げられました。

　一方でマイナスの変化として，授業終了から保護者が来るまで時間があいてしまうため，活動開始時間が遅くなり（活動終了時間も遅くなる），生活習慣が悪化するケースもあるようです。また，教育のプロである先生が指導から離れたことで，学校生活と関連づけた指導がしにくくなり，子どもの言動や態度が悪化する場合もありました（なかには，子どもを伸ばすチャンスを失ったと感じている先生もいました）。そのほか，保護者による指導の問題点として，ほかの人の子どもを厳しく指導できなかったり，自分の子どもをひいきせずにほかの子どもと平等に扱うことの難しさなども浮き彫りになりました。部活動に関わる先生の負担は確かに減ったようですが，その空いた時間に研修や会議が増えたことで，かえって負担が増えたと感じる先生もいました。

　以上の変化は必ずしも中学校や高校でも生じるとはかぎりませんが，生じる可能性のある変化として留意するべき視点になるはずです。スポーツ庁・文化庁が出した部活動のガイドラインでも，完全な地域移行というよりは学校も含めた地域全体で連携し，子どもの課外活動の機会の確保や充実を図ることが目指されています。プラスの面を最大限に，マイナスの面を最小限にできるような活動のかたちが実現するといいですね。

参考資料
　青柳健隆，鈴木郁弥，荒井弘和，岡浩一朗（2018）「小学校における運動部活動の分布：市区町村別実施状況マップの作成」『スポーツ産業学研究』28（3），265-273頁。
　青柳健隆，荒井弘和，岡浩一朗（2018）「小学校運動部活動の地域移行に伴う教育環境の変化」日本体育学会第69回大会（口頭発表スライド）。

（青柳健隆）

運動部活動と地域スポーツクラブの違いとは

　教員の業務における運動部活動（以下，部活動）の負担やブラック部活動などが社会問題となり，部活動の在り方が問われています。解決策として，地域スポーツクラブ（以下，クラブ）への移行などが挙げられています。スポーツ活動が教育活動の一環である部活動とスポーツ活動そのものが目的であるクラブでは，両者にどのような違いがあるのでしょうか。私は，これまでに中学・高校の部活動・クラブでコーチや監督を務めてきて，その違いを痛感してきました。ここでは中学校を想定して，部活動とクラブの違いについて「ハード面」「ソフト面」から述べたいと思います。

●「ハード面」の違い

　学校施設を使用できる部活動はグラウンドや体育館，プール，武道場，そして教室など恵まれた環境下にあるといえます。一方，クラブは学校やスポーツ公園などの公共施設を活動場所として頼り，自前のグラウンド等を確保することは経営的に厳しい状況です。活動場所を確保できない場合には，河川敷や公園の空きスペースなどを工夫して使用していますが，走り込みなどのトレーニングなどになってしまいがちです。クラブが指定管理者制度などでグラウンドを運営していても，公共施設の性格を帯びているため，自由に使えるとはいえません。公式戦では，グラウンド提供を求められることもあり，クラブにとって活動場所の確保はクラブの死活問題となっています。

●「ソフト面」の違い──指導者の質，関わりの違い

　まず，指導者の質に関して，クラブのコーチには資格や免許は不要で，競技経験があればだれでもなることができます。コーチは競技理解に長ける競技の専門家です。競技について学ぶ時間的な余裕があるクラブのコーチの方が，部活動の教員に比べて競技理解にもとづいた専門的指導についての能力

のバラつきが小さいように感じます。部活動の教員に競技理解が不足する場合は，外部指導者を活用する中学校も増えています。一方，部活動の教員には，一定レベルの教育と現場実習をこなし得られる教員免許状が必要です。教員は人間理解に長ける教育の専門家です。一定レベルの教育知識と教育実習をこなしている部活動の教員の方が，クラブのコーチに比べて人間理解にもとづいた教育的指導についての能力のバラつきが小さいように感じます。残念ながら，クラブのコーチのなかには，人間理解の未熟さを感じざるを得ない教育的指導方法を用いるコーチも未だに散見されます。指導者にとって競技理解にもとづいた専門的指導の能力は重要ですが，まずは人間理解にもとづいた教育的指導の能力が重要です。

　次に，指導者のかかわりに関して，部活動の指導者は教員であることが多いため，生徒を学校生活に加え，部活動での活動を通じて理解することができるという強みがあります。その反面，学校生活が部活動に，部活動が学校生活に影響されることは否めません。また，部活動における過度な勝利志向にもとづいた長時間にわたる活動への警鐘が鳴らされています（笹川スポーツ財団，2018）。大前提として，一競技者である前に，一生徒であり，部活動は教育の一環であります。また，人間的成長が競技力を向上させることもあります。しかし，長時間にわたる指導者の干渉や過度な勝利志向は，スポーツの根源的な価値である「気晴らし」や「楽しみ」を奪うおそれがあります。クラブも多くは勝利志向ですが，選手はクラブの活動時間以外でコーチと接することはなく短時間のかかわりです。スポーツを楽しむための非日常的空間を守るためには過度な勝利志向と長時間のかかわりは避ける必要がありそうです。

　部活動とクラブには，それぞれに強みや課題があり，どちらがいいというものではありません。サービスを受ける選手やその家族が違いを知ったうえで部活動かクラブを選択する必要がありそうです。スポーツの価値を守りつつ，競技理解にもとづいた専門的指導や人間理解にもとづいた教育的指導も多面的で重厚なものにするためには，部活動とクラブの新しい関係や体制づくりが必要なのかもしれません。

参考資料

笹川スポーツ財団（2018）「青少年のスポーツニーズと運動部活動」スポーツライフ・データ分析レポート Vol.1.〈https://www.ssf.or.jp/research/sldata/tabid/ 1588/Default.aspx〉

（清水智弘）

第3章

シティズンシップ教育と部活動

細谷　実

関東学院大学教授

1——市民性の育成という課題

　20世紀の末から，初等・中等教育におけるシティズンシップ（市民性）の教育ということへの関心が，教育関係者とその近くで広がってきている。英国が先行例であり，その後，先進諸国においてひろく見られる事態となった。

　戦後の先進諸国では，大量生産と大量消費，男性正社員に対しての安定した雇用と高い給料，失業者に対する福祉などからなる修正資本主義システムがすべての国民を包摂してきた。だが，20世紀の終わり近くになって，そのシステムが様々な要因でほころびを見せてきたことも，先進諸国で共通していた。

　問題は，若年層に集中した。怠学や長期の授業欠席，消費文化のなかでの自己愛的自閉，学卒時における就業の困難，中高年に比して顕著に高い失業率，社会的・政治的関心の縮小または希薄化，暴力や軽犯罪への傾斜，安定した家庭環境の減少，などが共通して議論された[1]。英国におけるシティズンシップ教育の必要性の背景には，近年の多民族間摩擦の存在もある。しかし，そこに還元できない，上述のような市民と経済生活ないし市民と統治の問題が存在している。

　前段に列挙されたような現象が，引き続き広がっていくならば，社会はか

なり劣化していくだろう。そのような社会の劣化についての懸念，同時に若者個々人の福利状態への懸念から，それらの改善を期して，生徒・学生たちの市民性の育成という教育課題があらためて浮上してきたのである。

　英国では，経済の停滞が日本よりも 30 年ほど早く始まり，先に列挙された諸問題も日本より先行して生じていた。ちなみに，「ニート（NEET：Not in Education, Employment or Training）」という語は，英国発祥の用語である。前述の問題群に対処するべく，サッチャー首相が政権を終える 2 年前に，若者たちのシティズンシップの育成を言い出した。サッチャー政権での模索ののち，1997 年に，ブレア政権の教育雇用大臣は，著名な政治学者のバーナード・クリックを長とする委員会に，シティズンシップ教育の強化について諮問した。翌年，同委員会は，「学校におけるシティズンシップ教育と民主主義教育」と題する報告書を公表した[2]。そして，2002 年から，シティズンシップ教育は中等学校での正科目となった。

　それでは，先に列挙したような諸問題の改善に寄与しうると期待されている市民性の育成とは，どのような内容を持つものなのだろうか？

　クリックは，参照点となる市民（シティズン）という人間像について，次のように述べている。「歴史的に見て市民の概念と臣民の概念には根本的な違いがある。簡単に言えば，臣民は法に服従し，市民は法の制定改変において役割を果たす。…市民とは，公共の場での見解の表明や投票によって，通常はその両方によって，都市や国家の事柄に対して法的な発言権を持つ人々のことであった」[3]

　そして，次のように説いている。公共の場における上述した役割は，市民の権利であると同時に義務でもある。市民としての役割をうまく果たすために必要な能力は，自分（たち）の利害や理想について理解し発言でき，かつ自分（たち）が依拠する根拠や正当性を説明でき，逆にほかの人々のそれらも傾聴し理解できること，そして自他の利害や理想がしばしば対立しあいつつ存在することを認識する能力である。同じく必要なのは，問題や対立について議論し交渉し解決策を見出していく態度と技能である。さらに，その解決策を現実化していく行動において責任や義務を果たしたり，ボランティア活動をしたりすることも欠かせない，と。

クリックの観点に照らすと，正課外活動として（部活の一部としても）日本でおこなわれることが多い地域の清掃などの奉仕活動やボランティア活動は，もしも単なる奉仕・労力の提供だけにとどまるならば，臣民性の発現というべきものであっても，市民性の発現とはいえない[4]。ボランティア活動は，人々が主体的に，つまりコミュニティ・地域・隣人たちの問題に関心を寄せ，考え，発言しあって，解決の手段として自主的におこなうとき，市民性の発現となる。

2──部活動のなかにある肯定／否定的な面

部活動についての本稿の初めにおいて，シティズンシップの教育についてやや長く触れたのは，児童・生徒・学生（以下では，簡潔に「生徒」とだけ記すが，小学生から大学生まで含めて考えている）の成長にとって部活動が持っている意義と課題を，従来とは少し別な視座から考えてみるためである。

さらにいえば，1節で示したような市民性の育成は，初等・中等教育では学科的・科学的知識の獲得と並ぶ重要な課題であり，大学においても教養教育の柱であると筆者は考えている。だから，その教育に対して，日本における現在の学校生活のなかで大きな存在感を有している部活が，肯定的／否定的，どのような作用を有しているのかを，考えたい。

近年，部活に注目が集まっている。しかし，部活とシティズンシップを関連させた議論は少ない。だから，シティズンシップと関連させるアプローチが，部活に対する「少し別な視点」からの照明となるだろう。手掛かりに，2018年に公表された日本シティズンシップ教育フォーラムと学習院大学の長沼豊研究室との共同研究を資料として，生徒たちにとって日本での現行の部活動が持っている肯定的／否定的な面として挙げられていることを列挙してみる（各文は，読み易いように細谷がまとめた）。共同研究の対象となったのは，運動部と文化部の両方である[5]。

【肯定的な面】
① 部活運営についての目標の設定や予算の使途について自治ができる。

② 自分たちの運営マネジメント力を発表する場が持てる。

③ 学級とは異なる「居場所」となり，多様な環境やコミュニティと関われる。

④ 生徒たちが活動の主体となれる。

⑤ 生徒個人が自分の役割を明確に自覚できる。

⑥ 生徒たちだけで話し合う場を持てる。

⑦ 正課教育の場とは異なる自分を発見していく。

⑧ 卒業後も持続可能な活動となる。

⑨ 自主運営のなかで人との繋がりや助け合いの心を学べる。

⑩ 地域イベントなどで活躍し後輩に伝承できる。

⑪ 生徒同士の連帯感が育成される。

⑫ 自分の役割を全うする達成感を持てる。

⑬ 体力が向上する。

⑭ 運動部員は，社会人になってからのキャリア構成も意識した学生生活を送れる。

⑮ 文化部員は進学に向けた部活を頑張ることができる。

【否定的な面】

① ブラック部活を運営する顧問がいる。

② 学校内・部活内に，生活と意識が閉塞する。

③ 大人（指導者）のいうことを絶対視する。

④ 自己都合で休むことができない。

⑤ 「強いことが，良いこと・偉いこと」という認識に陥る。

⑥ 学内の部活相互の間にカースト（階層序列）が形成されている。

⑦ 暴力的な文化が部活内にあり，感化・継承され，再生産されていく。

⑧ 精神論が跋扈している。

⑨ 自分の意見を持てない・いえない支配的な文化がある。

⑩ ほかの体験をする時間が持てなく・少なくなる。

⑪ ジェンダーが明確で，感化・継承され，再生産される。

ここに挙げられた諸事態は，共同研究のなかで，シティズンシップ教育という課題を多少とも念頭におきつつ，あぶり出されてきたものであろう。それらは，筆者自身の個人的な見聞に重なるものも多い。すべての部活で，上記の肯定／否定面がことごとく見られるというわけではないだろう。部活ごとに，肯定面あるいは否定面あるいは両方の面のいくつかが該当しているという状況だと思われる。だから，内容からして両立しない肯定面の④＆⑥と否定面の③＆⑨とが並んで挙げられていたりする。

　留意したい点であるが，上に列挙された，おそらく証言者の自主申告に基づいた肯定面／否定面への振り分けの基準が妥当かどうかという検討は必要であろう。たとえば，上下秩序やジェンダー秩序，あるいは「強いこと＝善」という観念，あるいは精神論の強化・継承などについて，共同研究での振り分けとは異なって，むしろ，望ましく良いことだ，と見なす基準も考えられる。しかし，ここでは，共同研究での振り分けにしたがって話を進める（筆者も，そこでの振り分けを妥当と見ている）。

　一般論としていえば，肯定的面を促進し，否定的面を是正していくことが望ましく，課題となるだろう。それでも否定的面が大きく残る部活は，教育の場において存続させていく意義を問われてしまう。では，以後の3節と4節において，列挙された意見に見られる個別問題に対して，もっと近づいて考えてみることにしたい。

3——肯定的な諸論点について考える

　前節で挙げたさほど多くない意見の例からも，多様な論点を拾いあげることができる。それらに簡単な名付けをしてみると，「自主性，発言，精神論，閉鎖性，部活一色化，強さ最優先，ジェンダー強化，上下関係，暴力」などとなる。あらためて並べると，当然のことながら，問題となる論点は肯定的面よりも否定的な面から浮上してくる。しかし，肯定的な面に関わるものから，先に，考えてみよう。

　「**自主性**」について（肯定的な面①④）。自主性に関わる話は，肯定的な面として主に挙げられている。つまり，部活は，生徒の主体的な団体活動とし

て，生徒たちだけで話し合い，部の運営を各人が担い，自分が分担する役目を果たしていくものとして存在しているといわれている。そのような学習・教育機能を，部活が，教師主導の正課とは異なるものとして，持つべきであり，うまくいった場合は，生徒たちの自主性とそれに見合う能力を育成できるものである，という話である。

「発言」について（肯定的な面⑥）。社会においても，また部活においてもメンバーがお互いに発言していくことは，個人の自主性の基礎であり，議論を通じて，合意可能な合理性を持った目的設定や運営方針や方法を作り出していくために必要なことである。そうしたプロセスは，まさに市民性にとって中心的かつ不可欠なものである。

生徒たちは，学級や生徒会や部活での，そうしたプロセスのなかで，話し合いの仕方，議論をする方法を，実地で学習することができる。つまり，自分たちがおかれた所与の環境や条件を適切に認識し，自分の理想や感情や利益だけを絶対視せずに，相手が有する理想や利害等についても理解し，もしも自分と相手との間に対立がある場合は，お互いの主張の根拠について相手と意見を交わし合うなかで，その解決の仕方を考え出していく練習ができる。

以上の自主性と発言との2つは，肯定的／否定的のどちらにも挙げられている事項である。それらが発揮され育成される場合は肯定的な面として，それらが抑えられ発揮できない場合は否定的な面として証言されているからであろう。

ところで，部活という仕組みの働きを，次のように考えてみるのはどうだろう。部活は，かなり限定的なものにとどまるが，いわば社会自体の縮小モデルとして，その内部での人間相互の関係を実験させ，体験練習させるものである。あるいは，社会集団や組織の縮小モデルとしては，何らかの共通目的を達成するための協働を実験させ，練習させるものである，と。

そのように考えた場合，現実の社会自体や社会集団や組織がそうであるように，その運営や協働は，自主的なものとしてもありうるし，そうでないものとしてもありうる。部活について，「そうでないもの」というのは，否定的な面として挙げられていたように（否定的な面①③④⑨），権威主義的な，最悪のケースでは暴力的な指導者や先輩による支配の下に，運営や協働が上

から強制されておこなわれるような場合である。

　部活のなかでそうしたケースが克服されて，自主的なものへと変容していく可能性はある。しかし，そうなる必然性や傾向性は，社会においてと同様，部活に内在しているわけではない。だからこそ，社会に関してはシティズンシップの教育が課題とされてきているのである。部活に関しても同様であるだろう。

4——否定的な諸論点について考える

　続いて，否定的な面として挙げられている問題についてそれぞれ考えていこう。

　「精神論」について（否定的な面⑧）。精神論と呼ばれるものは，科学的トレーニングやデータにもとづく戦力・戦術分析を無視して，もっぱら精神力の優位さだけで勝てるとする信念言説である。

　日本社会には，第二次世界大戦に至るまでの対外戦争に際して語られた「大和魂」や「必勝の信念」などのような精神論へ傾斜する伝統があるようだ。もちろん，敢闘精神，根性，集中力などは，いろいろな活動（運動部活では特にそうだが，文化部活でもそれ以外でも）において高い達成を目指すには必要な精神的性質・能力である。それらを育成するためにメンタルトレーニングも必要となるが，トレーニング自体，合理性を持ったものでなくてはならない。練習中に水を飲ませない，休憩を取らせない，座らせない，笑わせないなどは，もっぱら精神論にもとづいた練習方法であっただろう。

　そうした精神論で部活をおこなうことの弊害は，部活動中での健康傷害としても現れうる。さらに生徒たちのその後の人生においても精神論の影響が続くと，合理的な思考や判断を適切にできなくなるということにもなりそうである。

　「閉鎖性」について（否定的な面②⑩）。部活の閉鎖性は，指導者とメンバーの視野・関心の狭さから由来し，逆に彼らの視野・関心の狭さを拡大再生産していくことになる。部員たちが属するのは，学校，家族，部だけとなり，もっぱら部員間で交流し話をするようになる。集団が閉鎖的になると，

集団内の価値観とルールと人間関係が絶対的なものと感じられてしまう。そうなると，集団の外から見るならば何ともばかげた価値観やルールに対しても批評的な意識が持てなくなる。

　そうした事態は，全体主義的な国家でも，宗教教団でも，政治的集団でも，企業でも，学校でも，部活でも，しばしば生じている。また，そうなると，個人がその集団をいやになって辞めたくなった場合も，そこにしか足場を持っておらず，集団の外も見えないので，逃げ出せなくなってしまう（クラス内や職場内でのいじめから逃げ出せずに自殺してしまう事件が，その痛ましい事例である）。

　「部活一色化」について（否定的な面④⑤⑩）。部活一色化というのは，個人の生活の関心，時間，活動，人間関係のすべてが部活関連のものになり，そうでなければ持ちうるほかの活動分野が極小化または無化してしまう状況である。前段で見た閉鎖性は，そうした部活一色化を生み出し支える要素として機能している。

　部活に入れ込んで，疲れ切り，また時間的にも学業が疎かになるというのは，ありふれたケースである。学業以外でも，人間生活に喜びや輝きや潤いや安らぎを与えてくれる諸活動，たとえばほかの人々との交友，文化的／芸術的活動，趣味，宗教的／道徳的活動などから疎外されることになる。市民的活動としてのコミュニティへの参画や政治的参画からも疎外される。

　「強さ最優先」について（否定的な面⑤）。強いこと＝勝つことを以て，すべての価値の最上位において，それを追及する価値観と行動様式が，強さ最優先ということである。「勝利至上主義」と呼ばれるものに近い。確かに，強くなるため・勝つためには，勝利追及を最優先させる局面が欠かせないであろう。しかし，それが恒常化・全面化すると，自他への弊害が生じてくる。

　ほかへの害としては，部活間カースト（複数の部活のあいだでの優劣階層）が形成され，下位部活は，リスペクトを得られず，予算も回されない，練習場所確保も常に後回しにされる，などの扱いを受ける。下位階層に位置している部活メンバーたちは，モテから遠ざけられてしまう。あるいは，上位階層部活のメンバーが勘違いをして特権意識を持ちはじめ，ほかの生徒たちに対して横柄に振る舞うことも生じる。もちろん，同一部活の内部で，弱

い部員が強い部員に比べて，様々な不利益や差別的処遇を受けることもある。

　いっそう問題なのは，運動することを最も勧奨するべき対象としての運動が苦手な少なからぬ生徒たちを，さらに運動から遠ざけてしまうことだ。勉強についてだったら，多くの教師たちが，勉強が苦手あるいは苦手意識を持っている少なからぬ生徒たちに対して心を配り多大な努力をしているのと，あまりに対照的である。

　また，強い生徒たち自身に対しても弊害が生じる。弱い生徒たち，さらには弱い人々一般に対する軽視・蔑視意識を持つようになると，人間として，市民として，偏頗・偏狭な者となってしまう。あるいは，自分が強さを維持・発揮できなくなった場合に自己の無価値化・自己否定の意識に苛まれることになる。ちなみに，似たような自他への弊害は，勉強や仕事についての「有能さ最優先」という価値観からも広く生じてくる。

　「ジェンダー強化」について（否定的な面⑪）。わかりやすいのは，通常，男子部／女子部のどちらかしかないような相撲部やチアダンス部などの部活である。男子チアダンス部や女子相撲部も少数ながらあるが，やはり今のところ例外的存在であろう。相撲というスポーツの力強いイメージ，チアダンスというスポーツの華やかなイメージ，それらは典型的にジェンダー的なものである。

　加えて，チア（励ます，応援する）という行為は，アシスト（手伝う）やサポート（支える）やケア（世話する）やコンソル（慰める）等と並んで，主役として奮闘する男子のためになされる女子的振る舞いという，ジェンダー的意味合いがある。そうした振る舞いをできることが，伝統的な「女子力」といえよう。

　時々問題化される男子部活の女子マネ問題も，もしも文字どおりにマネージ（統御・管理する）する役ならば問題にはされないだろう。しかし，女子マネの実際の役柄は，監督やコーチの庶務的なアシスト，あるいはユニフォームの洗濯や握り飯・砂糖漬けスライスレモンの用意などのケアである。それゆえ，いわば一時代昔の性役割が男子運動部には残存しているとして，ジェンダー的に問題視されてしまうのである。

　また，同種類の競技をしながら，競技会が別々であることの意味や効果も

注目される（この論点については，コラム⑤「競技スポーツとジェンダーと部活」も見ていただきたい）。男女は，同じ土俵・アリーナでは戦わない／戦わせないのである。これは，身体的能力が関与するスポーツという活動にかなり特徴的なことである。芸術や芸能や学問や遊戯やギャンブルでは，同じ種目ならば，その競技・比較は，一緒に同じ土俵でおこなわれるか，付加的に女性のみの競技会を設けられる（たとえば将棋など）のが一般的である[6]。

「**上下関係**」について（否定的な面①③）。上下関係とは，権威・権力における縦の秩序のことである。上下関係は，官僚制にも企業内にも存在している。上下関係の存在は，それ自体が問題ではなく，不必要あるいは無関係な場面でもそれが幅をきかせたり，上が不合理な対応または過度な要求（これも不合理な対応の一種である）を下におこなう場合に，否定的なものになる。

「**暴力**」について（否定的な面⑦）。暴力は，クラス内の人間関係でも，学外のストリート的人間関係でも，対立を手っ取り早く決着する手段としておこなわれるほか，合理性にもとづかない上下関係やジェンダー関係を維持する手段として用いられる（パワハラやＤＶ）。国内における様々な対立や国家間での対立を決着させる手段としても，暴力は広く用いられている。

暴力はそのように発動しやすいものであるから，メンバー諸個人の自主性の欠如，精神論，閉鎖性，強さ最優先，上下関係等という部活の環境において，暴力がおこなわれ許容されて慢性化してしまうという事態は，十分に考えられることである。

5──部活での諸問題を，包括して考える

3および4節で，9つの論点について，1つずつ簡単に考察した。では，9つをまとめて見るとき，あらためて何かいえるだろうか？

うまく組織され運営された部活においては，生徒たちの自主性が育成されたり，発言の機会があったり，学級におけるのと違う自分を発見できたり，仲間との協力関係や思いやりが育成されたりする。そうしたことは，部活の素晴らしい機能である。市民性の育成という点でも高く評価できる機能だ。

しかし，それらが，ほかの否定的な面と一緒にあるために，うまく実現さ

れないというケースが少なからず生じている。せっかくの部活のプラス面が，マイナス要素によって阻害されてしまうのである。

しかも，否定的な面についてまとめて見るとき，各々の問題がお互いに関連し支持しあい，望ましくない方向に向かって相乗効果を発揮しあっているように思われる。では，この負の相乗効果を克服する糸口はどこにあるのだろうか？　さらに，9つの論点に目を凝らしてみよう。

9つのなかで，現在の世論においておおかた批判されるものは，暴力である。それに続いて，閉鎖性，精神論，部活一色化，ジェンダー強化，上下関係などが批評的に見られるだろう。だが，そのような諸要因についても，根強い支持者はいる。よほどの行き過ぎ・逸脱のケースとして見られないかぎり，擁護する意見も稀とはいえない。暴力についてさえ，そうである。

それらに比べて，特に批評的に見られることのない「強さ最優先」ということは，競技スポーツにおいて，ほとんど／まったく疑われない価値観である。その価値観は，学校の運動部活においても，浸透し遍在している。そもそも競技というものは勝つことを目的として設計されている。そして，勝つために強さが追及されるのは自明なことである。

観客やファンが存在することによって成り立つプロスポーツでは，人気が最優先となるが，人気の大きな源泉は強さである。そこで，強さ最優先という価値観は，当然，プロスポーツにもある。

しかし，プロスポーツの世界では，精神論ではなかなか勝てない。閉鎖性や上下関係や暴力等は，個人事業者として自立的なプロ意識を持った選手たちにとっては邪魔なだけである。だから，閉鎖性や上下関係や暴力等は，伝統にこだわり古いシステムを温存させ続ける大相撲など以外，さほど目立っていない。それに，プロスポーツでの強さ最優先ということは，プロ選手個人の人生の長期的な視界のなかで考えられていて，中高生のように目前の勝利のためだけに無理して頑張って身体を壊すような真似をすることは稀であろう。

また，プロのチームスポーツではチームの勝利が目的となるが，選手個々人は，チームの勝利と自分の個人的な目的（名誉や金銭や自己実現など）とを秤量しつつ擦り合わせをおこなっている。対して，チームと個人との一体

化がおこなわれるアマチュアスポーツのほうが，部や学校や企業や国家の目的としての勝利に個々人が従属させられるケースが多い（チームスポーツではもちろんであるが，個人スポーツでも帰属集団の代表として）。

　要するに，プロスポーツにおいては，強さ最優先ということと，精神主義や閉鎖性や上下関係や暴力等との相乗効果はほとんど認められず，切れている。対して，もしも学校や部活や指導者が部としての強さ最優先に陥るならば，当然にも，選手である生徒たちの現在および将来の人生は顧慮外におかれてしまう。大人のプロ選手と異なり，知的・精神的に自立していない中高生の選手自身，現在の熱気にあおられ，自分の現在や将来について見えなく／見なくなりがちである。だからこそ，部活指導者は教育的配慮ができる者でなくてはならず，その責任は重大だ。

　このような事情で，学校部活では，強さ最優先という考え方が支配的になる場合に，プロスポーツとは異なって，精神論（その結果としての健康被害）や閉鎖性や上下関係や暴力までもが正当化されてしまう可能性も払拭できない。思うに，学校部活のレベルでは，精神論から暴力に至るまでの要素が，実際に強さと勝利に寄与することが多いのだろう（関係者によるそうした証言は多い）。

　だから，もしも部活の諸々の否定的な面を克服する糸口を求めたいならば，「学校教育の一環としての部活に，強さ最優先という価値観は，不適切かつ不要である」と言い切るくらいの大胆な発想の転換が必要である。

　しかし，それは，部活当事者（指導者と部員）にとって，かなり辛い話である。というのも，自分たちだけが強さ最優先の意識を変えると，変えずに諸々の否定的な面をも抱え込んでいる対戦相手に負けてしまう可能性が大きいのだから。とりわけ，大会で上位入賞をねらっている部活にとっては，受け入れがたい話のようだ。2018 年に，「運動部活動の在り方に関する総合的なガイドライン」がスポーツ庁から出され，適切な活動日数や時間について示された（第 1 章参照）が，全国大会に行くような強豪部ほど，現状でそれを大きく超過しており，今後も長時間部活を続けたい意向だという[7]。

6——部活と市民性の育成

　2〜4節において，学校部活の肯定的／否定的な諸側面それぞれについて考え，5節において，それらを包括的に再考してきた。6節では，市民性の育成というテーマから，部活について考えたい。

　部活と同様に，社会あるいは社会集団や組織の縮小モデルと見なしうる学級での活動は，各種委員を立候補や投票やクジ引き（古代アテネの民主主義における由緒ある方法）によって決め，学校イベントや学級イベントへの取り組みの仕方を話し合って決め，クラス内に問題が生じたときには話し合って解決を図り，学級内や学校内での加害行為や一般的な社会規範を逸脱したメンバーには反省を促すなどの諸活動を，生徒たちの半自主性によっておこなっている。このような学級活動は，教育の一環として意識的に奨励されており，市民性の一定部分を育成することに寄与するだろう[8]。

　強さ最優先という価値観に強く拘泥しなければ，部活でも，同じような活動が可能である。ただし，学級と違って，教員の関わり方には温度差がある。一方の極には，生徒の自主性を抑制的に管理する権威主義的な指導者として積極的に関わる場合がある。他方の極には，たまたま担当させられた部活の内容に見識も関心もなくて消極的に関わる場合がある。

　前者の場合は，強さ最優先という価値観から自由になること自体からして困難だろう。教員は部活指導についてのしっかりとした教育を受けているわけではない。学校側や卒業生・保護者たちからの期待もあるだろう。かつて自身も部員として部活を頑張っていた教員の多くは，体験した一時代昔のイメージを抱きつつ指導に臨むことになるだろう[9]。

　対して，消極的な教員の場合，部活が低調化したり，荒れたりする可能性もおおいにある。学級活動に消極的な教員の場合と同じことである。一方，生徒たち自身にすでにそれなりの自主性があり，外部指導者等が技術指導で適切に関わる場合，教員の消極的な関与によって，一種の放任がうまく機能し，生徒たちの自主的な部活運営を活性化する可能性もあるが，おそらく稀なケースであろう。

さらに，そうした話とは，別の問題もある。先に述べたように，うまく運営される学級や部活で育成される市民性は，市民性の一定部分に限定されており，それ以外の市民性の育成をどうしたらいいのか，という問題である。

　学級や部活で育成される市民性は，誤解を招く表現かもしれないが，いわば温室のなかでの市民性である。「温室」ということの含意は，①文科省→教育委員会→学校という上位枠組みからの指導と保護の下に存立している，②日本の学校は，基本的に生徒間に同質性が強く，多様性や異質性が大きな対立・反目を生じさせることはまれである（むしろ多いのは，異質な者が一方的にいじめられるケースだ），③外部の社会や諸集団は，学校や部活に対して敵対的でない。

　筆者は，以上の3つの条件を考慮して温室と呼んだ。だが，生徒たちは，温室のなかで一生過ごすわけにはいかない。いわば，苗の時期は温室で育ち，大きくなったら外に出ざるをえない。外でも生きていけるようになるために，温室での過ごし方が大切である。市民性の育成における1つのポイントは，ここにあると思う。

　そこで，重要なことは，現実の社会における大きな多様性・格差・対立をしっかりと認識しておき，その対立のなかで自分自身を守っていくことができるように，また，自分を主張すると同時に対立する他者の言い分を理解し，調整しあうことができるようになることである。さらには，社会の主権者の一人として，混乱や荒廃や停滞を招かないような社会の運営に参画できるようになることである。そのような中身を持つ市民性とは，社会での対等かつ能動的な主権者性につながる。

　では，学級活動や正課や部活は，そうした市民性の育成に対してどのように寄与できるものなのであろうか？

　社会や社会集団の縮小モデルである学級内で活動する際に，そこが温室であって，外部はもっと厳しい環境であることを意識させることが必要だろう。たとえで説明しよう。自動車教習所のほとんどの生徒たちは，安全な教習所内の運転コースで基本的な運転スキルを練習しつつ，外の実際の道はもっと複雑な要素が絡み，もっと危険なものであることを意識しているであろう。そのような意識をさらに具体的で明確なものとして持つためには，一般道や

高速道についての学科授業が大切である。教習所外の路上での実習も欠かせない。同様に，学級では，社会をはじめとする正課目での授業が大切となる。

1節で参照したクリックは，市民性を育成する社会科の授業について，法律や制度の知識から教えはじめるのではなく，社会でおきている現実の対立や紛争やトラブルを始点として教えるべきだと説いている。温室とは異なる外部社会での困難に目を向けさせることからの授業開始である[10]。本稿での見方も近い。

では，部活においてはどうなのだろう？ これまでも述べたように，集団内・組織内での考え方・振る舞い方に関する市民性の練習は，よく運営された部活では，おおいに期待できる。しかし，外部に目が向かうことは，正科目による補足のない部活では，社会問題や地域活動等に関わる部活でもないかぎり，ほとんどないだろう。

中学，高校，大学と運動部活を体験してきた男子学生が，「社会に出てからも通用するマナーや人間関係を部活で学んだ」ということが少なくない。しかし，突っ込んで訊いてみると，部活内での挨拶の仕方や敬語の使い方，指導者や先輩の話を聞くときの態度や姿勢についてのマナーだったりする。また，人間関係というのは，部活内あるいは外部でも部活につながりを持つ人々との関係のことにとどまる。

思うに，20世紀末まで，日本の企業はホモソーシャルな（＝男たちの絆にもとづく）縦社会だった。つまり，伝統的な男子運動部とよく似た集団だったわけだ。だから，部活的マナーや人間関係様式が，体力や根性や敢闘精神とならんで，企業内でも就職活動においても高く評価されてきた。したがって，一時代昔であったなら，国家社会や企業で期待される人間性が，旧来の部活文化のなかで適合的に育成され鍛えられる，ということができた（ただし，その内実はクリックのいうところの臣民性に近く，市民性に遠い）。しかし，日本においても社会のほうが少しずつ変わってきている。

むすびに代えて

通常，部活の否定的な面として語られるのは，心身被害や暴力や教員の長

時間労働など，それ自体として困った問題についてである。しかし，一時代昔の日本文化と連続的であり，それ自体あまり問題視されていない自余の部活文化が，ほかの望ましきものの育成・活性化を阻害してしまうことが，本稿から見えてきた。阻害されてしまう主要なものは，社会的関心の広がりであり，生徒たちの主体的意識であり，指導者も含めた人々の間の対等性であり，それらの延長に位置づく能動的な市民性である。

　心身被害等の困った問題は，生徒や教員の人権との関連で論じられるのが通例だ。それは，疑いなく大切な議論である。しかし，人権とは異なる主権という水準があり，その担い手たることが，市民性ということの根幹である。人権と主権とが別物であることを，例で示そう。民間のフィットネスクラブやテニススクールなどにおいて，顧客である生徒の人権はほとんど守られているといえるだろう。しかし，彼らは，クラブやスクールの顧客（消費者）であるだけで主権者ではない。さらにいえば，臣民に対してもかなりの人権が認められることも，さほどめずらしいことではない。しかし，それは，主権者性とは違う[11]。

　まして，閉鎖性，部活一色化，強さ最優先，ジェンダー強化，上下関係，暴力などの要素が残っている部活では，外部に目が向かないだけでなく，外部での諸問題についても，権威的秩序や能力至上視や暴力で解決しようとする志向がかえって強められてしまう危惧もある。

　つまり，現在において必要な課題とされている市民性の育成ということに寄与するどころか，むしろ阻害するような部活文化が，日本の学校においては，あまり疑問を持たれないで存続しているのである。

　部活自体を否定したいのではない。それでも，現行の部活にある否定的な面は大幅に改善していく必要がある。その糸口として，少なからぬ生徒・教員・親・マスメディアの意識のなかで過熱化し肥大化してしまった強さ最優先の志向を，もう少しクールダウンさせていくことが必要だろう[12]。

注

1) 英国のMP（下院議員）のダイアン・アボットは2013年の講演のなかで，英国の若い男たちが示す「危険と暴力への偏愛」傾向に注意を喚起し，父親たちに向かって少年たちに対する従来とは違う接し方の必要性を説いている。そうした新たな家庭文化と学校でのシティズンシップ教育の双方が必要であると筆者も考えている。D. Abbott Britains Crisis of Masculinity 〈https://www.demos.co.uk/files/Diane Abbottspeech16May2013.pdf〉2019年4月1日閲覧。

2) バーナード・クリックほか（2012）『社会を変える教育』キーステージ21, 111-210頁。

3) バーナード・クリック（2011）『シティズンシップ教育論——政治哲学と市民』法政大学出版局（原著 *Essays on Citizenship*, 2000），14-15頁。クリックは，市民による民主主義的政治を市場モデルでなく，市民的共和制モデルで考えている。すなわち，対立しあう複数の利益・理念に対する市場的多数派の専制ではなしに，複数の利益・理念の間での妥協の形成と権力への分割的参与として考えている。したがって，市民性は多様な水準で能動的な活動をおこなうものとして構想されている。

4) 英国というと，ジョン・ロックの思想を生み名誉革命を遂行した国として，市民性意識の高い国というイメージが一般的であろう。しかし，クリックは，英国において人権や主権は，仏・米などと違って，なし崩し的に王権から与えられてきたものとして，今もって臣民意識が根強く残存していることを指摘している。日本においても，戦前の欽定憲法的意識の残響や，権力＝権威意識（「長いものには巻かれろ」という意識）が，今でも臣民意識を残存させているので，クリックによる臣民性／市民性の対照は有益である。その点に加えて，市場的な消費者性が近年広がって，

それが旧来の臣民性と共に，育成されるべき市民性を挟み撃ちしていることも，英日の共通性である。注11）も参照されたし。

5）日本シティズンシップ教育フォーラムのネット上の記事を参照［jcef.jp/news/report/20181227_1272/（2019 年 4 月 1 日閲覧）］。なお，この PDF 資料については次のような説明が付されている。

　長沼豊研究室と「部活動改革マップ」（ver.1）を共同制作［2018/12/27］　日本シティズンシップ教育フォーラムでは，「J-CEF スタディ・スタヂオ」の KOBE スタヂオ vol.33「シティズンシップ教育から『部活動』を考えてみる」（6/20）と「シティズンシップ教育推進人材養成講座（東日本会場）」2018 年度第 2 回「学校とシティズンシップ教育——部活動から考えよう——」（9/23）にて，シティズンシップ教育から見た部活動とその改革について検討を進めてきました。ここでの議論を踏まえ，「第 4 回部活動のあり方を考えるミニ集会」（12/16，長沼研究室主催・J-CEF 後援）を経て，「部活動改革マップ」（ver.1）が共同制作されましたので，ウェブサイトでも公開いたします。

6）音楽の諸ジャンルのなかでは声楽のみが，スポーツに似て男女別コンクールとしていることが興味深い。身体そのものが楽器である声楽は，スポーツ同様，身体性と強い関係を有するジャンルであることが指摘できる。ソプラノ歌唱とバリトン歌唱（さらにはカウンターテナー歌唱など）は，歌唱という同一種目における別々の土俵としてではなく，そもそも（違う楽器での）別々のジャンルあるいは種目と見られるのかもしれない。

7）「東京新聞」（2019 年 3 月 23 日付朝刊）は，次のような報道をした。

　「選抜出場校アンケート「勝利至上主義」根強く——良い結果を出すためにはそれなりの練習が必要だ。運動部活動指針の順守について選抜高校野球出場校に聞いたアンケートには，活動時間を減らすことに否定的な意見が相次いだ。一方，少数ではあるものの，見直して「強化が進んだ」と回答した学校もあった。（原尚子）「指針通りでは強化は絶対に無理」。平日は五時間，週末には七時間の練習をしている東北地方の学校は，こう断言する。指針には，罰則規定がない。守るかどうかは実質的に学校の裁量に任されており「順守したチームほど強化が遅れる」と，敬遠する高校は少なくない。活動時間を減らすなどの見直しをした十二校のうち三校は，その影響で「強化が遅れた」と答えた」。

8）シティズンシップと教科や学級活動や生徒会などについては次の文献を参照されたし。①前掲 B. クリックほか『社会を変える教育』の特に第 2 編「わが国における Citizenship Education の導入の可能性について」，②広田照幸＆北海道高等学校教育研究会（2015）『高校生を主権者として育てる——シティズンシップ教育を核とした主権者教育』学事出版，③宮下与兵衛（2016）『高校生の参加と協働による主権者教育』かもがわ出版，④藤原孝章（2009）「日本におけるシティズンシップ教育の可能性——試行的実践の検証を通して」『同志社女子大学学術研究年報』第 59 巻，89-

106 頁（ほかにも関連文献は多い）。

9) 学級におけるよりも部活のほうが，現在は権威主義に染まりやすい。その理由の第一は，学級に関しては，多様な意見を持った保護者の眼差し，および教育委員会によるモニターが働いているが，部活ではそうなっていないということにある。だから反対に，戦前のような国家ぐるみの権威主義という条件下では，学級が強い権威主義の空間になっていた。第二の理由は生徒たちの側にある。学級内には，そもそも勉強へのモチベーションが低い生徒たち，あるいは勉強へのモチベーションが高くても，それを必ずしも学級内で満たす必要性を感じていない生徒たちが集められている。対して部活には，その部活で当該活動をおこないたいと強く希望している生徒たちが多く集まっている。そのモチベーションの高さが，先に述べたように外部からのモニターが働かないなかで，指導者や先輩たちによる操作に自発的に従っていくように機能してしまう。つまり部活では，自発性が自発的従属へと転化してしまう，というありがちな逆説が働くのである。

10) 学級内・学校内にはなくて，社会にはある困難として，民族間や国家間での強い摩擦や反目，経済的な利害対立や大きな格差，原子力発電政策や防衛政策での大きな対立，などが挙げられるだろう。

11) 団塊ジュニアよりも前の世代まで人気のあった勧善懲悪の TV 時代劇は，「民のため」をうたうパターナリズム（＝父親的温情主義）である御仁政のドラマであり，それによって，当時の庶民の「人権に相当するもの」の擁護が描かれていた。それは，まったくの絵空事ではなく，江戸期の統治のあり方を多少とも反映するものだろう。同様なパターナリズムは，かつての日本企業のなかにもあった。しかし，近年，そうした真っ当なパターナリズムが社会から失われつつある。パターナリズムの否定的側面だけが残るか，市場万能的な非情さへの転換が進んできた。その流れからも，御仁政に期待する受動的な臣民性ではなく，能動的な市民性が必要とされてきているのである。同時に近年は，消費主義の全面化によって，人権も主権も市場的消費者モデルで発想される傾向が強まっている。そこでは，消費者の権利や消費者主権がうたわれても，消費者はメディアを通じた操作対象となりやすいという問題と，格差の増大によって消費者としてさえ尊重されないアンダークラスの人々が増加しているという問題が生じている。

12) 英国においては，そもそも日本のような部活はないので，ここに述べたような問題が，シティズンシップ教育との関連で論じられることはない。そのために，英国の教育モデルを日本に引き写した場合，日本においては重大なそうした問題が隠れてしまう。そのせいか，シティズンシップ教育と部活を関連させて挙げているのは，本稿で参照した日本シティズンシップ教育フォーラムと学習院大学の長沼豊研究室との共同研究，注8) の③の文献（ただし，部活への言及は多くない），ほかに経産省の報告書（「シティズンシップ教育と経済社会での人々の活躍についての研究会」報告書（2006）に掲載されているシティズンシップ教育についての見取り図（表）

くらいにとどまる。だが，本稿で示したように，ことの性質上，二つを関連づけて
考えていくことはとても重要な課題である。

競技スポーツとジェンダーと部活

　相手と対戦して優劣を競う競技スポーツの世界は，男／女を二分する常識的なルールにもとづく世界です。当然，競技スポーツ大会を目指す運動部活も同じ世界に属することになります。オリンピック発祥のギリシア古代にさかのぼると，あるいは，もっと現代に近い産業革命期頃にさかのぼっても，競技の担い手たちはみんな男たちでした。しかし，20世紀になるころから，競技スポーツに参加する女性選手たちが少しずつ出てきました。今では，先進諸国において競技スポーツをする男女の数に，大きな差はありません。

　しかし，それでも，競技をするときは，男女別，あるいは「混合」と称してもペアまたは男女ごとの人数指定がなされた団体対抗でおこなわれます。まったく男女を限定せずに混合で競われるのは，馬術とストリートダンスの一部くらいです。その理由は，現に男女別でおこなわれている競技種目では，トップレヴェルあるいは平均でのパフォーマンスに，明らかな男女差があるからでしょう。そのような場合に，もしも男女混合で競技するなら，女性はほとんど上位に入賞できなくなります。

　だとしたら，体格や体力にまだ明確な男女差が現れる前，10歳くらいまでの小学生スポーツではどうなのでしょうか？　小学生の女子が大活躍する，混合での子ども相撲大会などがあります。

　ここで，「子ども相撲のように，男女混合で競技するべきだ！」といいたいのではありません。ただ，現在の競技スポーツのトップレヴェルでの男女別というルールが，平均的なレヴェルでの部活動などにおいても，あたかも普遍的で絶対的なモデルと思われている事態は，もっと相対化していいのではないでしょうか？　そうすることで，いろいろな可能性が広がります。

　まず，トップレベルではない（強さを偏差値で表すとしたら男女ともそれぞれ40〜60の）生徒たちから希望者を募れば，その集団のなかには，男子よりも女子の方が強い組み合わせというケースもけっこう存在します。男女に強さの違いがあるとしても，「すべての男が，すべての女よりも強い」

という二分法的な違いではないのだから当然です。よって，混合で競技をしてもＯＫ，十分に楽しめるでしょう。古い世代には「もしも混合で競技して，男が女に負けたらかわいそうだ」と思う人も多いです。しかし，それは，「女に負けて情けない男だ」と古い世代が考えるからです。

また，ストリートダンスは，表現が競われます。大きな体格・強い筋力に圧倒的な優位性があるわけではありません。そう考えると，シンクロナイズド・スイミングなども，同じように人数枠を設けない混合団体競技でおこなう可能性も出てくるでしょう。

さらに，登山やジョッギングや祝祭的ダンスやヨガのように，競技になじまない，異なる価値によって行われているスポーツもあります。サーフィンやスケートボードやスノーボードやスキーやセーリングやボルダリングや野外歩き（散歩）やサイクリングや水泳など，競技が行われることもありますが，むしろ競技的価値以外の魅力にひかれてマイペースで愛好している人が多いようです。

そもそも，競技スポーツにおいても，上位獲得にはさほどこだわらないで，ゲームそのものを楽しむという愛好家的スポーツ観で行われている場合の方が，多いのではないでしょうか？

上位獲得を目指す競技スポーツは，より上位を目指す意志や努力の素晴らしさ，到達するパフォーマンスの卓越性（強さや技術や美しさ），ゲーム性が持っている面白さ（これは，カードやボードやコンピュータなどの諸ゲームとも共通する）が高い水準で展開されること，観客からビジネスとしての利益を得られる商業スポーツへの接続，部活動ならば目的の明確化，など，いくつもの美点や利点を持っています。

しかし，小学校から大学まで生徒や学生の部活動のすべての局面に競技スポーツ的価値観が浸透し，その価値観によって部活や諸個人がランク付けをされ，下位の生徒たちをスポーツから遠ざけ，競技と密接した常識的な男／女の二分法の世界をいっそう強化していくことは，スポーツの持つ可能性，さらには男／女の活動や相互関係の可能性を狭めてしまうのではないでしょうか？

（細谷　実）

運動部における女子マネージャー

　みなさんは,「運動部のマネージャー」と聞いて男女どちらの性別をイメージするでしょうか。

　強豪校では優秀なマネージャーの存在は不可欠です。マネージャーは,指導者と連携したうえで練習の指示を出したり,ときには一緒にトレーニングをしたり,選手の健康管理やあらゆる面のサポート,書類仕事などを担います。一方,現在の日本の学校運動部においてマネージャーは,実際に「マネジメント」するというよりも,いわゆる雑用を一手に引き受ける「お世話係」であることが一般的です。しかし,日本で学校運動部がつくられた当初は,マネージャーは実際に部を「マネジメント」していました。対外交渉や予算獲得のための学内交渉,練習試合の相手との調整など業務は多岐にわたり,部の運営の中心となっていたのがマネージャーです。もちろんこのときのマネージャーは,「男子」マネージャーです。戦前の日本では学校は男女別学でしたから,学校運動部で男子部に女子マネージャーが存在するということは皆無でした。

　日本の学校部活動に女子マネージャーが誕生するのは,1960年代のことです。当初から女子マネージャーには根強い否定派がおり,その理由は「運動部は男の世界」であること,「女子に気を取られプレーに集中できなくなる」ことなど様々でした。運動部に女子マネージャーが増加した要因として,高井(2005)は女子の高校進学率の増加,男子の大学進学率の増加とそれにともなう運動部離れが影響していると分析しています。1960年は受験戦争のただなかで,大学受験の勉強のために男子高校生の運動部員数は減少し,マネージャーのなり手の男子生徒も確保できなくなりました。その結果として,当時あまり大学へ進学しなかったため受験勉強の必要がない女子生徒がマネージャーの役割を担うようになったと考えられます。当初進学校に限られていたこのような現象も,1970年代には多くの学校で現れるようになり,

男子部員の人数より女子マネージャーの人数が多いチームも存在していたようです。

　女子マネージャーについては，高校野球に関連した問題がしばしば話題になりますが，関連規則は少しずつ緩和されてきています。1996年には記録員のベンチ入りが認められたことによる女子マネージャーのベンチ入り許可があり，2017年には夏の甲子園大会から女子マネージャーのグラウンドへの立ち入りが条件つきで許可されています。そんななか，とある甲子園出場校の野球部女子マネージャーが，進学クラスから普通クラスに転籍して時間を捻出し2年間でおにぎりを約2万個握った，としてネット上で話題になり賛否両論がありました。今も昔も女子はおにぎりを握る係として活躍（？）しているのですね。重要なのは，女子マネージャーの多くは決して「雑用」を強制されているのではなく，その活動に大きなやりがいを感じているということです。

　以前，個人的な興味から，大学で女子運動部を受け持つ男性指導者に「女子運動部に男子（学生）マネージャーを受け入れるか否か」を聞いてみたことがあります。男子学生を入れる必要がない，やりにくいのでいらない，といった意見があり，その場で話を聞いたかぎりでは「女子運動部に男子（学生）マネージャーはいらない」という流れでまとまりました。一応断っておくと，これらの部のコーチやトレーナーは男性で，部には女子のマネージャーがいます。女子部の場合，技術指導はコーチやトレーナーでできるし，マネジメント（と雑用）は女子部員で間に合っている，ということでしょうか。

　女子マネージャーを受け入れていない男子部も多くありますが，まずは男子運動部の女子マネージャーの活動内容について彼女たちの「やりがい」に甘えていないか，役割を「女子選手と男子マネージャー」に入れ替えても行うものなのか，一考してみるのもいいかもしれません。

参考資料
高井昌史（2005）『女子マネージャーの誕生とメディアースポーツ文化におけるジェンダー形成』ミネルヴァ書房。

（春日芳美）

第**4**章

学校における女子スポーツと指導

春日芳美

大東文化大学専任講師

　平成30年度に運動部に所属している女子生徒の数は，中学校で84万2170人，高等学校では43万9229人となっている。中学校ではおよそ5割，高等学校ではおよそ3割の女子生徒が運動部に所属している計算になる（**表4-1，表4-2**）。女子スポーツは日本においてどのように広がり，現在にいたっているのだろうか。

　本章では，前半で日本における女子スポーツの歴史，後半で女子選手指導

表 4-1　平成 30 年度（公財）全国高等学校体育連盟
　　　　女子部員加盟・登録状況

	種目	人数（人）
1	バレーボール	58,531
2	バスケットボール	57,733
3	バドミントン	56,350
4	陸上競技	39,650
5	テニス	35,071
6	ソフトテニス	34,564
7	弓道	32,106
8	卓球	22,680
9	ソフトボール	20,631
10	ハンドボール	16,018

注1　上位10種目のみ　注2　2018年8月現在。
出典：平成30年度（公財）全国高等学校体育連盟　部員加盟・
　　　登録状況【全日制＋定通制】〈http://www.zen-koutairen.
　　　com/pdf/reg-30nen.pdf〉2019年1月25日閲覧。

表 4-2　平成 30 年度（公財）日本中学校体育連盟
加盟生徒数（女子）

	種目	人数（人）
1	ソフトテニス	167,762
2	バレーボール	145,312
3	バスケットボール	130,366
4	卓球	99,677
5	陸上競技	94,643
6	バドミントン	82,210
7	ソフトボール	37,858
8	剣道	32,124
9	水泳競技	16,455
10	ハンドボール	11,090

注1　上位 10 種目のみ
注2　平成 30 年 9 月 20 日現在
出典：（公財）日本中学校体育連盟加盟校・加盟生徒数調査集計
　　　表　学校数・加盟校数（女子）〈http://njpa.sakura.ne.jp/
　　　pdf/kamei/h30kameikou_f.pdf〉2019 年 1 月 25 日閲覧。

の留意点，という大きく 2 点から日本の女子スポーツと女子選手の指導について理解を深めていきたい。

1──女子スポーツの歴史的背景

（1）　日本における女子スポーツのはじまり

　日本で女子生徒がスポーツをするようになるのは，明治期も後半になってからのことである。

　明治 28（1895）年の「高等女学校規程」によって女子の中等教育が制度的に確立し，正課教育としての体育（科目名は「体操科」）は，この規程によって必修科となった。その後，明治 32（1899）年の高等女学校令により全国に高等女学校が整備され，明治 36（1903）年には「高等女学校教授要目」が制定されたことによって全国を統一する教育内容が規定された。この要目によって，女学校の正課体育では普通体操と遊戯（ダンスやスポーツ）

をおよそ2対1の割合で課すように規定され，休み時間中や放課後の活動としてもローンテニスやピンポンなどの複数のスポーツ種目が行われるようになった。

ちなみに明治時代には「スポーツ」という用語はほとんど使われず，それに相当する名称として運動や競技，競争，遊戯などが使われていた。スポーツをする部活を「運動部」と呼ぶのはこの名残りである。日本における男子スポーツは高等教育機関の学生たちを中心としたハイカラな文化であったが，女子スポーツも中等教育機関への進学が可能な限られた一部の学生だけに許された活動だったといえる。

しかし，女学校で体育が必修になってからも，女子に体操やスポーツをさせることはしばしば批判された。その理由のひとつとして，娘を女学校に進学させることのできる家庭が比較的裕福な良家であるという点が挙げられる。良家のお嬢様に運動などさせては脚が太くなる，重いものをもたせては指が太くなる，日焼けしては見栄えが悪い，背筋を伸ばした姿勢は偉そうだからやめさせたい，動きやすく手足を出す服装？　はしたない！　というのが，女子の体育が批判された主な理由である。まして，女が競技などして髪を振り乱しながら勝ち負けを競うとはもってのほか，というのが大方の見方だった。

多くの女子体育指導者は，女子が体操を行うことを重要視していたが，競技スポーツを行うことには健康への悪影響と女性を男性化させるという大きく2点の問題があると考えていた。東京女子体育大学の前身である私立東京女子体操音楽学校でも，スポーツの対外試合は禁止されていた。これは，勝ち負けを重視する学校スポーツが学校体育の内容であると一般の人々が誤った認識することによって，体格の改善と体位の向上を目指す学校体育の弊害となると考えられたためだったという[1]。

日本の女子スポーツのパイオニアであり，アムステルダムオリンピックのメダリストである人見絹枝も自身の著書において，女子スポーツ全般では記録よりも，国民の体格を改善することのほうがより重要であると語っている。競技スポーツを一部の選ばれた者のためのものとする考えは，当時の女子体育指導者の多くに共通する認識といえる。また人見は，競技時の服装は「女

子の選手」として恥ずかしくない上品なきれいなものを用いるべきであり，競技場においても作法を重んじ女性競技者が「女性らしくない」と批判されることを避けなければならないと指摘している[2]。これには，人見自身が競技者として非常に恵まれた体格と競技成績によって「日本人女性の女性性を破壊する」と一部の人々から強い批判を受けたことも影響していると考えられる。

(2)　女学生たちの不健康

「女性らしくない」と批判された体操や遊戯（ダンスやスポーツ）が女学生に対して推奨された背景には，日本人の体格問題があった。明治以降，欧米への留学を果たした知識人たちが直面したのは，男女ともに立派な体格をもった欧米人と比較して，自分たちが「矮小な」日本人である，という劣等感である。福澤諭吉は『新女大学』（1899）において，従来の女子の体位の貧弱さを痛感し，「女子少しく成長すれば男子に等しく体育を専一とし，怪我せぬ限りは荒き事をも許して遊戯せしむべし」[3]と，身体発達を促すために女子に活発な運動をすすめている。福澤にかぎらず，この時期多くの知識人が女子体育の必要性を説いている。このように女子の運動と身体改善の必要が説かれたのは，母としての女性の健康が，その子どもの健康にも影響すると考えられたからである[4]。

しかし，中等教育機関に進学するような女学生たちの多くはとにかく運動不足だった。体操をすればはしたない，家事は女中がする，根を詰めて勉強する。さらには，「才子多病」や「美人薄命」のように身体が弱いことがよいことであるような考えがあったため，男性を含めインテリたちは身体を鍛えることを良しとしなかった。

当時の美人観も女学生の健康問題に影響していた。「結核好み」と呼ばれる，色白でほっそりとした柳腰の体型の女性を美人とする傾向があり，これは「健康」のイメージとは対立するものであった。当の女学生たちは，えらい学者先生からどんなに「健康が良い」といわれても，日に焼けてしっかりした体つきになって結婚相手やその父兄に女性らしくないと思われては，お嫁に行けない[5]。女学校に体操やスポーツが定着するには，まだまだ時間が

必要だった。

（3）　メディアのなかの女子選手と女子スポーツの普及

　女子スポーツが日本で人気をもつようになった大正期は，少女向け雑誌の全盛期であった。これらの雑誌の読者層は主に中等教育を受ける女学生たちで，雑誌には女子選手の試合結果やインタビュー記事が写真つきで掲載されていた。スポーツする女学生は新聞でも特集が組まれ，彼女たちが熱心にスポーツに取り組みながらも「女性らしさ」を失わず模範的な女学生であることがしばしば語られた[6]。女子選手たちは新聞・雑誌の花形となり，大衆の女子スポーツに対する意識を好意的なものへと少しずつ変化させた[7]。

　男子が行うものと同じ種目であっても，女子スポーツには男子とは異なった目的が設定された。つまり，女子スポーツの目的はあくまで良い母になるための体力向上であって，運動することによって良い姿勢や均整の取れた体格を獲得することが求められ，体型や性格が「男性化」することは特に批判された。これは，近代スポーツにおける性の二重規範（ダブルスタンダード）と呼ばれている[8]。

　このような批判を受けながらも，女子スポーツの人気が高まるにつれ選手は対外試合の活動の場を増やしていった[9]。しかし，当初問題となったのは，対外試合を行うための遠征や宿泊を行うことが非常に難しかったことである。現在，女子運動部の活動は男子同様に盛んであり，強豪校ともなれば合宿や遠征はごく普通に行われているが，女子スポーツの人気が出始めた大正・昭和初期には，女子生徒がスポーツのために遠征をするなどということは到底考えられないことだった。

　1923（大正12）年3月9日付のアサヒグラフで，日本で初めて行われる女子テニスの国際大会（第六回極東選手権大会）に向け特集が組まれた。当時非常に人気の高かった田村富美子が所属する女学校の校長の談話として「在校生徒の中に良い選手があっても…（中略）…大会に出席するということは学校としては拒みます」という言葉が掲載されている。内容としては，学校が生徒の国際大会出場を拒むのに特に深い理由はないが，一般に東京の女学校では生徒を学外の行事に出さないことに決めてあり，実際一度も学外

へ生徒を派遣した事例がないから習慣にならって出さない，今後どうするかはわからないが家庭でも子どもを国際大会に出すようなことはしないだろう，というものである。

　また同じ記事のなかで，大日本体育協会側の見解として，学校側の不安は預かっている年ごろの娘さんを外泊させること，新聞雑誌の花形となった女子選手宛にいろいろな手紙が学校に届くことが選手を出場させたくない理由だろうが，相手の国の選手も良家の子女であり問題はないだろう，としている。

　このように女学校からの選手派遣が問題視された女子テニスであるが，結果として選手たちの出場は黙認された。ただし，学校は表向き在校生の大会への出場を認めていなかったため，選手たちは学校のテニスコートを練習に使うことができなかった。なお，このとき女子テニスダブルスに出場した田村・梶川組は中華民国とフィリピンのペアを破り優勝している。

　女子選手が活躍の場を増やすなか，新聞でも女子競技に関する記事がたびたびみられた。以下は 1923 年の読売新聞の記事である。この当時，激しいスポーツは女性の身体に悪影響を与え，その後の妊娠・出産を妨げると考えられていた。女性の健康が「国民の母」としての役割と直結していた当時，健康獲得の手段として奨励した女性の競技スポーツによって妊娠・出産が妨げられては本末転倒であり，それだけは絶対に避けねばならなかった。

1923（大正 12）年 4 月 30 日　読売新聞　朝刊 3 面「女子の競技運動」
「一　国の運動競技はますます盛んになって行く。…（中略）…更に喜ぶべきは女子の運動競技が驚くべき盛況を見て来たことである。由来日本の婦人は，家庭に閉居する事と，仕事が極めて限定された家事であって，その上粗食が婦人の美徳と考えられていた習慣から，体質において早老虚弱であり，善種学（優生学，"eugenics" の当時の訳のひとつ：筆者注）方面などは，ほとんど国民の念頭に置かれていなかった。
　二　しかし我国の生児（ママ）死亡率が多く，また子女の体格が，欧米人に比して劣悪である点に注目すれば，国民の母たるべき婦人の衛生体養が，直ちに重大な懸案として注意されて来たのは極めて自然であって，今日の女

学生間の運動競技の熾盛（しせい）が，さらに奨励されねばならぬのはいうまでもない。…（中略）…たとえば，跳躍運動が完全な母たるべき女子生理の完成を妨げるというごとき，その他これに類する医学上，衛生上の観察のごときは，教育者たり，家庭たるものが一場の批判として聞き流さず，静かに考察すべきものでなければならない（以下略）」

　1930 年代には女子高等師範学校主催，文部省の後援で関東女子中等学校のバレーボールとバスケットボールの大会が開催されるなど女子スポーツはますます盛んになっていった。

　太平洋戦争後には，戦前の軍国主義を否定するかたちで学校体育の内容は「体操からスポーツへ」と変化した。中等教育（中学校，高等学校）への女子の進学率も増加し，女子スポーツがさらに盛んに行われるようになった [10]。1958（昭和 33）年から翌年にかけての「ミッチーブーム」や，1970 年代の少女マンガ『エースをねらえ！』の流行はテニス人気を後押しした。また，1964 年の東京オリンピックでの「東洋の魔女」の優勝はバレーボールを日本で最もメジャーな女子スポーツとし，彼女たちのメキシコオリンピックでの活躍も期待されるなかで連載の始まった『アタック No.1』などのマンガはバレーボール人気を支えた。

　現在では，インターネットや SNS の普及により世界中のスポーツの情報が容易に集められるようになっている。メディアの発達にともなって，女性に限らず人々とスポーツとの様々な関わり方がうまれている。

(4)　スポーツとファッション

　スポーツをするための服装としてのスポーツウェアは，現在では普段着として老若男女が着用している。「スポーティ」であることは現在のファッションに欠かせない要素である。特に，ファッションと女性スポーツの関係は深い。スポーツウェアがおしゃれかどうかという問題だけではなく，その服装が女性の運動を可能にするかどうか，という点で重要なのである。

　ヨーロッパでは，19 世紀の後半から上流階級の女性たちが余暇にテニスや乗馬を楽しむようになった。当時のドレス・コードでは，ロングドレスの

はかま姿でフットボールをする女学生
（香川県立丸亀高等学校所蔵）

丸亀高等女学校（現香川県立丸亀高等学校）では，女子の「フットボール」が行われていた。その史料をもとに 2018 年には同校演劇部が「フットボールの時間」として作品化し，第 64 回全国高等学校演劇大会（全国高等学校総合文化祭の演劇部門）で最優秀賞を受賞した。作品は NHK-E テレで放送された。

下にはコルセットを着けていた。もちろん，現代のスポーツ用コルセットではなく，ひもで縛り上げる補正下着としてのコルセットである。スポーツが広まるにつれて，動きやすさを求めてメンズ・スタイルやニット，ジャージー素材が女性の服装に取り入れられるようになり，よりフレキシブルなコルセットがつくられるようになった[11]。

　同時期，日本では女性たちがはかま姿で体育・スポーツを行っていた。前述のように明治後半から日本でも女子体育が行われるようになったものの，運動専用の服はなく，女学生ははかま姿で運動を行っていた。しかし，女子体育普及のためには，服装の問題を解決する必要があった。その後セーラー服や初期のブルマーが運動する際の服装として用いられるようになるが，動きやすさを優先した服装での運動は女性の品性を害すると批判された。「動きやすく，女性らしい」ことが運動服に求められていた。

　前述の田村富美子は，同級生の梶川久子とテニスのダブルスを組み活躍した。彼女たちのユニフォームは「田村梶川スタイル」と呼ばれ，非常に注目された。田村らのユニフォームは，世界初のプロテニスプレーヤーであり，1920 年代の女子テニス界に君臨したスザンヌ・ランランのユニフォームを

模したものであることを本人たちが語っている。

1960年代には，アメリカ東部の大学生のあいだで流行したブリティッシュ・スポーツスタイル（アイビーファッション）が日本でも流行し，スポーツスタイルの日常着が浸透していく。その後もNFL（米プロフットボールリーグ）やNBA（米プロバスケットボール協会）の影響を受けたアメリカのスポーツファッションや，1980年代に陸上競技で活躍したフローレンス・ジョイナーのファッションなど，スポーツ選手のファッションが注目され，技術の進歩や新素材の開発等により現在では多種多様なスポーツウェアが販売されている。スポーツウェアはすでにスポーツをするためだけの服装ではなくなったが，魅力的なスポーツウェアはスポーツ活動への一種の動機づけになっているといえるだろう[12]。

2——女子選手の指導の留意点

（1） 女子選手の三主徴

ここまで，学校における女子スポーツが日本においてどのように普及・発展してきたのかをみてきた。本項では，部活動のなかで実際の女子選手指導に必要となる知識を概観する。

成長期の女子選手を指導するにあたって配慮が必要な点として，「女性アスリートの三主徴（female athlete triad; FAT）」が挙げられる（図4-1）。これは，「low energy availability（利用可能エネルギー不足）」「無月経」「骨粗しょう症」の3つの女性アスリートの健康管理上の問題点のことである。この問題の誘因は継続的な激しい運動トレーニングであり，それぞれの発症が相互に関連するため女性アスリートにとって重要な問題である[13]。

一部の女子スポーツ選手のあいだには，いまだ「月経が止まってからが一人前」，「月経があるうちはまだまだ練習不足」といった誤った認識がある。また，競技を行うにあたって「月経がない方が楽」と考える選手もいる。特に持久系種目や審美系種目では，体重を落とすことがパフォーマンスに直結すると考える指導者や選手が多く，無理な減量が女子選手の無月経の一因と

図 4-1　女性アスリートの三主徴

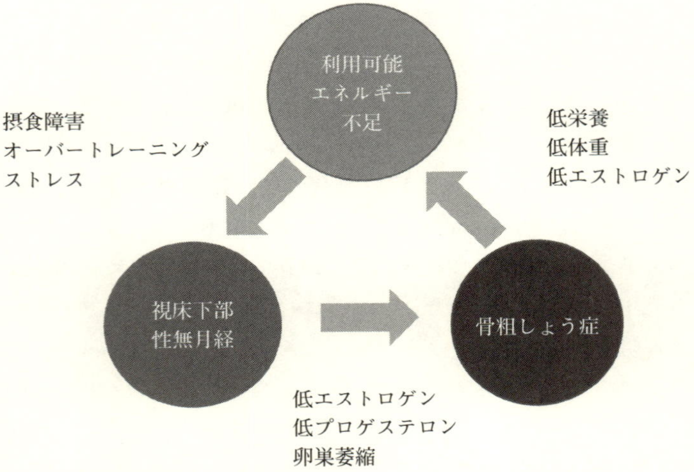

摂食障害
オーバートレーニング
ストレス

利用可能
エネルギー
不足

低栄養
低体重
低エストロゲン

視床下部
性無月経

骨粗しょう症

低エストロゲン
低プロゲステロン
卵巣萎縮

出典：独立行政法人日本スポーツ振興センター（2014）。

なっている。陸上競技を専門とする高校生アスリートの場合，2014 年には
インターハイ出場選手の約 30％が無月経（一般女性では月経異常の割合は 2
〜5％といわれている）を経験しており，そのなかでも無月経を治療せず放
置している者が全体で 40〜50％と高い数値を示した。特に無月経の頻度が
高い中長距離種目等の選手や跳躍種目の選手では無月経を経験している選手
の半数以上が無治療という状況であった [14]。

　無月経は女性アスリートの疲労骨折発生の一因とも考えられており，「競
技を引退すれば戻る」と楽観せずに，障害の予防やコンディショニングと
いった観点からも早期の適切な治療が必要である [15]。若年選手では婦人科
への受診に抵抗があるかもしれないが，現在では女性アスリート外来を置く
病院も増えてきており，今後受診への心理的・物理的ハードルが下がること
が期待される。

(2)　女性アスリートの身体組成とパフォーマンス

スポーツ医科学研究によってこれまで明らかにされてきたのは，身体組成，

筋力においてある程度はっきりとした性差があるということである[16]。

　日本人成人の体脂肪率の平均値は女性22.8%，男性12.6%であり，全身の骨格筋量を比較した場合，女性の全身骨格筋量は男性のそれの約61%である。また，一般成人男女の身体各部の筋力を絶対値で比較すると女性は男性の40〜70%であり，腕，胸，肩などの上肢や体幹の筋力は，下肢の筋力に比べて性差が大きい。筋繊維の組成については性差がないとする研究が多いが，遅筋繊維の占有率は女性が多いとする研究もある。

　また，一般的に女性アスリートの方が男性アスリートよりも前十字靭帯（ＡＣＬ）損傷や足関節捻挫を起こしやすい。女性選手の場合，男性選手の2〜9倍の頻度で非接触型の前十字靭帯損傷が起こり，特に10代で多く発生することが報告されている。靭帯損傷や脱臼などの関節外傷を起こしやすい理由は，筋力不足と下肢アライメントの差，関節の動揺性が高いことなどが指摘されている[17]。

　スポーツ指導で気をつけなければならないのは，前述のような身体組成や傷害の頻度の男女差があることによって，パーソナリティや行動傾向における男女差（それが生物学的要因と社会的要因のどちらに由来するのかは不明だが統計的に表れる男女間の差異）が正当化され強化されることである。現実社会における男女差を扱った社会心理学の研究は，男女差がいかに社会的状況に左右されるかを明らかにしてきた[18]。「女性は男性より数学の成績が低い」，「白人は黒人より運動能力が劣っている」といった偏見（「ステレオタイプ」）は，実際に対象者のパフォーマンスを下げることが研究で明らかにされている[19]。

　では，女子選手は男子選手より「体力がない」のだろうか。スポーツ場面で「体力」という言葉を使うときには，一般的に筋力や持久力を指すことが多い。実際には体力の構成要素は身体的要素と精神的要素を含めてもっと多岐にわたるが，「スポーツ"マン"」という言葉からも明らかなように，男性を念頭において発達し，実践されてきた近代スポーツでは筋力，瞬発力，持久力といった男性優位な一部の体力要素が問われる傾向にある。つまり，語弊を恐れずにいうならば，もともと近代スポーツは「男性向き」であり，スポーツ場面に限定すると女子選手の方が男子選手よりも「体力」が低いよう

にみえる傾向がある。

　また，マラソンのように「女性には過酷すぎる」として女性の競技への参加が制限されてきた種目もある。1928年にアムステルダムで開催されたオリンピック第9回大会では陸上競技女子種目の最長距離は800mであったが，当時はこの800mが「女性の体力の限界」として認識されていた。女性がこのような「長距離」を走ることは身体に悪影響を与えると考える専門家も多く，この大会後にはオリンピックにおける女子800mは女性には過酷すぎるという理由で廃止され，トラックレースの女子種目最長距離は200mとなった。オリンピックで陸上女子800mが復活するのは32年後の1960年ローマ大会であり，女子1500mが採用されたのは1972年のミュンヘン大会，女子マラソンにいたっては1984年ロサンゼルス大会からの採用である。このように，スポーツ指導者は女性のスポーツへの参加が「医学的に」難しいとされていた時代があったことを知っておく必要があるだろう。

(3)　女子選手は「力を出し切らない」のか

　女子選手の特徴として指導者からよく聞かれるのは，「女子選手は練習で本気を出せない」，「女子選手はオールアウトできない」ということである。『正しい声がけ・伝え方で実力を伸ばす！　女子選手のコーチングメソッド』(2016) には，「ギリギリまで自分を追い込む男性アスリートに対し，女性アスリートは無意識に余力を残して取り組む傾向があります。」(30頁) と女子選手の指導の「コツ」が書かれている[20]。また，『女子選手のコーチング』(2015) にも，「女子選手はつねに余力を残しながら練習している」，「練習中に『もうできません！』『これ以上は無理です』と言って，弱音を吐く選手がいます。ほんとうに限界の選手もいるかもしれませんが，実際はまだ余力があるけれども『自分は女だから』という意識がどこかにあって，甘えて自分を守っているためにそのような言葉が出てくることもあるように思います」との記述がある[21]。女子スポーツ選手指導の書籍に，当然のように女子選手が「手を抜く」ということが書かれているのが現状である。

　2000年のシドニーオリンピック後に出版された『女は女が強くする』(草思社) は，アーティスティックスイミング (出版時は「シンクロナイズドス

イミング」）の井村雅代氏，ソフトボールの宇津木妙子氏，新体操の五明みさ子氏の三者が，それぞれの競技指導における女子選手の鍛え方，育て方について語ったものである。そのなかでも，女子選手の特徴として「手抜き」が指摘されている[22]。

　　「わたしは自分自身でやってきたからわかるんですね。疲れていても女の子はどこかで手を抜くことが上手です。私にはそれがわかる。だからとことん練習をするわけですよ。ここまでは大丈夫というところがわかる。その後のケアをきちんとすればいい。そういうことは女の私は経験しているからわかるじゃないですか。」（142頁）

　　「私も女ですから女性のいやらしさってよくわかります。それが，自分に見えたときは嫌だなって思いますね。たとえば，手抜き。私は選手が手を抜くのを知っているので，長い時間練習しても大丈夫なんです。私自身も現役のころ，手を抜いていましたから。それが女性選手の強みでもあり，だめなところでもある。」（176頁）

　女子選手が練習で「本気」を出さない，という指摘はこの本に限らず枚挙にいとまがないが，重要なのはこれがあくまで経験論にもとづいた話でしかない，ということである。たくさんの選手や指導者が語っているのだから事実である，と判断するのは尚早である。継続的な激しい運動トレーニングが要因となる女子選手の三主徴とも矛盾する[23]。「女性が走れる体力的限界は800ｍ」や「練習中水を飲むとバテる」といったことも，かつては事実だと考えられていた。

　また一方で，女子選手は主観的努力度（自身の感覚で何％の力を出しているか）を80％程度にした場合に客観的達成度（課題の達成度：走速度や成功率）が最も高まるとする研究が複数みられる。これは，男子選手の主観的努力度が90％前後の場合客観的達成度が最も高まるという数値と比較すると相対的に低い[24]。このデータが複数種目に当てはまるならば，女子選手は「本気を出さないほうが良い結果を出せる」とも考えられる。

　本当に女子選手は「本気」を出さないのだろうか。そして，男子選手は常に「本気」を出しているのだろうか。指導者が「本気」というときに想定されるものは一体何で，選手に疲労困憊状態まで練習させたり，長時間の練習

を課したりすることが指導者の自己満足になっていないかをよく考えてみなければならない。

スポーツ総合雑誌「Number」に連載された記事をもとに出版された『最強部活の作り方』には，世羅高校陸上競技部の岩本真弥監督と下北沢成徳高校バレーボール部小川良樹監督の対談が「高校部活の追い込み事情」として紹介されている[25]。

安全かつ効果的にスポーツを行うには，選手も指導者も（実際には）根拠のない思い込みや決めつけから自由になることが必要である。

　　──やはり男子と女子では指導法もおのずと異なってくるのでしょうか。
　　小川　私は女子しか見ていないので，男子のことはわかりません。でも指導を始めたころは，女子は依存心が強いだとか，精いっぱい力を出し切らないだとか，先輩の指導者にまことしやかに言われて構えていました。出産があるから本能的に体を守る生き物なんだ，とかね。いま思えばそれがいけなかったのかもしれません。女子だから，というのは男の人がつくった勝手なイメージなのかなと思う部分もあります。
　　岩本　ぼくが女子を見るようになった時も，やっぱり「女子は大変だぞ」と周りから言われました。でも実際にやってみたらそうでもない。うちの女の子は髪が長い子も多いし，爪も磨いとるんかな，きれいにしてますよ。練習着もピンクとか黄色とか自由です。高校生なんですから，そのほうが楽しく練習できるだろうと思ってね。（325 頁）

(4) 「男性スポーツ」の女子部ができるまで

スポーツ競技の多くは性別によってカテゴリーが分けられており，男女が一緒に競うことはごく一部の種目を除いて行われていない。そのため，学内や地域で男子部あるいは女子部しかないスポーツを異なる性別の選手がしたいと思った場合には，自分と同じ性別の選手でチームを新たにつくらなければならない。オリンピックでも男女どちらかでしか開催されていない種目があり，距離や種目数に男女差のある種目もある。また，ラクロスのように同じ種目名であっても男女で異なったルールを採用しているスポーツもある[26]。

新たにチームをつくり活動しようとする場合に問題になるのは，人数，練

表 4-3 　90 年代以降開催の高校女子が参加できる全国大会一覧

種目	開催年	大会名（途中で変更している場合は現在の名称）
サッカー	1992	全日本高等学校女子サッカー選手権大会
硬式野球	1997	全国高等学校女子硬式野球選手権大会
相撲	1997	全日本女子相撲選手権大会
ウエイトリフティング	1999	全国高等学校女子ウエイトリフティング競技選手権大会
軟式野球	2003	全国高等学校女子軟式野球選手権大会
ラグビー	2011	全国高等学校女子 7 人制ラグビーフットボール大会
ボクシング	2016（公開競技）	全国高等学校総合体育大会ボクシング競技大会

出典：各大会ウェブページの情報より筆者作成。

習場所の確保である。男子部，女子部にかかわらず練習スペースの確保は複数の部で調整が必要だが，男子と女子が別チームで同じ競技をするとなれば時間と場所の調整はさらに難しくなる。人数確保のために複数校で連合チームをつくることもめずらしくない。このようにしてチームをつくっても，対戦相手を確保することができない[27]。また，そもそも大会や競技会がなければ公式に競技をすることができない。選手の確保，大会の開催といった目的を達成するためには種目の知名度を上げるためのメディア戦略が重要になってくる。

　しかし，長い間「男性的」であるとして（あるいは暗黙の了解として）行われてこなかったスポーツ種目にも現在では多くの女子選手が参加しており，大会も開催されるようになった（**表4-3**）。各種スポーツのオリンピック種目としての採用は競技の普及に大きな影響力をもっていると考えられるが，女子マラソンは 1984 年，女子柔道は 1992 年，女子サッカーは 1996 年，女子ウェイトリフティングは 2000 年，女子ラグビー（7 人制）は 2016 年にオリンピック種目として正式採用されている。スポーツにおける男子種目，女子種目，という垣根は確実に低くなっている。

まとめ

　本章では日本における学校での女子スポーツの歴史，女子選手指導の留意

点という2点から，女子運動部と女子選手に対する理解を深めることを目的とした。現在盛んに行われている女子スポーツだが，その歴史は比較的浅く男子スポーツと同様に問題も多い。今後の女子スポーツのさらなる発展のためには，日本の女子スポーツの大きな受け皿となっている学校運動部の活動がひとつの鍵となるだろう。

【本章のポイント】

● 戦前の女子体育は「健康な母」を育成することを重視していたため，課外活動としての女子スポーツは「女らしくない」「妊娠・出産の妨げになる」と批判された。

● スポーツウェアの変遷は，女子のスポーツ参加を後押ししてきた。

● 身体組成や筋力には男女間の差異があるが，それはパーソナリティや行動傾向の男女差を正当化する根拠にはならない。

● 「女子選手は手抜きをする」というようなことが指導者間で自明のように語られるが，明確な根拠はなく，むしろ女子選手の三主徴とは矛盾している。

注

1）藤村トヨ（1936）「女子スポーツについて」『女子と子どもの体育』1（4），10-11頁。

2）人見絹枝（1929）『戦ふまで』三省堂。

3）慶応義塾（1899）「新女大学」『福澤諭吉全集6』，505-506頁。

4）なお，このとき重視されたのは将来の国民の母としての女学生の健康と体位改善であるが，数としてははるかに多数の女性労働者（女工）については日々の労働により身体活動は十分であると考えられ，女子体育の対象ではなかった。

5）今では考えにくいことだか，女学校では学生に縁談があると卒業を待たずに結婚して退学することもあった。一般公開される授業参観で父兄が嫁探しをすることもあり，およそ卒業まで縁談のなさそうな不美人を「卒業面（そつぎょうづら）」と呼ぶこともあったという。（井上章一（1995）『美人論』朝日新聞社）

6）読売新聞では，1923年3月12日から24日にかけて「女流選手 シーズンが来て（第3回からは「シーズンの花」）」というタイトルで12人の女子選手を紹介する特集を組んでいる。

7）しかし女子選手がメディアに取り上げられることは必ずしも良いこととはいえず，美人陸上選手として注目されていた寺尾姉妹は雑誌に彼女たちをモデルにした小説

が許可なく連載されたことをきっかけに父親から競技の継続を反対され，引退している。

8) 来田享子（2018）「近代スポーツの発展とジェンダー」『よくわかるスポーツとジェンダー』ミネルヴァ書房。

9) 1921（大正10）年に「時事新報社主催第1回東京女学生庭球大会」，1922（大正11）年には「大日本同志会主催全日本女子選手権大会」（陸上競技，バスケットボール，バレーボール）が開催されている。

10) 野球や競輪，ボクシングといったスポーツも行われていた。

11) 古賀令子（2004）『コルセットの文化史』青弓社。

12) 実際の部活動の現場では頭髪は黒髪短髪であることが決められていたり，学年によって着用できるソックスやTシャツといった服装が限定されていたりと独特の「運動部服装文化」が残っていることもある。

13) 独立行政法人日本スポーツ振興センター（2014）「成長期女性アスリート指導者のためのハンドブック」国立スポーツ科学センター（JISS），18頁。

14) 公益財団法人日本陸上競技連盟（2015）「陸上競技ジュニア選手のスポーツ外傷・障害調査　インターハイ出場選手調査報告　第1報（2014年度版）」。

15) 久保田俊郎（2017）「若年アスリートの今日的課題」『HORMONE FRONTIER IN GYNECOLOGY』24（3），11-14頁.

16) 中村敏雄ほか（2015）「性とスポーツ医学研究の動向」『21世紀スポーツ大辞典』大修館書店，313-314頁。

17) 能瀬さやか（2017）「月経周期と前十字靭帯損傷」『HORMONE FRONTIER IN GYNECOLOGY』24（3），55-58頁。

18) 坂田桐子（2014）「選好や行動の男女差はどのように生じるか──性別職域分離を説明する社会心理学の視点」『日本労働研究雑誌』648，94-104頁。

19) このような現象を「ステレオタイプ脅威」と呼ぶ。Steele, Claude M.（2010）Whistling Vivaldi : How Stereotypes Affect Us and What We Can Do, W. W. Norton & Co Inc.

20) 佐藤雅幸（2016）『正しい声がけ・伝え方で実力を伸ばす！　女子選手のコーチングメソッド』メイツ出版。

21) 八ッ橋賀子（2015）『女子選手のコーチング』体育とスポーツ出版社。

22) 井村雅代，宇津木妙子，五明みさ子（2001）『女は女が強くする』草思社。

23) 管見では，筋力や最大酸素摂取量等の生理学的測定において女子選手が「最大」の力を出せない，あるいは男性選手と比較して出しにくいという根拠となる研究結果は見出せない。むしろ，女子選手の方が男子選手よりも練習に強い，とする見解もあり，男女差という言葉で簡単に比較できる問題ではないと考えられる。

24) 伊藤浩志，村木征人（2005）「スプリント走における主観的努力度の違いが疾走速度，ピッチ・ストライド，下肢動作に及ぼす影響」『スポーツ方法学研究』18（1），

61-73 頁。金子元彦，村木征人，伊藤浩志（2000）「筑波打動作における主観的努力度と客観的達成度の対応関係――男女差の観点から」『スポーツ方法学研究』13（1），197-206 頁。

25）日比野恭三（2018）『最強部活の作り方――名門 26 校探訪』文藝春秋。

26）来田享子（2018）「男女のルール差」『よくわかるスポーツとジェンダー』ミネルヴァ書房，144-145 頁。

27）筆者は 2000 年代に高校で女子硬式野球に関わっていたが，対戦相手として男性の草野球チームや中学生男子のシニアチームに協力を得ていた。

スポーツ推薦入試と部活動

　全国体育大学連合会の 2017 年の調査によると，スポーツ推薦入試に賛同する割合は，体育会所属学生で 60％，非所属学生で 40％，賛否半ばというところです。スポーツ推薦入試を実施しているのは，全国の大学で約 3 割・短大 2 割ですが（同連合会 2014 調査），全国の大規模大学および体育系大学・体育系学部を有する大学 110 校に限れば 87％にものぼります（同連合会 2015 年調査）。つまり，スポーツ推薦志願者の大半は，とりわけ都会の大規模大学か体育専攻のある大学を希望することになるわけです。ある程度は名の知れた大学である場合が多く，スポーツでそうした大学に入学できればうれしいし，保護者も安心です。母校にとっては進学実績になるし，大学はいい選手が獲れれば満足し競技成績は宣伝にもなるということですから，賛否はあってもこれからも継続するのでしょう。この点は，大学スポーツ協会（UNIVAS）に関するコラム⑧も参照してください。

　さて定義的には，「スポーツ推薦入試とは，推薦入試制度の一種であり，主に大学入試においては，高校時の競技実績を評価して選抜する入試方法である」ということになりますが，意中の部活動に入るという点では，いくつかの入試形態が使えます。

　①スカウトがスポーツ推薦での入学を提示する場合。高校時に全国大会入賞あるいは団体ベスト 16 までに入って，スカウトの目にとまれば声をかけてくれます。

　②スカウトがスポーツ推薦での入学の権利を得る実技セレクションを提示する場合。たいてい非公開ですが，セレクションに合格すれば，スポーツ推薦が受けられます。

　③大学の強化部の公開セレクションに応募する場合。公開セレクションに参加して合格すれば，スポーツ推薦が受けられる可能性があります。もし行きたい大学からのスカウトや推薦がこなければ，問いあわせてみましょう。

純粋なスポーツ推薦はここまでのパターンです。これらのパターンであれば，あとは高校からの推薦書や競技実績など必要な書類をそろえて提出すれば，たいてい面接のみで合格です。学費免除などの特別待遇の可能性があるのは①の場合だけだと思ってください。気になるのは学業成績ですが，競技も学業も成績がよければ大学や学部を選べる可能性が高まります。全国1位であっても，あまりにも学業成績が悪ければ推薦はありえません。下限は評定平均3.0程度でしょうか。休みが多かったり罰を受けていたりしてもダメです。勉強は期末テストを中心に評定平均を保ち，日常生活でも他者に秀でる努力をし，人物評価を高めることが必要です。

　④大学が提示する基準を満たせば応募が可能な公募制スポーツ推薦入試の場合。公募制特別推薦入試の一種で，行きたい大学でやっていればラッキーです。評定平均の基準があり，たいてい別に学力試験や面接が課されます。入試要項で確認しましょう。

　⑤自己推薦入試やＡＯ入試を受ける場合。②や③や④がダメでも，意中の大学で該当する入試をやっていれば，ほぼだれでも受けることができます。部長や生徒会活動など高校時の経験や努力も選考に加味されることもあります。別に学力試験や面接またＡＯに即した試験が課されます。入試要項で確認しましょう。

　⑥指定校推薦をもらう場合。②や③や④がダメでも，意中の大学からの指定校推薦があって校内の推薦枠に入れば高校から推薦が受けられます。この場合，合格したら必ず入学しなければいけません。先生に相談しましょう。評定平均4.0は欲しいところですが，推薦をもらえればたいてい面接のみで合格です。

　⑦一般入試に実技試験がある体育大学や体育学部の場合。実技の評価はおよそ3分の1というところでしょう。競技実績が加味される場合もあります。入試要項で確認しましょう。合格に必要な学力は大学の偏差値レベルということになります。

　⑤⑥⑦の場合，競技に限らず大学入学後に伸びる資質が推薦や合格の鍵です。ただし入部がかなうかはわかりません。大学で強化部として指定されている部活動には③のようなセレクションがある場合が多く，入部に可否が下

されることがあるからです。スポーツ推薦の枠数は各大学で異なりますが，都会の大規模大学の強化指定部で多くて各 15 人程度でしょうか。となるとスポーツ推薦組を中心に 100 人超の部活動です。そこでの成長が一番の目標であれば事前の情報収集が大事です。またスポーツ推薦で大学に入ったからといって，大学での勉強が免除されるわけではありません。入学前でも一定の勉学が課されることが多いです。退部すれば学費免除などの扱いはなくなりますが，大学を辞める必要はありません。部活動だけが個人の資質や人格ではありませんし，大学は学生が成長することを望んでいます。もし挫折したとしても，それを含めた様々な経験をその後の人生にどう活かし糧にしていくのかが大事です。

参考資料
小野雄大・友添秀則・根本想（2017）「わが国における大学のスポーツ推薦入学試験制度の形成過程に関する研究」『体育学研究』62。
全国大学体育連合（2014）「大学・短大における課外スポーツ活動支援に関する調査結果報告書」, (2015)「スポーツ・クラブ統括組織と学修支援・キャリア支援に関する調査結果ダイジェスト」, (2017)「大学スポーツ推進に関する学生の意識調査（速報）」。

（伊藤明己）

大学スポーツの組織化（UNIVASの設立）

　外来文化であるスポーツは，その多くが明治時代以降に日本に伝わり，大学の課外運動部活動を中心的な受け皿として振興・発展してきた経緯があります。箱根駅伝や東京六大学野球，ラグビー，アメリカンフットボール（甲子園ボウル）などは，大学という枠組みを超えた全国的な人気と注目度を有しており，オリンピックをはじめとした国際大会では多くのメダリストが大学の運動部活動から輩出されています。

　大学の運動部活動では，これまで高体連（全国高等学校体育連盟）や中体連（日本中学校体育連盟）のような全国的で競技横断的な統括組織が存在しておらず，大会を開催する学生競技団体によって競技種目ごとに独立して発展してきました。大学の関与もほとんどなく，部活動ごとに学生による自主的な運営とOB・OGのサポートによって成り立っていたのが実情です。

　運動部活動に属している学生たちには，本分である学業に費やす時間を十分に確保できないという問題が指摘されていました。知識・情報不足，体制の未整備などを原因とした事故やケガおよびそれらへの誤った対応，運動部活動が大学の管理外であったために会計制度上の不正といったガバナンスに関する問題も生じています。こうした学生や大学にとってのリスクマネジメントの観点から，多くの問題が可視化されてきました。

　スポーツ庁では，2016年から大学スポーツを横断的に統括する組織の必要性について議論が重ねられ，2018年夏に「日本版NCAA設立準備委員会」が発足しました。

　大学スポーツ先進国のアメリカでは，NCAA（全米大学体育協会：National Collegiate Athletic Association）という大学横断的，競技横断的に統括する組織が1910年に設立されており，アメリカの大学スポーツ全体の発展を支えてきました。現在約1200校（全米大学約2300校中），約1万9000チームが加盟しており，約50万人の学生アスリートがNCAA主催の

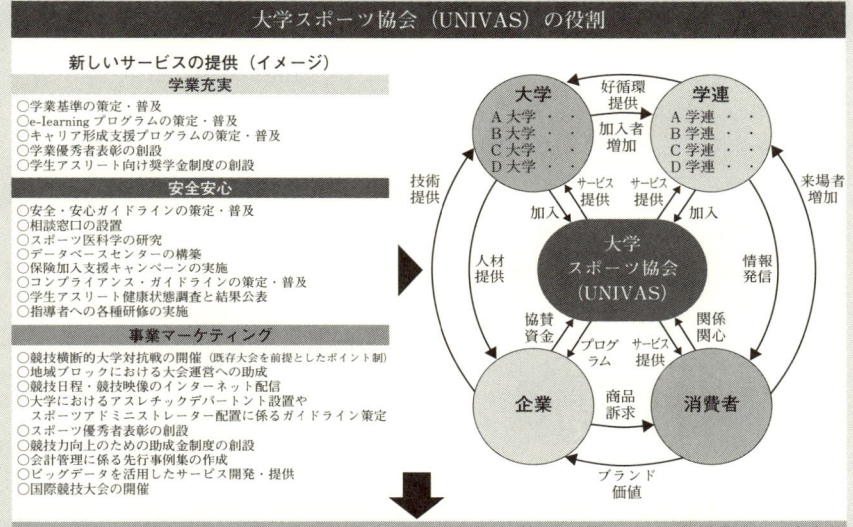

図 大学スポーツ協会（UNIVAS）の役割

出典：一般社団法人 大学スポーツ協会ウェブサイトより 〈http://www.mext.go.jp/sports/b_menu/sports/univas/index.htm〉

試合に出場しています。NCAA は，「ACADEMICS（学業）」「WELL-BEING（安全・健康）」「FAIRNESS（公平性）」の３つの柱にフォーカスし，大学生の健全な学生生活のサポートを行う取り決めをしており，現在でもこれらは３大理念として掲げられています。

　このようなアメリカの NCAA を参考にしながら，日本でも大学・学生競技連盟らを中心に議論が進められ，2019 年３月に一般社団法人大学スポーツ協会，通称「UNIVAS（ユニバス）」が設立されました。全国 197 大学 31 団体が入会し，大学スポーツは新たなステージに進んだといえるでしょう。

　UNIVAS も NCAA と同様，大学スポーツを大学・競技横断的に統括する組織であるといえます。大学・競技団体ごとに連携することで，情報を共有し効率化できるようなプラットフォームとしての役割が求められるでしょう。具体的には，図に示されているように「学業の充実」「学生たちの安全・安心の確保」「事業マーケティング」の３つの柱によって，学生アスリートに

とってより良い環境を整備することをめざしています。今後は，アメリカの NCAA を参考としつつも，日本の歴史的な経緯や文化的な特質を考慮しながら大学スポーツの実情に合った施策を推進することが必要であるといえるでしょう。

　UNIVAS では，安全・安心を確保した大学スポーツの振興は，競技力向上だけではなく，卓越した人材の育成，大学ブランドの強化，人格形成・健康増進・学力向上，地域の活性化，スポーツの経済的価値の拡大といった社会的な意義を有すると考えています。

　大学生の本分はあくまでも学業です。学業面を疎かにすることなくスポーツとの両立を促すシステムを構築することで，真に「卓越性を有する人材」（知・徳・体（生きる力）を備えた，身体面・精神面と学業面で優れた人材）を育むことにつながると考えられます。また，スポーツ界で昨今問題視されているハラスメントや暴力行為を根絶し，学生が安心して大学生活をおくることができるような基盤をつくっていくことが求められるでしょう。

参考資料
スポーツ庁ウェブサイト「一般社団法人大学スポーツ協会（UNIVAS）の設立概要」〈http://www.mext.go.jp/sports/b_menu/sports/univas/index.htm〉。
スポーツ庁ウェブサイト「大学スポーツ協会「UNIVAS（ユニバス）」が設立！ 期待される大学スポーツの新時代へ」〈前編：https://sports.go.jp/tag/policy/univas.html〉，〈後編 https://sports.go.jp/tag/policy/univas-1.html〉，スポーツ庁 Web 広報マガジン「DEPORTARE」。

（岡部祐介）

第 5 章

アスリートの引退とキャリア問題

岡部祐介

関東学院大学准教授

　本章では，「スポーツによるキャリア形成」という視点から部活動をとらえ，その課題や問題点を明らかにしたい。

　「キャリア」とは，一般的には「経歴・履歴」のことをさしており，現在では専門的な仕事や職業そのものをさして用いられることが多い。すると，スポーツキャリアとは，スポーツを専門的な仕事，職業とすることであり，具体的にはトップアスリートといわれるようなプロスポーツ選手の存在が想起されるだろう。

　スポーツ（アスリート）キャリア。一見すると華々しいもののように思えるが，トップアスリートやプロスポーツ選手はその存在を維持していくためにフルタイムで競技活動に従事することが求められる。そのため，彼らの多くが引退後の人生（キャリア移行）を見通すうえで心理的，社会的な制限や困難を経験することが指摘されている[1]。また，このようなアスリートにとって競技スポーツからの引退は，これまで自他ともに認識してきた自分というものや自分らしさ，すなわちアイデンティティの動揺や喪失にもつながりかねない危機的状況となることも考えられている[2]。もっとも，キャリア形成をめぐる上述の問題は，スポーツ領域だけの特別なものではなく，流動的で変化の激しい現代社会を生きる私たちにとっても共通した問題となっているのではないだろうか。

　上述のようなスポーツ領域におけるキャリア形成上の課題・問題を明確にするためには，私見ではスポーツキャリア形成のための社会的な施策（制度

設計）の側面と，スポーツに対する見方・考え方（スポーツ観）の側面とい
う２つの観点から検討していくことが必要ではないかと考える。また，わが
国のスポーツにおける競技力向上の組織体系上，運動部活動（以下，「部
活」）は重要な役割を担っている。それは，トップアスリートのほとんどが
部活経験者であることや，スポーツキャリアを選択する・しないにかかわら
ず，スポーツの実践者の多くが部活を経験しているからである。すると，部
活における取り組みがキャリア形成やキャリア移行に大きな影響を及ぼすこ
とが考えられるだろう。

　本章では，競技スポーツを引退し，セカンドキャリアを模索する元トップ
アスリートに対して行ったインタビュー調査の内容[3]を事例として取り上
げながら，キャリア形成を仕事や職業だけではなく「人生における年齢別の
役割と出来事の道筋」のようなものとしてとらえ[4]，キャリア形成・移行を
めぐる課題とその解決策，部活との関連性について考えてみたい。具体的に
は，以下に挙げられるポイントを中心に検討・考察を進める。

　①スポーツにおけるキャリア形成・移行をめぐる課題とはどのようなもの
　　か。その制度的・文化的な要因にはどのようなことが挙げられるのか。
　②「デュアルキャリア」とはどのような考え方なのか。
　③スポーツにおけるキャリア形成と部活とはどのような関係性で捉えられ
　　るのか。

1──アスリートのキャリア形成と課題

（1）「セカンドキャリア」から「デュアルキャリア」へ

　競技スポーツは，人間がもっている可能性を極限まで追求するという側面
があり，自らの能力の限界に挑む実践である。また，そこで展開される卓越
したパフォーマンスは，人びとに夢や感動を与えるものであり，スポーツへ
の関心を高め，スポーツの振興および社会の形成に貢献するものでもあると
いえよう。トップアスリート（一流競技者）は，上述のように人間の可能性
の限界にチャレンジするために，または勝利や栄誉のために，わずか１ミリ

単位や0.01秒単位でも記録の向上を目指して競技に取り組んでいるのである。

　しかし，冒頭でも述べたように，アスリートはその存在を維持していくために，生活のほとんどの時間を競技活動（トレーニング，競技会出場）にあてることが求められる。したがって，引退後の人生（キャリア移行）を見通し，その具体的なイメージや準備の余裕もなく，引退が近づいたころになってはじめて自身の置かれた厳しい状況を知ることになる。このような問題に，スポーツ界ではどのような対応をしてきたのか。

　スポーツ社会学・心理学の研究領域では，アスリートの（セカンド）キャリア問題として競技引退に着目した研究とその成果を確認することができる。アスリートのキャリア問題は，①キャリア形成上の問題と，②セカンドキャリア，すなわちアスリートとしてのキャリア終了後のキャリアをめぐる問題とに大別される[5]。

　キャリア形成上の問題については，個人差に応じて多くの事例が考えられるが，特にアスリートの社会心理的な側面として競技引退にともなう精神的な問題[6]と，環境的な側面としてキャリア形成の場や制度の問題が主題化されている[7]。

　アスリートの競技引退については，1990年代末までは主に現役引退後の実態の解明や説明理論の構築に向けた検討が進められてきた[8]。その後，セカンドキャリアの制度的支援策を構築しようとする研究が蓄積され，その後の制度的な支援の展開に貢献してきたといえる[9]。また，制度的な支援に恵まれず，競技引退をめぐって深刻な困難を経験したアスリートがそれを克服するに至る様相に着目した研究も確認することができる[10]。「キャリア」という概念を人の生き方や人生全体にまで拡張してとらえれば，上述の研究は，「アスリート」としての人生を終えてからアスリートではない「人」としての人生を歩むというセカンドキャリアの発想から進められてきたといえよう。

　しかし，アスリートとしてのキャリアを終えてから次の人生の準備をするのでは，人としての人生のキャリアを送るための準備や経験が十分になされないということが指摘されている。そもそも，アスリートとは程度の差こそあるものの「人」としての人生と，「競技者」としての人生とを同時に歩むべき存在であるといえる[11]。

このような考えから，2012 年に策定された「スポーツ基本計画」におい
て「トップスポーツや，スポーツ指導者・スポーツ団体に対して，トップア
スリートとしてのアスリートライフ（パフォーマンスやトレーニング）に必
要な環境を確保しながら，現役引退後のキャリアに必要な教育や職業訓練を
受け，将来に備えるという，『デュアルキャリア』についての意識啓発を行
い，トップスポーツと地域，産官学が連携しながらアスリートのキャリア形
成支援を展開するとともに『好循環』を創出する」[12] ことが目標に掲げら
れた。

　これを受け，独立行政法人日本スポーツ振興センターでは，「デュアル
キャリア」形成支援事業に着手し，制度的支援策に変化がみられるように
なった。すなわち，「セカンド」キャリアというよりも「デュアルキャリア」
という発想にもとづき，環境整備や支援の必要性が考えられるようになった
といえる。このようなアスリートのキャリア形成支援には，以下に挙げられ
る点が重要な目的とされている。

・アスリートとしてのパフォーマンス向上
・主体性を持ち，自己理解や自己の受け入れを可能にするための精神性・
　社会性の発達
・「人」としてのキャリアを具現化するために必要な学力向上や職業能力
　の開発等 [13]

　図 5-1 に示されるように，「人」としての人生と「アスリート」としての
人生を同時に歩むというデュアルキャリアの期間は，アスリートとしてパ
フォーマンスを発揮する時期だけでなく，人として大きく成長する時期でも
ある。アスリートとしてのパフォーマンスの向上と，人としての人生をより
よく歩むことを「同時に」サポートすることで，アスリートが将来に対して
抱く不安を可能な限り取り除き，パフォーマンスのさらなる向上につなげて
いくことを目指しているという。また，アスリートが広い視野をもって自分
自身の人生を設計していくことができるような環境を充実させていくことも
目的とされている [14]。

図 5-1　デュアルキャリア概念

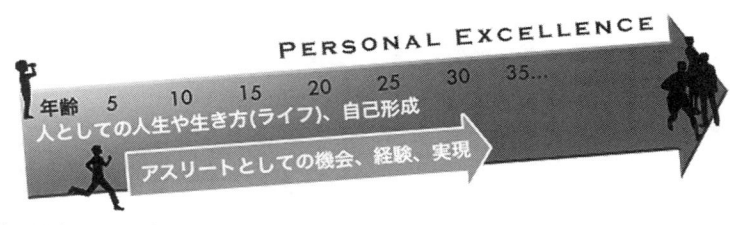

出典：日本スポーツ振興センターウェブサイトより。〈https：//www.jpnsport.go.jp/Portals/0/sport-career/about.html〉

　では，スポーツにおける「デュアルキャリア」形成およびその支援とは具体的にはどのような実践としてとらえることができるのか。

　スポーツキャリア形成には多様な支援の在り方が想定されるが，それらは**図 5-2** に示されているように「パフォーマンス向上」「教育」「社会性発達」「自己開発」という 4 つの対象領域（メインカテゴリー）に分類され，それぞれの対象領域は以下のとおり定義される。

- **パフォーマンス向上**：国際競技力を向上させるための支援
- **教育**：高校や大学などでアスリートが希望する教育を受けられるための支援
- **社会性発達**：1 人の人間として社会で生きていくためのスキルや知識の習得，機会の提供に関する支援
- **自己開発**：自分の人生とスポーツに関してのキャリアについて主体的に考え，自分らしい人生を構築するための必要な能力やスキルの獲得のための支援 [15]

　上述のようにデュアルキャリアという発想にもとづいてスポーツキャリア形成支援を進めていくうえで，アスリート自身が主体的に自己のキャリアを構築していくという意志や責任が何よりも前提とされなければならないだろう。アスリート自身ではコントロールできない制度的な課題に対する支援も必要であるが，彼らの主体性，自立性を前提とした「自己開発」に対する支

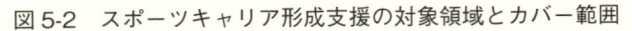

図5-2 スポーツキャリア形成支援の対象領域とカバー範囲

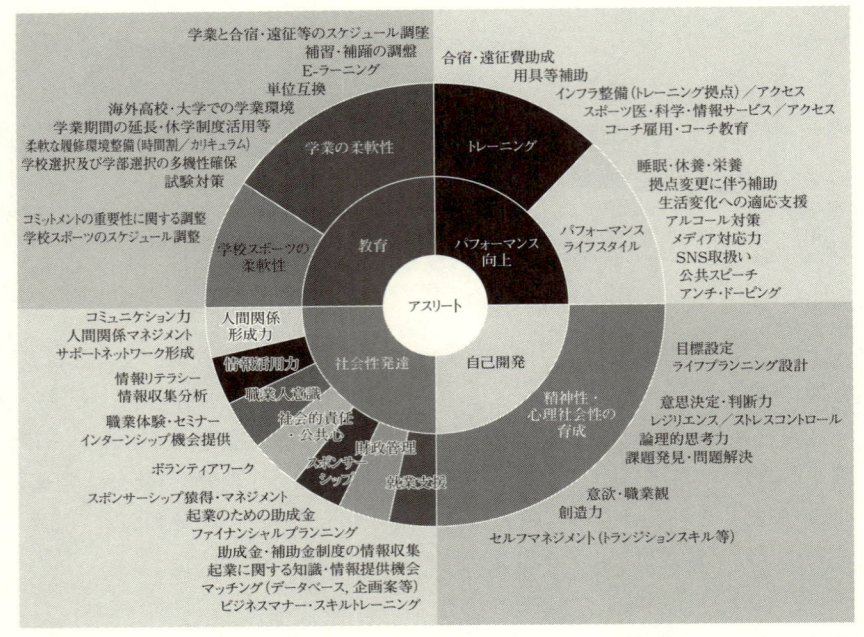

出典：日本スポーツ振興センターウェブサイトより。〈https：//www.jpnsport.go.jp/Portals/0/
sport-career/about.html〉

援を充実させることが望ましいと考える。また，支援を必要とするアスリートや支援の在り方が多種多様に想定できるからこそ，アスリートの主体性による選択・実践が重要になってくるのではないだろうか。

(2) 元トップアスリートのキャリアデザイン
──T氏（陸上競技）の事例をもとに

ここまで述べてきたように，スポーツ界では選手のセカンドキャリアが切実な課題となっており，デュアルキャリアという考え方が新たに導入され，制度設計や制度的支援が進められている。以下では，当事者であるアスリートがキャリア形成についてどのように考え，実践しているのか，事例をもとに検討していくこととする。

表 5-1　T 氏競技歴

2006 年			
ロベレート国際	5000m	4 位	13.22.36＝日本歴代3位（当時）, 学生歴代2位（当時）
世界クロカン	シニア　12km	49 位	
2007 年			
カージナル招待	10000m	9 位	27.45.59＝学生歴代2位（当時）, 学生日本人最高
ナイトオブアスレティック	5000m	11 位	13.19.00＝学生記録
世界選手権	10000m	12 位	
日本学生対校	5000m	11 位	
日本選手権	10000m	2 位	
2008 年			
オリンピック	5000m	予選	
オリンピック	10000m	28 位	
日本選手権	5000m	2 位	
2009 年			
アジア選手権	5000m	4 位	
日本選手権	5000m	2 位	
東アジア大会	10000m	1 位	
2010 年			
アジア大会	5000m	6 位	
日本選手権	10000m	1 位	
日本選手権	5000m	3 位	
2016 年			
日本選手権	5000m	22 位	

　ここで事例に挙げるのは，陸上競技（長距離）で日本代表選手としてオリンピックに出場した T 氏である。競技歴は**表 5-1** のとおりで，2017 年に競技を引退し，最後に所属した企業（実業団）で社員としてセカンドキャリアをスタートしている。

　1986 年に生まれた T 氏は，3 歳から水泳をはじめ，小学校 6 年まで継続して取り組み，中学から本格的に陸上競技をはじめている。その経緯について T 氏は以下のように話してくれた。

「水泳は，体格的に恵まれた（背が高かったり，ちょっと太り気味な）子が速かったりするんですね。私は肩幅も狭くて，リーチもなかったせいか，なかなか成績が伸びなくて挫折しました。小学校では当時，校内でマラソン大会があり，成績が良かったので，陸上（競技）に向いているんじゃないかなんて軽い気持ちで，勝てる場所で勝負した方が楽しいだろうなとか，そんなことを幼心に考えて陸上競技をはじめました。」

　中学校に入学して以降，T氏は本格的に陸上競技に取り組んでいくことになるが，当時の様子を以下のように回想している。

　「中学では基礎トレーニングばっかりさせられていました。ミニハードルを跳んだり，エアロビクスをさせられたり，いきなりタイヤを引かされたりなど。長距離種目なのに（短距離選手が行うような）坂道ダッシュをやらされたりしました。地味でつまらない練習ばっかりだったので，早く帰りたいなとか，（近所に駄菓子屋があったので）駄菓子屋に早く駆け込んでジュースを飲みたいなとか，そんなことばかりずっと考えながら中学生活を送っていました。」

　それでも中学時代に競技成績を伸ばしたT氏は，県内にあった全国的にも有名なスポーツの強豪校から推薦の話をもらい，高校でも継続して陸上競技に取り組むこととなった。高校では中学時代とは違って走るトレーニングが中心となり，実家を出て寮生活をはじめたこともあり，社会から隔絶された感覚をもっていたという。陸上競技部の監督の自宅が寮になっていたこともあり，競技以外の生活も管理され，テレビや携帯電話も自由に使うことができず，「当時流行した曲とか，テレビ番組とか全くわからなくて，正月に実家に帰って友達に会うとちょっとバカにされるような，そんな生活」であったという。まさにフルタイムで競技に従事する生活であったといえる。

　このような高校生活を送りながら，T氏は「早く大学生になりたい」と考えていた。大学に進学して競技を継続することを希望しており，そのモチベーションの核になったのは，大学駅伝でも全国的な知名度をもつ箱根駅伝（東京箱根間往復大学駅伝競走）であった。箱根駅伝では伝統校・名門校といわれる大学に進学したT氏がまず驚いたことは，部員の競技への意識，モチベーションの違いであったという。T氏いわく，「高校までは本当に厳

図 5-3　競技パフォーマンスの推移（T 氏作成）

八王子ロングディスタンス　スタンフォード招待　日本選手権　五輪
（2015 年 11 月）　（2016 年 4 月）　（2016 年 6 月）　（2016 年 8 月）

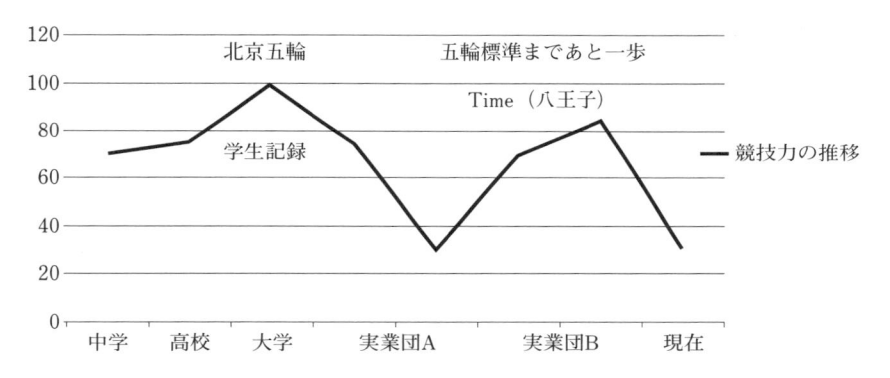

しくて，『24 時間陸上競技のことを考えなさい』みたいな生活だったのが，大学に入ると，『あれ，結構楽だな。意外と時間あるな』とか『みんな遊びに行ってるな』といった環境ですごく驚きました」。T 氏が入学した大学の陸上競技部は，これまでに多くのトップアスリート，オリンピアンを輩出していたが，T 氏が入学したころには低迷期に入り，箱根駅伝でもシード落ち（箱根駅伝では 10 位までがシードを獲得し，次回大会に自動的に出場することができる）していた。T 氏は，大学 4 年次に主将を務めたこともあり，自身の競技力向上をはかりながら，チーム力の向上（部全体の競技力の底上げ）に取り組んだという。

　T 氏は，上述の大学時代にオリンピック日本代表に選出され，競技パフォーマンスのピークに達した時期であったと回想している。図 5-3 は，T 氏の競技パフォーマンスの推移をグラフ化したものである。

　アスリートキャリアとしてはピーク期にあった大学時代に，T 氏は深刻なけが・故障にみまわれる。グラフではピーク期から下降線を描いているように，大学卒業後の実業団所属期から引退まで，けが・故障と付き合いながら

競技を継続していくこととなった。

　大学卒業後に所属した実業団 A が 2013 年に廃部となり，その後移籍した実業団 B でもけが・故障が続いたことで，T 氏はさまざまなリハビリテーションを試み，ランニングフォームの修正，トレーニングプランの改善にも主体的に取り組んだという。最終的には 2016 年のリオデジャネイロオリンピック参加標準記録に迫るパフォーマンスを発揮するまでに上昇することができた。競技からの引退については，引退する前年の駅伝に出場した際に，走行中これまでに経験したことのない痛みを感じたことがきっかけであったという。

　　「もう駄目だなと頭が認識してしまいました。で，引退になりました。成果を出し続けるためには，けがの予防や付き合い方っていうのはすごく大事だったなと思います。将来どうありたいか，活躍したときの自分のイメージや，競技寿命もしっかりと見据えながら，適切にトレーニング計画を立てる必要があったと，今（引退してから）改めて思います。」

　なお，T 氏は今後のキャリアとして指導者を目指しており，具体的な指導者イメージを次のように語ってくれた。

　　「科学的根拠に裏づけられたトレーニング方法に基づく選手の育成ができ，選手の将来性や競技寿命も見据え，的確な判断ができる指導者，一人ひとりに寄り添った指導者になりたい。そのために現在は充電期間と捉え，ビジネスの世界を知る。世の中を広く知ることで，懐の広い指導者を目指したいですね。」

　T 氏は，これまでの自身のスポーツキャリアを振り返って，アスリートとしての目標を達成できた点でおおむね肯定的に受けとめている。否定的（反省的）に受けとめている点については，長期間にわたってけが・故障に悩まされた経験から，アスリートキャリアを継続するために必要であるはずの環境・スタッフに対する意識の希薄さ，競技引退後の将来的な見通しの甘さを課題として挙げていた。それがセカンドキャリアとして指導者を選択した動機にもつながっていると考えられる。

(3)　スポーツのキャリアデザインにおける課題

　ここまでT氏の競技歴と具体的な取り組みについて紹介してきたが，キャリアデザインの観点から，T氏にとってターニングポイントとなった部分に着目し，スポーツによるキャリア形成における課題となりうる点について取り上げ検討してみたい。

　まず，高校生の時期から寮生活をしながら競技中心の生活を送っていた点について，T氏自身も回顧していたように，「社会から隔離された」感覚を抱いていたことである。部活における選手・生徒の管理の比重が大きいケースでは，おそらくT氏と同様の感覚を抱く者は少なくないと考えられる。高校生としての学業への取り組みや社会性を身につける機会は，部活およびスポーツの枠組において保障されるものの，その枠を出ない閉じられた印象がある。このことの弊害として，スポーツの内部における価値観や社会性と，外部（一般社会）におけるそれとのズレが生じることで，アスリートキャリアから移行する際にそのギャップに戸惑うことが推察される。現在でも強豪校といわれるところでは，選手・生徒はT氏の事例と同様に競技中心の生活を送っていることが考えられる。高い水準で競技に取り組むためには，また優れた競技成績をおさめるためには，生活の大部分をトレーニングや試合にあてることが求められているといえよう。

　次に，スポーツの競技成績によって進学，就職という進路が拓けた（スポーツ推薦入試）ことについて，T氏は（大学進学について）意識的ではあったものの，他の選手・生徒が必ずしも進学を意識して部活および競技に取り組んでいるわけではない。中学・高校・大学といったそれぞれの学校期に一定の競技成績をおさめることが，少なくともわが国では進学・進路の条件になっているといえる。

　競技からの引退は，プロのアスリートに限らず競技スポーツに携わる人びとにとって重要なターニングポイントになるだろう。T氏の場合，その契機となったのがけが・故障である。T氏は，高校・大学時代から実業団に入って引退するまで10年余りけが・故障に悩まされた。トップアスリートであればだれしも「少しでも長く競技を続けたい」と考えるであろう。しかし，

けが・故障と付き合っていくことがストレスフルであることは想像に難くない。そのあいだ，引退や競技を終えた後の人生が頭をよぎることもあるだろう。

　上述のように，競技からの引退の時期に差しかかってアスリートが困難を経験するケースは多々見受けられる。その要因について，本章の冒頭で述べた制度的（構造的）側面とスポーツに対する見方・考え方（価値観）の側面から検討してみる。

　わが国のスポーツによるキャリア形成は，学校期ごとに成果を強いるスポーツ界の構造と深くかかわっていることが考えられる[16]。それはすなわち，競技が強い大学や実業団に入るには高校期に，強い高校に入るには中学校期に一定の成績をおさめることが推薦制度による入学・入社の条件となっていることである[17]。実業団に所属するアスリートにしても，雇用形態は大部分が任期制雇用となっており，20代から30代で引退を余儀なくされる競技が多く，引退後のセカンドキャリアに向けた準備が不可欠である。このようなスポーツ界の構造を変えていこうとする取り組みが，前項で取り上げたデュアルキャリアという発想にもとづいたスポーツキャリア形成支援であるといえる。

　しかし，スポーツに対する見方・考え方（価値観）の側面で考えてみると，わが国ではこれまでひとつのことに専念するような心的態度，その道を究めることを美徳とする文化・社会規範が支配的であったように思う。日本的なスポーツ観については，「精神主義」「修養主義」[18]や「苦しみのスポーツ価値意識」[19]，「苦行的スポーツ」[20]といった表現で指摘されており，特にスポーツの実践現場で根強いと考えられるのが「スポーツ根性論」であろう[21]。修養や根性という日本的な概念でスポーツを語るとき，その実践はスポーツのルーツである気晴らしや遊びとは対極的な，修行的で真面目な様相を呈することとなる。

　このようなスポーツ観にもとづいたキャリア形成を考えれば，先に述べたようなひとつのことに打ち込み，継続が求められることや，あれもこれもといった中途半端がよいとは考えられないことなどによって，アスリートのキャリア移行の多様性や可能性が限定されてしまうのではないか。つまり，

先の「デュアルキャリア」という考え方とのあいだでジレンマが生じてしまうことが推察される。

　T氏は，前項で紹介したデュアルキャリア形成支援事業について，筆者が話題に出した時点ではじめて知ったということもあり，自分自身が制度的な支援を受けることはできなかったが，スポーツのキャリアデザインという考え方やキャリア形成支援事業の重要性については肯定的にとらえている。なお，スポーツキャリア形成支援（大きな4つの柱：**図 5-2**）について，T氏が語った意見・考えを以下に紹介する。

・「パフォーマンス向上」：専属トレーナーをはじめとした専門家・スタッフの存在

　（T氏の意見）自分の身体状況のことは自分が一番わかっていると考えてしまった。指導者に加えて，第3者の存在や専門家との協働によって，多角的に，客観的に身体状況やコンディショニングができると考える。アスリートが各専門家や知識・情報にアクセスできるようなネットワークの構築が必要ではないか。

・「教育」：スポーツ科学についての学び

　（T氏の意見）（自身の経験から）競技だけでなく学業にも取り組み，それをトレーニングやパフォーマンスに還元できるような仕組みを理解させることと，そのような環境づくりが求められる。スポーツも学びの対象としてとらえるべきだし，スポーツ科学の重要性をもっと発信するべき。スポーツをしていれば何でも許されるというのは幻想であると思うし，それがアスリートのイメージとして定着しているのであれば，払しょくされなければならないと考える。

・「社会性発達」：部活動における規律や対人コミュニケーションスキルの向上

　（T氏の意見）スポーツは，所属する学校や会社への帰属意識の高揚に資すると考える。また，所属する組織・集団のなかで人間関係（上下関係）について学ぶことができる。自分の思うようにいかないことや理不尽なことは，社会に出れば山ほどある。正義感や自分の一方的な考えだけで物事が上手く進むことはないということを，競技を通じて学ぶことができた。

部活をはじめとした組織・集団に規律は必要だが，それに無批判であってはいけないとも考える。自分とは考え方，価値観の異なる他者と協働していくことで，コミュニケーションスキルを豊かに身につけられるのではないか。

・「自己開発」：自己形成，セルフマネジメント

（T氏の意見）キャリアを意識したセルフマネジメント。たとえば，スポンサーに対する広告費と費用対効果を実際に感じたり，社会のなかでの自分の立ち位置を客観視したりする。アスリートとしてだけではなく，学生・社会人として誰にも負けないものを身につけるという動機づけが求められる。

　T氏だけでなく，アスリートは多様な人生を送っているため，単なる就職支援やパフォーマンスの向上などにとどまらず，アスリートという存在とともにひとりの人間としての成長を目指して幅広い支援が今後必要とされるだろう。アスリートのキャリア形成にはさまざまな要因が関係していることから，彼らのデュアルキャリア形成を後押ししていくためには，アスリートとしてかかわるスポーツ集団・組織だけではなく，学校教育機関，一般企業，研究機関，さらにはアスリートの保護者や指導者を含めたさまざまな立場の人びとがネットワークを形成し，活動していくことが重要になるといえる。

　ところで，競技成績・パフォーマンスだけでなく，スポーツのキャリア形成には指導者の影響力が甚大であると考えられる。T氏がそうであるように，競技引退後のセカンドキャリアとして指導者を選択する（考えている）アスリートは多数見受けられる。自らの経験を直接的に活かして取り組むことができる反面，偏った考えや価値観の不一致が生じたり，それが体罰やハラスメントにつながり問題化されたりしている。

　上述の問題にどのように対峙していくべきか，本章では最後に指導者というキャリアを取り上げ，具体的な事例をもとに検討していくこととする。

2——スポーツの指導者というキャリア

(1) セカンドキャリアとしてのコーチ・指導者・教員

　ここまで述べてきた内容をふまえて，本節では指導者をセカンドキャリアとして選択した事例を参照しながら，部活動の指導の現場で起こりうる微細な問題状況にも着目し，キャリア形成上の問題や課題について考えてみたい。以下では，現在東京都の都立高校で保健体育科の教員として部活（陸上競技部，長距離・駅伝）の顧問を務めるS氏へのインタビュー調査の内容[22]を紹介する。

　S氏は，中学から本格的に陸上競技に取り組み，高校ではインターハイで入賞し，スポーツ推薦で関東の大学に進学し，箱根駅伝にも出走している。国際大会こそ経験がないものの，国内大会では優勝・入賞という実績をもち，実業団でも活躍していた。パフォーマンスに停滞がみられ，30歳を目前に引退を考え始めたときにセカンドキャリアとして教員を考え，実業団（企業）を退社するタイミングで教員採用試験に合格し，教員の道に進むこととなった。現在は教員歴7年になり，初任から5年間は陸上競技部の副顧問として指導のサポートにあたった。校務分掌については，初年度は生活指導部にあてられ，担任は3年目から務めた。その後異動した高校では陸上競技部の顧問となり，2年目をむかえている。

　教員をセカンドキャリアとして選択した理由および経緯について，S氏は次のように語ってくれた。

　「自分が29歳の時に恩師（指導者）が教育委員会に携わっていて，スポーツの強化には，トップアスリートとしての経験をもつ教員（指導者）が必要であると考えておられ，教員の道を勧められた。次のキャリアを考えなければならなかった時期でもあったのでチャレンジしたいと申し出たが，教員採用制度では中学と高校の両方の教員免許が必要であり，自分は高校の免許しか取得していなかった。そこで一度はあきらめかけたが，自分がこれまで専念してきたことを活かせる場所はどこかと考えたときに，

大学で勉強してきたこともふまえて（スポーツと倫理・教育のゼミに所属していた），やはり教員であると考え，出身大学の科目等履修生の制度で中学の免許取得に必要な科目を取って再チャレンジし，合格して採用された。スポーツ（競技）の指導者になりたいという考えはもともとあったが，当時においてはそれだけができる安定した環境がないと考えていた。」

S氏のケースでは，大学時代に教職課程をとり，かつ指導者というセカンドキャリアをある程度見通していたことで，キャリア移行がスムーズにできたと考えられる。しかし，アスリートとして競技中心の生活から教員（部活の顧問・指導者）になった当初，苦労したことはなかったのだろうか。S氏は以下のように語ってくれた。

・校務について

　「これまで教職課程をとるためにさまざまな経験はしているし，競技経験のなかでトレーニングを通じて得た知識や経験は役立てられていると思う。ただ，保健の授業は準備等で苦労した。体育では，たとえばバスケットボール専門の教員がバレーボールの授業を担当することは，世界史の先生が日本史の授業を担当するようなものだと思うし，やはり（教材研究等での準備に）苦労する面はあるのではないか。授業研究は今でも継続しているし，その意味では今でも苦労していることには変わりない。」

・部活の顧問について

　「初任から2年間は，とにかく自分の置かれた環境に馴染むことを心がけていた。副顧問という立場であったこともあり，気を遣い過ぎてしまうことが多かった。でもそれが自分の短所でもあったと今では思う。自分の意見や考えをもてないとやっていけないと思ったので，その後少しずつ意識しながら，あくまでもフォローにまわるかたちで実践していた。自分から意見を出しても良かったと思うし，（部員生徒とのあいだでの）コミュニケーションが不足していたと思う。」

上記のように，S氏は教員としての校務分掌に対して，授業研究やクラス運営に苦労していたと語っている。体育実技についていえば，確かに競技経験でカバーできる面は大きいと考えられるし，トレーニングによって身体のメカニズムや知識，経験を授業に活かすことはできるだろう。しかし，学校

の体育授業では教育内容としての運動種目が多岐にわたるため，Ｓ氏が述べているとおり，自分の専門以外の種目の授業研究には苦労があると考えられる。

　その後，教員としてのキャリアを重ねて7年目になるが，今後の展望をどのように考えているのかを尋ねてみた。

　「現在の赴任校では部活顧問として5年以内には結果（駅伝で都内3位以内）を出したいと考えている。とはいえ，このままでいいのかという考えもある。長男でもあるため，（家族（両親）の今後のことを思うと）実家に戻らなければいけないとも考えている。ただ，東京都で採用されたということもあり，これまでかかわって下さった方たちに申し訳ないと思っているので，中途半端に地元に戻ることはできないと考えている。」

　上述のＳ氏のケースからは，キャリアを終え，教員としてのキャリアへ順調に移行できたとしても，その後さまざまな困難を経験しつつ，試行錯誤を繰り返していくことが推察される。スムーズなキャリア移行ができたようにみえるＳ氏でも，教員となってから3年ほどは漠然とした不安や精神的な不調を経験したという。本章の冒頭でも述べたが，アスリートにとって競技スポーツからの引退は，これまで自他ともに認識してきた自分というものや自分らしさ，すなわちアイデンティティの動揺や喪失にもつながりかねない危機的状況となることも考えられている[23]。Ｓ氏の場合もこの見解が該当すると考えられる。

　前節で取り上げたデュアルキャリアという考え方にもとづくキャリア支援を受けることができれば，Ｓ氏のキャリア移行に伴う困難な状況も改善できたかもしれない。Ｓ氏の場合は高校時代から教員・指導者というキャリアをある程度見通したうえで大学進学も考えていたという。大学でも学業に積極的に取り組んでいたということから，Ｓ氏は将来の進路を見据えてキャリアデザインができていたからこそ，キャリア移行が比較的スムーズにできたと考えることができる。

(2)　部活の指導現場における問題状況

　昨今，体罰やハラスメントといった部活顧問・指導者の在り方や指導内容

の問題，「ブラック部活」という言葉で表現されるような過度な拘束，顧問教員の業務負担の問題が指摘されている。このような問題状況のなかで，部活に参与する当事者としての顧問教員・指導者はどのようなことを考え，実践しているのだろうか。引き続きＳ氏へのインタビュー内容を事例として取り上げる。

アスリートとしてのキャリアから部活の顧問および指導者へキャリア移行するケースは多く，トップアスリートであった者であれば話題にもなりやすい。しかし，アスリートとして成功したからといっても指導者として成功するとは限らない。むしろ，前節の最後に述べたように，自らの（成功した）経験を直接的に活かして取り組むことができるがゆえに偏った考えに陥りやすく，生徒たちとの価値観の不一致が生じ，体罰やハラスメントにつながってしまうのではないか。

この点についてＳ氏に質問したところ（ご自身の部活経験が指導現場で役立っているか，また現場で重視していることはあるか？），以下のような回答が得られた。

　「経験が活かされているという自覚はない。自分が受けた部活の指導は，管理型か自主性重視型かでいえば，双方のバランスがとれていたように思う。先輩部員が中心になって取り組み，最終的に監督がまとめるというかたちであった。しかし，自分たちの時がこうであったから，現在目の前にいる生徒に対して同じようにこうしろ，というやり方は通じないと思う。学校によってもやり方は異なるし，自分の経験が必ずしもあてはまるとはいえない。今のところ，自分の高校時代の経験（指導された内容など）を参考にしたことはない。」

上述のように考えたうえで，Ｓ氏はまず赴任した学校および生徒たちの実態や特徴を理解することを意識したという。自身の経験に頼りすぎることなく，学校や生徒たちの実態を把握しながら，指導内容や方法を模索している様子がうかがえる。

部活指導では，指導対象である生徒たちに個人差が生じてくると考えられる。Ｓ氏は，現在女子の選手を指導しており，基本的に１対１の個別対応を心がけているという。そのうえで，苦心している点を質問すると，以下のよ

うに回答してくれた。

　「女子の場合，ハラスメントに抵触しないかということと，走る（競技する）ということへ集中させることに気を遣う。人間関係をはじめいろいろな要素がパフォーマンスの良し悪しにかかわってくるから。特にメンタル面の要素が表面化しやすい。でも（ハラスメントの問題が取り上げられている現状では）生徒の側でも（それをいわれることがハラスメントかもしれないということが）わかっている。だからこそ信頼関係を構築したうえで，指導の際に留意している（たとえば，身体の状態を見極めるためでも，膝下部分しか触れないとか，発言にも気を遣う）。でも最終的には指導者の人間性と，生徒たちとの関係性（が合う・合わないの問題）ではないだろうか。」

　また，S氏のケースでは自身の専門性を活かして部活の指導ができるということから，合宿・引率などで苦労はあるものの，ほかのミスマッチな条件で指導にあたっている教員に比べれば恵まれているほうだと述べている。しかし，専門性を有するがゆえの問題も生じてくるようである。

　「（恵まれているが故の悩みや問題点はあるのか？）それはもちろんある。生徒が依存してくるところ。専門性をもっているがゆえに（練習メニューや戦術などこちらで提示すると）自分たちで考えなくなってしまう。そのため，最近では（生徒たちとの信頼関係が構築できていることを前提として）コンセプトだけを伝えるようにして，じゃあ何をしなければならないか，どんなことを意識しなければならないか，自分たちで考えるようになるべく工夫している。目標は共有しているため，こちらは何をすれば良いかが見えているけれど，生徒側がそれほど求めていなかったり見えていなかったりもする。それをすべてお膳立てしてしまうと，生徒たちは自分たちで考えてできなくなってしまう，そういう難しさはあると思う。」

　S氏のケースでは，自身がアスリートとしてのキャリアを経験したことから，競技性を重視した指導内容が想起されたが，実際には生徒の自主性を尊重し，「教育としての部活」を意識していることがわかる。

　「個人的には，競技力向上よりも，学校教育のなかでの部活の在り方を重視している。学校内では，生徒たちの意識，志向はさまざまであるし，

そのような生徒たちの多様性を無視して競技力向上に特化してしまうと，部活として成立しないのではないか。（そうするとチームスポーツ（団体種目）となるとさらに大変だと思うが？）たとえば，駅伝をうまく使う，短距離競技ならリレーをうまく活用するなど，自分だけではないという意識，他者感覚をもたせるようにしている。陸上競技というスポーツを教材として人間形成をさせるという意図で指導にあたっている。部活という組織のなかで適切な役割や振る舞いができているか，目標を自分でたてさせて，そのために何をしなければならないのかを考えさせる。セルフマネジメントと組織マネジメントの両方を考えさせながら部活を成立させたいというのが理想。これは学校の正規のカリキュラムではできないことだと思う。学校ではクラス運営をするにも生徒たちの実態・志向はバラバラだけど，部活はある程度それが共有できる。なるべく自主的に一体感を作り出せるような環境として部活があり，そのなかで学ぶことの重要性は大きいのではないか。」

　部活は教育の一環として位置づけられているが，学校教育においてはあくまでも正課外の活動である。それを理解したうえで，部活の教育的な意義についてS氏が語った上述の内容は示唆に富むものであるといえる。

　スポーツキャリア形成にかかわる部活の在り方や実践をどのように考えればよいのか。本章におけるこれまでの内容をふまえていえば，それはスポーツキャリア形成支援の対象領域に挙げられた「自己開発」「社会性発達」に焦点化されることではないだろうか。S氏はそれを「自分で行き先を決められるようになること。自ら考え，実践できる能力を身につけさせることではないか」と語った。

　陸上競技であれば，自分でどこまでの記録を目指すのか，そのために何をするのか，どのように試行錯誤・プロセス化するかを自分で考えながら実行に移していけることや，部活という組織運営のために，個人だけではなく先輩が後輩の面倒を見ながら育成する，全体をまとめるということなど，組織マネジメントが学びにつながり，キャリアデザインにも通じていくのではないだろうか。

　部活における主体は，アスリートであるとともに学業に取り組む生徒でも

ある。スポーツキャリア形成を考えるとき，部活ではパフォーマンス向上の
ための取り組みに注力しがちであり，指導者も成果として生徒（アスリー
ト）の競技成績の向上，パフォーマンス向上が求められる。しかし，本章で
取り上げた「デュアルキャリア」という発想にもとづき，近年進められてい
る制度的な支援をふまえていえば，指導者は競技だけではなく部活における
さまざまな取り組みが生徒たちのその後のキャリア形成につながるというこ
とに自覚的であるべきだろう。生徒たちに主体性や責任を身につけさせるこ
と，それを前提として制度的な支援と連携しながら「スポーツキャリア」を
意識した取り組み・指導を心がけることが必要ではないだろうか。

おわりに

　本章では，競技を引退した元トップアスリートに対して行ったインタ
ビュー調査内容を事例として取り上げながら，スポーツによるキャリア形成
上の課題・問題とその解決策，部活動との関係について検討・考察をおこ
なってきた。2名の元アスリートへのインタビューを事例としてスポーツ
キャリアについて述べてきたが，彼らの考えや実践のすべてが一般化して捉
えられるということを示すものではなく，また絶対的に正しいということを
示すものでもない。現在，キャリア問題で困難な状況にある人びとにとって，
本章の内容が参考になれば（議論のもとになれば）幸いである。おわりに，
冒頭で挙げたポイント別にまとめることで結びとしたい。

【本章のポイント】

● スポーツにおけるキャリア形成・移行をめぐる課題とはどのようなものか。その制度的・文化的な要因にはどのようなことが挙げられるのか。

アスリートとしてのキャリアを終えてから，次のキャリア（セカンドキャリア）を送るための準備や経験が十分になされていない。制度設計・制度的支援が進められているものの，ひとつのことに専念するような心的態度，その道を究めることを美徳とするような，スポーツに対する日本的な見方・考え方（スポーツ観）が，依然としてキャリア形成における限定圧力となっているのではないか。

● 「デュアルキャリア」とはどのような考え方なのか。

ファーストキャリアからセカンドキャリアへ，という考え方ではなく，人としての人生を歩みながらアスリートとしての人生を歩む，というデュアルキャリアの考え方が課題解決のキーワードになりうる。脱・根性論，日本的なスポーツ観の相対化といった取り組みが重要となるであろう。

● スポーツにおけるキャリア形成と部活とはどのような関係性で捉えられるのか。

わが国におけるスポーツのキャリア形成は，学校期ごとに成果が求められるというスポーツ界の構造と深くかかわっているため，部活動が及ぼす影響は甚大であると考えられる。競技力向上のみに偏った実践ではなく，キャリアデザインを意識した指導および実践という考え方が大切であり，顧問教員をはじめとした指導者の存在および指導内容が重要になってくると考えられる。

注

1）豊田則成・中込四郎（1996）「運動選手の競技引退に関する研究——自我同一性の再体制化をめぐって」『体育学研究』41（3），192-206頁。

2）豊田則成・中込四郎（2000）「競技引退に伴って体験されるアスリートのアイデンティティ再体制化の検討」『体育学研究』45（3），315-332頁。

3）T氏へのインタビュー調査の概要は次のとおりである。インタビューは質疑応答という形式ではなく，スポーツとキャリアデザインというテーマでT氏の成育歴を含めたこれまでの取り組みについて自由に語ってもらい，それをICレコーダーに記録する形式をとった。本人からの意向により，名前や学校，企業等の所属先は伏せて

示している。なお，インタビューは下記の日程でそれぞれ1時間実施した。

・2017年8月25日：大阪府にあるT氏が在籍する企業オフィスにて
・2018年1月3日：東京都新宿区にある飲食店にて
・2018年1月22日：関東学院大学金沢八景キャンパスにて

4) 松尾哲矢（2012）「スポーツ選手のライフコース」井上俊・菊幸一編著『よくわかるスポーツ文化論』ミネルヴァ書房，104-105頁。

5) 吉田毅（2006）「アスリートのキャリア問題」菊幸一・仲澤眞・清水諭・松村和則編著『現代スポーツのパースペクティブ』大修館書店，210-211頁。

6) アスリートに対する長期にわたる心理的サポートでは，競技引退が直接的・間接的に話題になることがあり，心理的な問題として指摘される。具体的には，運動部不適応（運動部の環境や活動にうまく適応することができず，自らの欲求を満たすこともできず，葛藤や不安が生じる状態）や，バーンアウト（過剰なトレーニング負荷によって，あるいはパフォーマンスの停滞や挫折，敗北，けが等によって生じる無気力や抑うつ状態）等が事例として挙げられる。中込四郎（2015）「スポーツ選手の精神的トラブルと対処」中村敏雄・髙橋健夫・寒川恒夫・友添秀則編集主幹『21世紀スポーツ大事典』大修館書店，380-383頁。

7) 吉田（2006），210-211頁。

8) 吉田毅（1999）「スポーツ選手の現役引退に関する社会学的研究の視点」『九州体育・スポーツ学研究』13（1），75-84頁。

9) 吉田章・佐伯年詩雄・河野一郎・田嶋幸三・菊幸一・大橋仁（2006）「トップアスリートのセカンドキャリア構築に関する検討（第1報）」『筑波大学体育科学系紀要』29，87-95頁，吉田幸司・河野一郎・吉田章・菊幸一・相馬浩隆・三宅守・片上千恵・佐伯年詩雄（2007）「トップアスリートのセカンドキャリア構築に関する検討（第2報）海外先行事例調査を中心に」『筑波大学体育科学系紀要』30，85-95頁。

10) たとえば，吉田毅（2012）「競技者の現役引退をめぐる困難克服プロセスに関する社会学的研究——車椅子バスケットボール競技者へのキャリア移行を遂げた元Jリーガーのライフヒストリー」『体育学研究』57（2），577-594頁。

11) 独立行政法人日本スポーツ振興センターHP「スポーツキャリア総合ポータル」〈https://www.jpnsport.go.jp/Portals/0/sport-career/about.html〉

12) 独立行政法人日本スポーツ振興センター（2015）「「キャリアデザイン形成支援プログラム」における「スポーツキャリア形成支援体制の整備に関する実践研究」報告書（平成26年度文部科学省委託事業）」，25頁。

13) 独立行政法人日本スポーツ振興センター（2014）「「デュアルキャリアに関する調査研究」報告書（平成25年度文部科学省委託事業）」，2頁。

14) 注11）と同じ。

15) 独立行政法人日本スポーツ振興センター（2015），25-26頁。

16) 松尾（2012），104-105頁。

17）松尾（2012），105 頁。

18）岸野雄三（1968）「日本のスポーツと日本人のスポーツ観」『体育の科学』18（1），12-15 頁，菅原禮（1976）「日本的スポーツ風土の社会学的考察」『新体育』46（4），22-25 頁。

19）上杉正幸（1982）「日本人のスポーツ価値意識と道・修行の思想」『体育・スポーツ社会学研究』1，39-57 頁。

20）デビッド・ノッター・竹内洋（2001）「スポーツ・エリート・ハビトゥス」杉本厚夫編『体育教育を学ぶ人のために』世界思想社，4-23 頁。

21）根性論の成立（および変容）のプロセスについては，次の論考を参照。岡部祐介・友添秀則・春日芳美（2012）「1960 年代における「根性」の変容に関する一考察：東京オリンピックが果たした役割に着目して」『体育学研究』57（1），129-142 頁。

22）S 氏へのインタビュー調査の概要は次のとおりである。T 氏の場合と同様に，インタビューは質疑応答という形式ではなく，セカンドキャリアとしての教員（指導者），部活顧問というキャリアといったテーマで，それまでの成育歴を含めたこれまでの取り組みについて自由に語ってもらい，それを IC レコーダーに記録する形式をとった。本人の意向により，名前および所属先名称は伏せて示している。なお，インタビューは 2019 年 2 月 7 日，東京都立川市にある飲食店にて 2 時間実施した。

23）豊田，中込（2000）。

仕事に結びつく部活

　甲子園と聞けばすぐに高校野球を思い浮かべるほど，甲子園という名称は競技型部活イメージの代名詞になっています。この甲子園という言葉を使い高校生たちのさまざまなスキル，趣味を競う場がつくられています。「○○甲子園」と銘打つ催しは，運動部系部活よりも文化系部活のほうが多く，また，その数は 70 種類を超えて開かれているようです。

　そうした多数の甲子園の中には，簿記，溶接，建築，工芸，ものづくりなど，職業上の技能を競う大会が少なからず含まれています。野球の甲子園ほど知名度はなくても，それらの技能を学ぶ職業高校の高校生には励みになっていることが推測できます。

　卒業後の仕事にも結びつくこれらの大会には，職業高校の多様な学科，コースが教育の一環としてとりくんでいるだけでなく，職業生活や地域経済にかかわる文化部も参加しています。職業生活や地域経済に結びつく文化系部活にはどんなものがあり，どんな特徴があるでしょうか。

　部活のイメージは，おしなべて，趣味の領域にくくられることが多く，職業生活や地域経済にかかわる文化系部活の全体像は，量的にも質的にも，明らかにされていません。「部活は趣味」という通念に囚われると，「仕事体験型」部活の実像は見えにくいのかもしれません。

　しかし，学校外の実社会とつながりを持つ部活は，私たちの予想以上に広がっており，その影響力も強まっているように思います。第 9 章で触れる三重県立相可高校調理部と同様に，商店街に駄菓子屋「吉商本舗」を出店している富士市立高校ビジネス部（静岡県富士市）の例（佐野壮一「「やりたいやつがやる」主義で若者の開業を支援」石原武政編『タウンマネージャー』学芸出版社，2013 年所収，に紹介があります）や，市の助成を得て宮崎市商店街振興会が行っている「高校生商店街」などは，その代表例でしょう。学校での活動の産物を学校外に広げる環境・機会があれば，こうし

た活動がさらに増えることは十分予想できます。

　直接出店する，製品を販売するといったかたちでなくても，職業生活と深くかかわる部活例はけっこうあるようです。「食の甲子園 in やまがた全国大会」「ファッション甲子園」（青森県弘前市）といった職能的スキルを競う大会の報告をみると，部活として出場する例が散見されます。書類審査応募数3000 ほどの「ファッション甲子園」本選出場者の進路データをみると，アパレル・デザイン系への進学，就職がかなりの割合を占めていますから，部活が職業生活につながっていることを確認できそうです。

　職能的スキルを争う大会で気づくのは，その多くが企業の協賛を得るとともに，全国各地の自治体事業として行われていることです。企業の協賛や支援は，大会が若い世代にマーケットを広げる機会と考えられていることを示しています。また，自治体にとっては，特徴ある大会の開催が，若者を惹きつける地域おこし・町おこしの有力な手段となっていることをうかがわせます。反響を呼んだ福井県鯖江市のＪＫ課は，市自らが学校を飛びこえて部活を組織したともいえそうです。

　地産地消といった地域経済の再建・創造の観点からみて，高校生たちが地域の経済循環の一角に加わることは，たしかに，意味あるとりくみでしょう。学校の生徒側からみても，地域社会の中で働き暮らす具体的なイメージや道筋を発見する機会になるはずです。コミュニティに参加しコミュニティを組織するという観点でみると，シティズンシップ教育の一環ともとらえることができます。

　「仕事の体験型」部活の１つとして「バイト部」なんていう部活があると面白そうです。ワークルールも実地に身につけられる部活動があってもいいと思います。学校教育の枠内にありながら「緩さ」を持つ部活の特性を活かし，実社会とつながれる回路を太くすることは，学校教育にとっても，決してマイナスではないでしょう。

（中西新太郎）

コラム⑩
部活の費用はどれくらい？

　部活にはどのくらいの費用がかかるのでしょうか？

　ネット上でよく見かける質問ですが，部活全体をまとめたくわしいデータはないようです。文科省「子供の学習費調査」では，部活費用は「教科外活動費」項目に含まれています。2016 年度「教科外活動費」は，公立中学 3 万 1319 円，私立中学 5 万 7008 円，公立高校 4 万 4276 円，私立高校 4 万 4764 円となっています。すべてが部活費用ではないですが，おおよそ月額 2～3000 円といったところでしょう。

　もちろん，公立，私立のちがいだけでなく学校によるちがいがあります。競技型部活の強豪校であれば，遠征費等々がどう賄われているかで負担が変わるでしょう。部活のジャンルによっても大きな差があります。練習用のホール借り上げ・合宿費用，リードやマウスピース費用などがかかる吹奏楽部と，学校の機材でまかなえる範囲の部活とでは，ちがいがあるのは当然です。全員に部活を義務づける場合には，これらの費用も，中学校では，「義務教育無償」の範囲内に位置づけておかしくないはずですが，はたしてそうなっているでしょうか？

　部活費用が学校外サークル（ダンススクール等々）の費用と同程度ならば，どちらに行きたいか，行くべきかの選択問題が生じます。

　また，部活の選択が，家計への負担を考慮に入れてなされることも十分に考えられます。月額およそ 4～5000 円ともなると，ワーキングプア層の家計ではまかないきれません。生活保護の高校等就学費には，家庭内学習費とクラブ活動費として年額 8 万 3000 円以内が支給されてはいますが，きびしいことに変わりはありません。部活の内容によっては，コンサートや観劇に行く環境がある，外国語を習わせる使わせる機会があるといった，家庭の「文化資本」がものをいう場合もありますから，家庭にどれだけの経済的余裕があるかによって部活選択の幅が変わります。

高校生になると，アルバイトで部活費用の不足分をまかなうことができるかもしれません。しかし，アルバイトに時間を取られると部活に時間をさく余裕がなくなります。生活費や家計のためアルバイトに追われる高校生（決して皆無ではありません）に部活は難しいことになります。

　では，実際に，高校生はどのくらいアルバイトをしているのでしょうか。「青少年の体験活動に関する実態調査」（国立青少年振興機構）などの報告によると，アルバイトの経験率はおおよそ3割弱で，女子が高く男子が低いようです。学年差もあります。都市部が高く農村部が低いのは当然でしょう。アルバイト経験率は，近年，低下傾向ですが，その理由は定かではありません。

　アルバイト収入は平均して1ヵ月3〜4万円くらいです（公益財団法人消費者教育支援センター・公益財団法人生命保険文化センター（2016）「高校生の消費生活と生活設計に関するアンケート調査報告書」など。ただし，バラツキがあります）。仮に時給1000円で週2日，1日4時間程度働くと月3万円前後になる計算です。週3日3時間でもほぼ同様で，週2，3日の部活なら計算上はかけ持ちできそうです。

　とはいえ，この生活はけっこう綱渡りでしょう。ハードな部活ではアルバイトは難しく，毎月5万円程度稼ぎたいと思うと，ゆるい部活か幽霊部員でないと無理ではないでしょうか。小遣いが月5000円程度，支出はなんだかんだ3〜4万円はかかる高校生活の「普通」からみて，アルバイトでその「普通」を維持しようと思えば，部活は，そうした「経済生活」の範囲内で選ぶことになるでしょう。

（中西新太郎）

第**6**章
部活動の指導とワークライフバランス

青柳健隆
関東学院大学准教授

　他章では主に部員にとっての部活動について述べられているが，この章では特に，部活動の顧問教員に焦点を当て，顧問にとっての部活動を考えていく。教員の働き方改革において，部活動の指導や運営は多くの顧問教員にとって負担であることが示されている。では実際には顧問はどの程度の負担を担っているのだろうか。また，近年注目されているキーワードであるワークライフバランスは保たれているのだろうか。生徒の視点ではなく，顧問の視点に立ったとき，部活動はどのように見えるのだろうか。部員や保護者も顧問の立場や負担を知ることで，部活動への関わり方を考えるきっかけになるはずである。

1──部活動の顧問という役割の制度的位置づけ

　はじめに確認しておきたいのは，顧問という役割が教員の仕事なのか（職務内容に含まれるのか）という点である。ちまたでは「顧問は教員の仕事だ」という意見や，反対に「顧問はボランティアである」という意見が両方とも聞かれる。さて，現在の制度的にはどちらが正しいのだろうか。
　中央教育審議会の答申[1]では，部活動に係る勤務体系等の在り方について以下のように記述されている。

　現在，部活動は，教育課程外に実施される学校において計画する教育活動

の一つとされている。部活動指導は，主任等の命課と同様に年度はじめに校長から出された「部活動の監督・顧問」という職務命令によって命じられた付加的な職務であり，週休日等に4時間以上従事した場合には部活動指導業務に係る教員特殊業務手当（部活動手当）が支給されている。

このように，部活動の顧問は管理職である校長から職務命令として命じられた「仕事」であると理解できる。一方で，同答申内には次のような記載もある。

部活動は，正規の勤務時間を超えて実施されている実態があるが，本来は，教員の他の職務と同様に，正規の勤務時間内で実施すべきものである。このため，外部指導者の活用を促進するとともに，部活動による時間外勤務が可能な限り生じることがないように，校長が適切に管理・監督するよう指導を行うことが必要である。

つまり，部活動の顧問は教員の職務であるが，勤務時間外（たとえば，出勤時間前の朝練習や，7時間45分の勤務を終えたあとの17時頃以降の部活動指導，さらには土日祝日の練習や試合等）の指導について校長は命じることはできず（それどころか，時間外勤務が生じないように管理・監督する立場にある），顧問教員が自主的に行っている活動（≒ボランティア）と考えられるのである。そのため，現在の部活動は「勤務時間内については教員の仕事であるが，勤務時間外についてはボランティアである」とまとめることができる。とはいえ，実際には勤務時間内だけの活動とすることは難しく，勤務時間外も顧問として関わっている場合がほとんどであろう。さらにいえば，「ボランティア」という言葉は「自発的に」という意味合いがあるが，顧問による自発的ではない参加によって存在している部活動もあるようである。
　しかし近年では，部活動の顧問は必ずしも教員が担わなくてもよい業務と位置づけられることになった。中央教育審議会の「新しい時代の教育に向けた持続可能な学校指導・運営体制の構築のための学校における働き方改革に

関する総合的な方策について（中間まとめ）」[2] では部活動について「学校の業務だが，必ずしも教師が担う必要のない業務」と位置づけられ，2017 年 4 月から，「部活動指導員」の単独顧問や単独での指導・引率も認められることとなった（詳細はコラム⑪「部活動指導員制度とは」を参照）。

2──顧問の負担

（1）　顧問の業務内容

　では具体的に顧問が担っている業務にはどのような内容が含まれているのであろうか。イメージしやすいのは体育館やグラウンドで指導をしている姿だろう。しかし，公立中高教員へのインタビュー[3] からは直接的な指導以外の様々な業務（やるべきことという意味ではなく，実際にやっていること）の存在が見えてきた（**表 6-1**）。

　まず，練習への参加や練習試合・合宿・大会等への引率業務である（1〜4）。この部分については部員からはもちろん，保護者や地域の人，他校の関係者など学校外の人からも目に見えるものであり，顧問のわかりやすい業務内容といえるだろう。続いて，日々の練習や合宿，大会等の計画・準備など，部活動に関わるイベントを運営する役割がある（5〜8）。イベントを事故なく適切に実施するためにも重要な業務である。部活動環境の整備や部費の管理，選手登録，広報（部報）作成などは部活動の内部を組織化するために行われる業務であり，チームとして存在するためには不可欠なものである（9〜13）。そして，生活指導や学習指導など技術指導以外の指導も行っている（14〜18）。それ以外にも会議等への参加や関係者との連絡調整の業務（19〜25）などがある。このように，一口に部活動の顧問といってもその業務内容は多様であり，目には見えづらい多くの役割を担っていることがわかる。

（2）　顧問の時間的負担

　さらに，これらの業務に年間でどの程度の時間を費やしているのかを明らかにするため，約 350 名の公立中高教員を対象にアンケート調査を実施した[3]。

表 6-1　運動部活動顧問教員の業務内容

練習参加や引率	1. 練習への参加（練習前後の準備・後片付け，部員の下校の確認・見届け）
	2. 他校との練習試合や練習会への引率
	3. 合宿の引率
	4. 大会への引率，大会中の運営・審判・役員
練習計画や 関連イベント運営	5. 年間・月間・週間および各日の練習計画，スケジュールの立案，他の部活との練習調整
	6. 他校との練習試合や練習会の企画・連絡調整・対応
	7. 合宿の企画・調整
	8. 大会開催までの企画・準備・連絡調整
部活動の組織化	9. 部活動環境（施設・用具）の整備・保持・管理
	10. 部費の集金，会計管理，物品購入，会計報告
	11. 部員名簿の作成や選手登録作業，大会申込み
	12. 部の広報等の作成
	13. 部活動としての地域貢献活動の企画・実施
技術指導以外の指導	14. 部員への生徒指導・生活指導
	15. 部員の勉強の課題・宿題の指導
	16. 部員の相談に乗る時間，カウンセリング
	17. 部活動日誌等の確認，コメント
	18. 安全管理，部員のケガ・病気への対応
連絡調整	19. 学内外の顧問会議
	20. 学校や生徒会への活動報告
	21. 専門部の諸活動
	22. 保護者会の準備・開催，普段の保護者対応
	23. 部員の担任との連絡調整
	24. 地域スポーツ団体との連絡調整
	25. 外部指導者（監督・コーチ）との連絡調整・対応
自己研鑽	26. 顧問自身の競技・指導力向上のための講習会参加，自主的な勉強

出典：青柳ら（2017）をもとに筆者作成。

その結果が**表6-2**である（平均時間順に表記してある）。

　実際に練習に参加している時間が最も長く，年間平均で755.8時間であった。練習前後の準備・後片付けの時間，部員の下校の確認・見届けまで含め

表 6-2 運動部顧問の時間的負担（時間／年）

実際に部活動の練習に参加している時間 （練習前後の準備・後片付け，部員の下校の確認・見届けなども含む）	755.8
他校との練習試合や練習会への引率（宿泊を伴う場合，就寝時間は除く）	143.9
大会への引率，大会中の運営・審判・役員（宿泊を伴う場合，就寝時間は除く）	93.6
部員への生徒指導・生活指導	48.1
年間・月間・週間および各日の練習計画，スケジュールの立案，他の部活との練習調整	45.2
合宿の引率（宿泊を伴う場合，就寝時間は除く）	36.9
顧問自身の競技・指導力向上のための講習会参加，自主的な勉強	36.7
部活動日誌等の確認，コメント	31.4
他校との練習試合や練習会の企画・連絡調整・対応	23.3
部員の勉強の課題・宿題の指導	22.2
大会開催までの企画・準備・連絡調整	22.0
部員の相談に乗る時間，カウンセリング	21.1
部活動環境（施設・用具）の整備・保持・管理	18.4
安全管理，部員のケガ・病気への対応	16.2
専門部の諸活動	15.7
部費の集金，会計管理，物品購入，会計報告	11.0
学内外の顧問会議	11.0
部員名簿の作成や選手登録作業，大会申込み	10.0
保護者会の準備・開催，普段の保護者対応	7.7
部活動としての地域貢献活動の企画・実施	7.0
部員の担任との連絡調整	6.8
学校や生徒会への活動報告	5.9
合宿の企画・調整	5.8
部の広報等の作成	5.3
地域スポーツ団体との連絡調整	4.0
外部指導者（監督・コーチ）との連絡調整・対応	2.7
合計時間	1396.5

出典：青柳ら（2017）をもとに筆者作成。

ているため，かなりの時間となっている。引率に関連する業務は練習試合143.9 時間，合宿 36.9 時間，大会 93.6 時間であり，合計すると 274.4 時間となる。そして，平均時間の合計の 1396.5 時間から練習参加と引率を引いた

366.3 時間ほどが部活動の間接的なマネジメント業務の時間であるといえる。

(3)　顧問の経済的負担

　顧問は多くの時間を部活動の指導・運営に費やしていることがわかったが，その業務に対する経済的なリターンはどのようになっているのだろうか。公立学校の教員の場合，教職調整額という名目で給与月額の 4% が一般の公務員よりも多く支給されている。そのかわりに，残業代は支払われない。そのため，平日についてはいくら部活動を熱心に指導しようが，指導時間に対する比例的な報酬はない。このことも部活動顧問がボランティアであると語られる一因であろう。

　一方で，休日の部活動指導に対しては手当が支給されている。一般的には休日に 4 時間程度部活動を指導した場合 3600 円が支払われる。2 時間程度で 1800 円，3 時間程度で 2700 円などとされている自治体もある（部活動ガイドラインでは休日の指導を 3 時間程度としており，4 時間程度での支給となると齟齬が生じるため）。また，引率で宿泊をともなう 8 時間以上の指導等をした場合には 5100 円が支給されている（具体的な支給要件や支給額は，地方公共団体の条例等において規定されている）。

　加えて，部活動の指導・運営にあたっては顧問が自己負担で賄っているものもある。時間的負担の調査と同時に経済的負担についても調査したところ，年間平均で 13 万 6491 円も自己負担していることが明らかになった[3]。**表 6-3** は顧問教員が年間に自己負担した金額の平均値をまとめたものであるが，それによると金額の多い順に飲食費・交際費（3 万 2692 円），交通費（3 万 1343 円），衣類（2 万 6276 円），宿泊費（1 万 7779 円），用具（1 万 6095 円），教材費（1 万 2552 円）となっている。

　休日には手当があるものの，平日にはなく，さらに自己負担も生じているという状況からは，経済面から見た顧問の大変さが読み取れる。

(4)　顧問の専門性と負担の関連

　部活動の顧問については，中学校の 45.9%，高校の 40.9% とそれぞれ半数近くの顧問が保健体育教師ではなく，なおかつ担当している部活動の競技経

表6-3　運動部顧問の経済的負担（円／年）

飲食費・交際費	32,692
交通費	31,343
ウエア・シューズ等の衣類	26,276
宿泊費	17,779
スポーツ用具	16,095
教本・DVD 等の教材費	12,552
合計金額	136,491

出典：青柳ら（2017）をもとに筆者作成。

験がない[4]。このような顧問は自分自身の専門的指導力の不足を大きな課題であると認識している。そこで，専門性の違いによって負担がどの程度違うかを比較した[5]。すると，時間的負担と経済的負担については保健体育教師ではなく専門でもない教員よりも，保健体育教師ではないが専門の教員と保健体育教師のほうが高いことが示された（**図6-1**，**図6-2**：*や†の印は，その2群間には統計的に意味のある差があることを示している）。しかし反対に，精神的負担（**表6-1**の26項目それぞれの負担感を1〜5点で評価し，平均した得点）は真逆の結果が示された（**図6-3**）。専門性のない顧問教員は時間的負担や経済的負担は少ないにもかかわらず，大きな精神的負担を感じているのである。

（5）　部活動負担の軽減策

　顧問の時間的，経済的，精神的負担を軽減するためには，様々な方策が考えられる（**図6-4**）。ここではそれぞれの概要とメリットおよびデメリットなどを見てみたい。

①手当の増額（経済的サポートの拡大）
　前述したように，休日の部活動指導については一定の手当が支給されており，経済的なサポートが行われている。また，その手当は増額が繰り返され，サポートは手厚くなる方向である（とはいえ，時給換算するとまだ900円程度であり，関東圏の最低賃金を下回っている）。しかし，部活動の指導・運

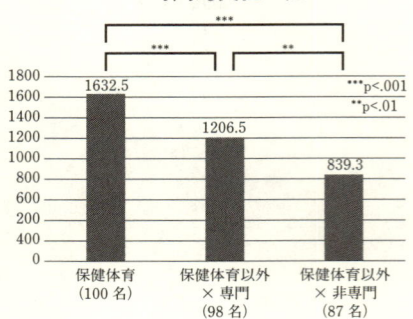

図 6-1　顧問の専門性による
　　　　時間的負担の差

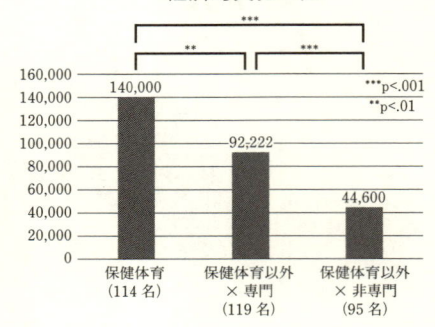

図 6-2　顧問の専門性による
　　　　経済的負担の差

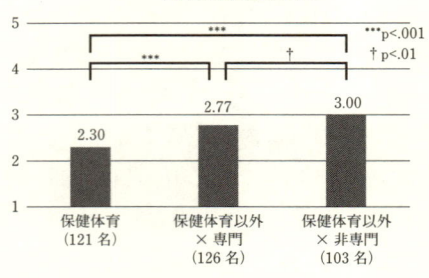

図 6-3　顧問の専門性による
　　　　精神的負担の差

出典：図 6-1〜3 すべて Aoyagi et al.（2018）をもとに筆者作成。

営を職務とするのであれば，休日にわずかしか出ていない現状の手当では到底足りず，平日の指導・運営や自己負担分の経費についても報酬増額の検討が必要だろう。

②教員の増員

　部活動に関連する業務に限ったことではないが，教員の不足が指摘されている。現状の教育サービスを維持しながら教員の負担を減らすためには人員を増やすのが確実な方法である。しかし，教員定数の増加には手当の増額や外部指導者の活用以上に大きな予算的措置が必要なため，実現は容易ではない。

図 6-4　顧問教員の部活動負担の軽減策モデル

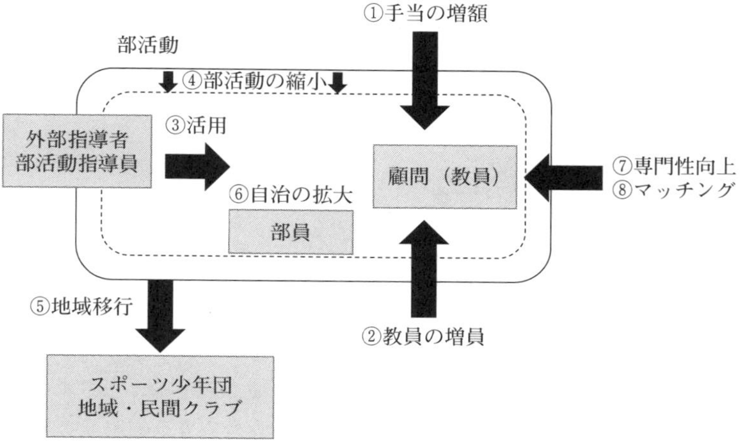

出典：筆者作成。

③外部指導者や部活動指導員の活用

　顧問の負担軽減や専門的な指導力を求めて，外部指導者の活用が広がっている。外部指導者とは「技術指導を中心に，顧問教員の補助や代行として部活動指導にあたる学校外関係者」であり，学校のある地域社会の専門的指導者や保護者，卒業生などがその役割を担っている[6]。また，部活動指導員は教員以外の部活動指導者という意味では外部指導者と類似点もあるが，省令で認められた学校職員であり，単独での部活動指導や引率，また顧問になることが認められている点で，より学校教員に近い立場であるといえる。文部科学省は部活動指導員を導入するための予算として 2019 年度には約 13 億円（1 万 2000 人分）を予算請求している（2018 年度は約 5 億円，4500 人分の予算であったため，大幅に増加した）。

　外部指導者と部活動指導員はいずれも部活動や部員との関係が良好であれば大きな戦力として期待できる。しかし，指導理念が学校の求めるものと違っていたり，人間関係の構築がうまくいかない場合には顧問の負担が削減されないどころか逆に増えてしまう場合もあるため，入念に調整したうえでの活用が必要である。また，部活動があくまでも学校教育活動の一環である

ことを考えると，教員の関わり方は重要である。部員にとっても外部指導者が関わることの良さ（たとえば，専門的指導など），教員が関わることの良さ（たとえば，学校生活との連携など）がそれぞれあるため[7]，協働的な指導体制を工夫するべきである。

④部活動の縮小（日数・時間制限）

　「負担を減らす」＝「業務を減らす」という考え方からは，部活動を担当しなくてもよいことにしたり，部活動の活動を減らすという対策も考えられる。ガイドラインによって活動時間や休養日の目安が設けられたことで，活動時間が一定程度減ることが予想される。ガイドライン以上に活動日数を減らすという提案もあるし[8]，自主的自発的な活動である部活動においてはそれも可能だろう。しかし，部活動の縮小が何をもたらすかについては慎重な検討が求められる。たとえば，第1章で触れた部活動の効果を子どもたちが享受できなくなること，中長期的に見て国民の体力・運動能力や心身の健康に影響が出る可能性があることなどである。また，教員の負担についても必ずしも減るとは限らない。コラム③「部活動は地域移行でどう変わる？」でも示したように，小学校における部活動の地域移行によって生じた変化として，子どもの言動や態度の悪化，学校生活との補完的指導機会の喪失などが挙げられ，それによって生徒指導面での問題が大きくなる（≒教員の負担が増える）可能性が示唆されている[9]。部活動が持っている教育効果の軽視は他の場面での負担増につながる場合もあるため，部活動以外も含めた教員の業務のどの部分を削減するのかについて，より広い視点からの検討が必要である。

⑤地域移行（社会体育化・地域との連携）

　「運動部活動の在り方に関する総合的なガイドライン」[10]でも，スポーツ環境の持続可能性を高めるため，地域との連携を求めている。総合型地域スポーツクラブや民間のクラブ指導者等が部活動の指導・運営に関わってくる，学校の体育・スポーツ施設を利活用する，または生徒が地域・民間クラブにメンバーとして加入するなど様々な連携方法があるだろう。ただし現状では，

多くの教員によって支えられてきた部活動という大規模な活動の受け皿が十分であるとは言い難い。また，実施場所が学校から離れることになると，経済的に可能な子どもや，一部の意欲の高い子どもだけがスポーツをするようになるなど，スポーツ格差の拡大が懸念される。義務教育や公教育の立場から，子どものスポーツ実施環境をどのように守っていくべきだろうか。

⑥部員の自治の拡大

　表6-1で示した業務のなかには，生徒に行わせることで学びの機会となると考えられるものも含まれる。たとえば，練習の計画や合宿の企画，広報の作成や地域貢献活動の企画などを，生徒の自主的な取り組みとして行わせることが可能だろう。神谷[11]は部活動における部員による「自治」を提案しており，自治がモチベーションの向上にも寄与することを指摘する。モチベーションについて説明した自己決定理論でも，やらされている活動よりも自分自身で決定した活動のほうが内発的なモチベーションが高くなることが示されており，練習の計画などは部員が自分たちで決めるのに適した内容であると考えられる。

⑦顧問教員の専門性向上

　「2（4）顧問の専門性と負担の関連」で示したように，専門性の高い顧問は負担感が少ないことがわかっている。また，部活動の指導・運営に対する自信がある方が負担感が少ないことも報告されている[12]。このように，専門性（部活動や競技に対する知識や技能）や自信が負担感と関連しているため，専門性を向上させるような講習会の実施やマニュアルの作成なども負担軽減策として有効であろう（ただし，講習会に参加する負担との兼ね合いについては留意する必要がある）。

⑧顧問教員のマッチング

　専門性の向上と論理は似ているが，教員の異動や顧問の分担の際に専門性を考慮し，適材適所を心掛けることが一方策である。

全体を通して，どれかひとつの対策を行うのではなく，すべての視点から部活動における負担の軽減策を考えていく必要があるだろう。その際，短期的な負担の軽減という視点だけでなく，中長期的な意味での負担の軽減や，教育効果，子どもの心身への影響なども考慮し，どの部分であれば縮小・削減可能か，どの部分は残すべきかを考える必要がある。そして，その視点は部活動の中だけではなく，部活動以外の教員の業務全体を含めてどの業務を削減すべきか，それとも支援（経済的，物理的，人的……）を拡大すべきか考えていかなければいけない（教員ではなく，事務を行う職員を増員することなども選択肢となろう）。

(6)　顧問の負担問題の階層性

　それぞれの解決策や問題点には階層性があり，解決策が別の問題を引き起こす可能性がある。「顧問の負担」を事例に，部活動問題の階層性について考えてみる（**図6-5**）。顧問の負担軽減のために先に挙げた8方策は，大きく分けて支援拡大（①②③），部活動縮小（④⑤），運営上の工夫（⑥⑦⑧）の3つに分けられる。短期的にみるといずれも負担の軽減に有効と思われるが，それらの実施がどのような波及効果をもたらすのかを考えなくてはならない。①手当の増額や②教員の増員は教育財政を圧迫することで，本来であればできていたはずの教育投資が減少し，教育の質の低下につながりかねない。③外部指導者は，活用することで連絡調整の負担が生じ，また学校の教育方針を十分に理解していない場合や外部指導者の生徒指導力が不足している場合には生徒指導上の問題が生じるなど，負担の増加につながってしまう場合がある。④部活動日数や時間の制限は部員への教育機会減少や，第1章で示した部活動の恩恵を受けられないことなどのマイナスがあり，生徒指導上の問題増加による負担の増加も考えられる。さらに体力などの諸能力の低下は長期的にみると医療費の増大に拍車をかけ，財政の圧迫へとつながる可能性がある。⑤地域移行は民間スポーツの発展の契機となり，スポーツ産業の活性化や指導者の社会的地位（賃金）向上などのプラスの面も思い浮かぶが，教員から離れることで生徒指導上の問題が増加したり，スポーツ格差の拡大（スポーツ参加機会の減少）によるスポーツ人口の減少がスポーツ産業の縮

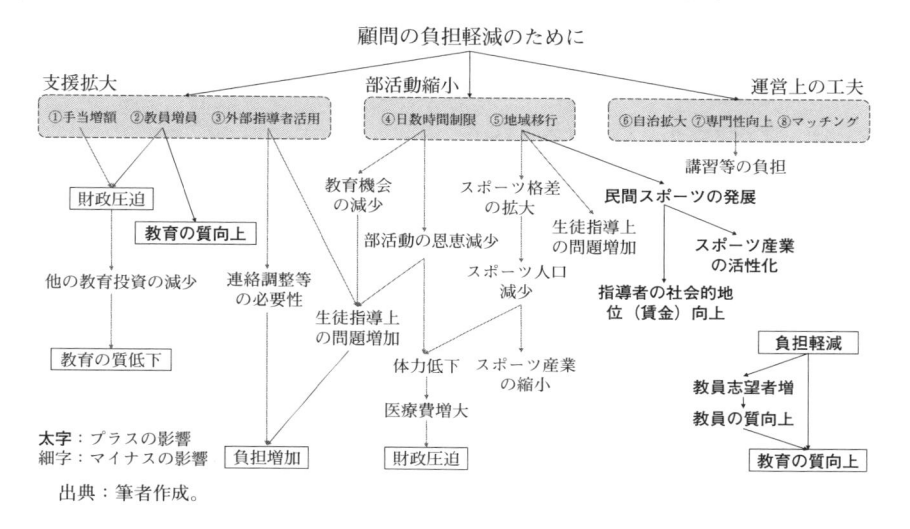

図 6-5　顧問の負担軽減策とそれにより生じうる影響

出典：筆者作成。

小や平均体力の低下を招くかもしれない。なお，**図 6-5** の右下に示したが，教員の負担軽減そのものは直接的に，または教員志望者増や教員の質向上を介して教育の質向上にもつながりうる。

　まとめると，教員の負担，教育の質，財政の 3 つのバランスをどのように考え，資源をどこに投下するかという問題に集約される。それと，運営上の工夫によって，限られた教育資源のなかでいかに効果を最大化する方策を考えるかが重要になる。

　ほかにも，部活動への参加は教育的か（部活動での学びと勉強時間のバランス），部活動への参加の身体への影響（身体の部位や機能ごとに適切な活動量が異なる可能性）など，部活動に関わる検討課題として挙げられるものはいくつもある。そして，その問題の解決策の多くが良い面，悪い面を持っており，全体としての価値を最大化するにはどうしたらよいか考えなければならない。だからこそ問題の解決は容易ではないし，精緻な検討や研究・分析が求められるのである。

3——顧問のワークライフバランス

(1)　ワークライフバランスとは？

　ワークライフバランスとは，仕事（ワーク）と生活（ライフ）の調和のことである。仕事と生活の調和（ワーク・ライフ・バランス）憲章[13]においては，ワークライフバランスが実現した社会とは，「国民一人ひとりがやりがいや充実感を感じながら働き，仕事上の責任を果たすとともに，家庭や地域生活などにおいても，子育て期，中高年期といった人生の各段階に応じて多様な生き方が選択・実現できる社会」であるとされている。そこでは具体的に，以下のような社会を目指している。

①就労による経済的自立が可能な社会
　経済的自立を必要とする者，とりわけ若者がいきいきと働くことができ，かつ，経済的に自立可能な働き方ができ，結婚や子育てに関する希望の実現などに向けて，暮らしの経済的基盤が確保できる。
②健康で豊かな生活のための時間が確保できる社会
　働く人々の健康が保持され，家族・友人などとの充実した時間，自己啓発や地域活動への参加のための時間などを持てる豊かな生活ができる。
③多様な働き方・生き方が選択できる社会
　性や年齢などにかかわらず，だれもが自らの意欲と能力を持って様々な働き方や生き方に挑戦できる機会が提供されており，子育てや親の介護が必要な時期など個人の置かれた状況に応じて多様で柔軟な働き方が選択でき，しかも公正な処遇が確保されている。

(2)　顧問のワークライフバランスの現状

　顧問教員に当てはめて考えると，就労による経済的な自立は実現されているであろうが，健康で豊かな生活のための時間が確保できているとは言い難く，多様な働き方や生き方が選択できている（顧問を担当するかどうかな

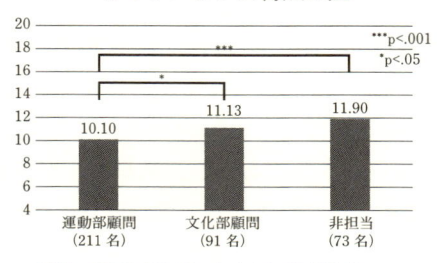

図 6-6　部活動の担当状況によるワーク
ライフバランス得点の差

出典：青柳（2019）をもとに筆者作成。

ど）ともいえないだろう。ちなみに，調査や地域によって異なるが，教員の3～8割程度が過労死ラインである週60時間以上の勤務を行っていると報告されており，他業種と比較しても長時間労働をしている者の割合が高い[14, 15]。過労死ラインについて補足すると，法定労働時間を週40時間とし，脳・心臓疾患等の発症前1ヵ月間の残業時間が100時間を超える場合や，発症前2～6ヵ月の間の残業時間が平均80時間を超える場合は，過労死の可能性が高いと判断される[16]。

　運動部顧問，文化部顧問，部活動非担当教員のワークライフバランスを比較してみたところ，**図 6-6** のとおり，文化部顧問と部活動非担当教員に比べて，運動部顧問のワークライフバランス得点が低いことが示された（低いほどバランスが取れていない）。また，運動部活動顧問のワークライフバランス得点に関連している要因を分析した結果，ワークライフバランスの良さには，年齢が高いこと，競技の専門性があること，介護する必要のある者がいないことが関連していることが明らかになった[17]。

　競技の専門性があることがワークライフバランスの良さに関連していることや，専門性がある方が部活動の指導・運営に関わる負担感が少ないこと，一方では専門性のある顧問のほうが指導・運営に多くの時間を費やしていることから考えると，ワークライフバランスは単に時間の配分（量）の問題ではなく，好きか嫌いか，やりたいことかやりたくないことか，得意なことか不得意なことかといった「質」が影響していると思われる。ここにワークライフバランスを理解するためのヒントが見て取れる。

もうひとつ，ワークライフバランスの実現には職場の「風土」が重要であるといわれている[18]。たとえ時短勤務や育児支援の「制度」を充実させたとしても，制度利用者が白い目で見られたり，業務評価が下がったりする風土があると，制度を積極的に利用することができない。教員の職場においても，「顧問を担当するのが当たり前」，「顧問を担当しないと良く思われない」などの風土が存在しているようである[19]。教員同士が同僚のワークライフバランスを尊重すること，また管理職が教職員のワークライフバランスを尊重することが職場の風土を改善し，働きやすい環境を作ることにつながるだろう。

(3)　教員の働き方改革の行方

　2019 年 1 月に「新しい時代の教育に向けた持続可能な学校指導・運営体制の構築のための学校における働き方改革に関する総合的な方策について（答申）」[20] が出された。ここでは部活動に関連する部分について取り上げる。

　大きな改革部分は勤務時間の上限規制である。こちらも 2019 年 1 月に文部科学省より出された「公立学校の教師の勤務時間の上限に関するガイドライン」[21] によると，1ヵ月の在校等時間の総時間から条例等で定められた勤務時間の総時間を引いた時間が 45 時間を超えないようにすること，1 年間の在校等時間の総時間から条例等で定められた勤務時間の総時間を引いた時間が 360 時間を超えないようにすることとなっている。360 時間を 12ヵ月で均すと 30 時間であるため，基本的には 7 時間 45 分の勤務時間を超えた残業時間にあたる部分が月に 30 時間（1ヵ月を 4 週とすると週 7.5 時間，1 日 1.5 時間）を超えないようにという基準である。この「在校等時間」には引率等の業務も含むため，土日の練習や練習試合や大会に引率した時間も勤務時間として含まれる。

　また，学校および教師が担う業務の明確化・適正化について，中間まとめでも部活動は「学校の業務だが，必ずしも教師が担う必要のない業務」と記されていたが，答申ではより詳細に今後の方向性が示された。答申では，（学校の教育方針を共有した上で）学校職員として実技指導等を行う部活動指導員や外部人材を積極的に参画させること，部活動ガイドラインで示され

た活動時間等の基準を順守すること，採用や人事配置等において教師の部活動の指導力を過度に評価しないよう留意することで教師の意識改革を行うこと，入試における部活動に対する評価の在り方を見直すことで一部の保護者による部活動への過度な期待等の認識を変えること，学校に設置する部活動数を適正化すること，合同部活動や地域スポーツ団体との連携を積極的に進めること，またそれらのチームが大会に参加できるように関係規定を見直すこと，勝利至上主義を助長するような大会等の在り方を見直すことなどを通して部活動の過熱を抑制し，より現状に合った運営をすることを促している。そして将来的には部活動を学校単位から地域単位の取組にし，学校以外が担うことも積極的に進めるべきであるとしている。また，文部科学省に対しても部活動ガイドラインを遵守する学校に部活動指導員の配置を充実させることや，大会の日程や規程の見直しを推進することなどを求めている。評価や制度という仕組みにも言及されており，働き方改革においては行政・関係団体や校長等管理職の役割が重要になるだろう。

4——「部活動の指導」というライフ

　ワークライフバランスの視点から考えると，教員にとっての「ワーク」として分類される部活動の指導であるが，一部の者にとっては必ずしもそうとはいえない。筆者が以前行った調査でも「部活動の顧問ができることは自分が教員になる際に魅力だった」と感じている教員がおり，そういった教員にしてみれば部活動の指導は「ライフ」であるととらえることもできる。
　一方，教員を除く 20 代〜60 代の男女 2 万人程度に対して行った調査で，部活動の指導に意欲のある者がどのくらいいるかを調べたところ，5.9% の回答者が指導への意欲を持っていた[22]。指導意欲のある地域住民にとっても部活動の指導はプライベートで行いたいこととしての「ライフ」であるとも考えられる。これまでであれば，基本的に部活動の顧問には教員しかなることができず，逆にいえば部活動の顧問になりたければ教員になるしかなかった（授業や教育への意欲がどの程度あるかに関わらず）。しかし，部活動指導員という立場が設けられ，学校の教員でなくても部活動の顧問になること

ができるようになった。これは部活動を指導したい者にとっては朗報だろう。たとえばスポーツリーダーバンク（都道府県や市区町村が設置している指導者を登録しておく仕組み）に登録したり，Web 上のマッチングサービス（日本スポーツ協会では，協会に登録している指導者を紹介するサービスを提供している。また，民間企業でも部活動指導員の登録・派遣を行うサービスなどが存在する [23]）を利用するなどして，指導者を探している部活動とつながることができる。

まとめ

　本章では，顧問教員がどのような状況で部活動の指導や運営にあたっているのかをデータと共に確認した。顧問はワークとしての明確な認識（制度的・経済的な裏づけ）がないまま，多くの労力を部活動の指導・運営に注いでいる。どうすれば顧問の負担を軽減できるのか，顧問のワークライフバランスを向上させることができるのかについては，一面的・短期的な視点だけではなく，多面的・中長期的な視点を持って検討したい。

【本章のポイント】

- 部活動は学校の業務であり，校長より顧問を命じられた場合には付加的な職務となる。ただし，その範囲は業務時間内に限られ，業務時間外についてはボランティア状態である。
- 顧問教員は直接的な指導だけではなく，様々な運営業務も担っている。また，その時間的な負担は非常に大きい。加えて，経済的な負担も発生している。
- 顧問の競技専門性が低いと負担感は高い。
- 顧問の負担軽減策には支援拡大，部活動縮小，運営上の工夫があるが，それぞれ長所と短所があるため，全体的かつ中長期的な検討が必要である。特に教員の負担，教育の質，財政は互いに影響する関係にあるため，効果を最大化するような視点が求められる。
- 運動部顧問のワークライフバランスは文化部顧問や非担当教員と比較して

悪く，介護状況，専門性，年齢が関係していた。

- ●2019 年現在進められている教員の働き方改革では，部活動の指導・運営時間も含めて労働時間の上限規制が設けられた。
- ●近年の部活動改革は，余暇時間に部活動の指導を行いたい地域の指導者などにとっては，ライフを充実させる道が開けたともいえる。

注

1) 中央教育審議会（2007）「今後の教員給与の在り方について（答申）」〈http://www.mext.go.jp/b_menu/shingi/chukyo/chukyo0/toushin/07041100.pdf〉2019 年 3 月 5 日閲覧。

2) 中央教育審議会（2017）「新しい時代の教育に向けた持続可能な学校指導・運営体制の構築のための学校における働き方改革に関する総合的な方策について（中間まとめ）」〈http://www.mext.go.jp/b_menu/shingi/chukyo/chukyo0/toushin/__icsFiles/afieldfile/2018/01/26/1400723_01.pdf〉2019 年 3 月 5 日閲覧。

3) 青柳健隆，石井香織，柴田愛，荒井弘和，岡浩一朗（2017）「運動部活動顧問の時間的・精神的・経済的負担の定量化」『スポーツ産業学研究』27（3），299-309 頁。DOI: 10.5997/sposun.27.3_299

4) 日本体育協会（2014）「学校運動部活動指導者の実態に関する調査報告書」〈https://www.japan-sports.or.jp/Portals/0/data/katsudousuishin/doc/houkokusho.pdf〉2019 年 3 月 5 日閲覧。

5) Aoyagi, K., Ishii, K., Shibata, A., Arai, H., & Oka, K. (2018) Differences in teachers' burdens during school-based extracurricular sports activities according to teacher expertise. Journal of Physical Education and Sport, 18（4），pp.2375-2381.

6) 笹川スポーツ財団（2017）『スポーツ白書 2017　スポーツによるソーシャルイノベーション』笹川スポーツ財団。

7) Aoyagi, K., Ishii, K., Shibata, A., Arai, H., Fukamachi, H., & Oka, K. (2016) Cooperative coaching: Benefits to students in extracurricular school sports. Journal of Physical Education and Sport, 16（3），pp.806-815.

8) 内田良（2017）『ブラック部活動——子どもと先生の苦しみに向き合う』東洋館出版社。

9) 青柳健隆，荒井弘和，岡浩一朗（2018）「小学校運動部活動の地域移行に伴う教育環境の変化」日本体育学会第 69 回大会（口頭発表スライド）。

10) スポーツ庁（2018）「運動部活動の在り方に関する総合的なガイドライン」〈http://www.mext.go.jp/sports/b_menu/shingi/013_index/toushin/__icsFiles/afieldfile/2018/03/19/1402624_1.pdf〉2019 年 3 月 5 日閲覧。

11) 神谷拓（2015）『運動部活動の教育学入門——歴史とのダイアローグ』大修館書店。

12）青柳健隆，荒井弘和，岡浩一朗（2018）「運動部活動顧問の指導・運営力と負担感の関連」『関東学院大学経済経営研究所年報』40，7-12 頁。

13）仕事と生活の調和推進官民トップ会議（2010）「仕事と生活の調和（ワーク・ライフ・バランス）憲章」〈http://wwwa.cao.go.jp/wlb/government/pdf/charter.pdf〉2019 年 3 月 5 日閲覧。

14）朝日新聞記事「教員半数過労死ライン」（2018 年 10 月 19 日：東京本社），「月 80時間超の時間外勤務　中学校の教員は 2 学期も 3 割超」（2019 年 2 月 15 日：群馬全県），「過労死ライン超　中学教員の 3 割」（2019 年 2 月 17 日：ちば首都圏），「公立中教諭の 5 割　過労死ライン超す」（2019 年 2 月 21 日：東京都心）。

15）連合総合生活開発研究所（2016）「とりもどせ！教職員の「生活時間」——日本における教職員の働き方・労働時間の実態に関する研究委員会報告書」〈https://www.rengo-soken.or.jp/work/bcf009507f36983a485217ed230437e742fb5082.pdf〉2019 年 3 月 5 日閲覧。

16）荘司芳樹（2015）『図解　わかる労働基準法』新星出版社。

17）青柳健隆（2019）「運動部活動顧問教員のワークライフバランスに関連する要因」『関東学院大学経済経営研究所年報』41，10-16 頁。

18）佐藤博樹・武石恵美子（2010）『職場のワーク・ライフ・バランス』日本経済新聞出版社。

19）内田良（2017）

20）中央教育審議会（2019）「新しい時代の教育に向けた持続可能な学校指導・運営体制の構築のための学校における働き方改革に関する総合的な方策について（答申）」〈http://www.mext.go.jp/component/b_menu/shingi/toushin/__icsFiles/afieldfile/2019/01/29/1412985_1_1.pdf〉2019 年 3 月 5 日閲覧。

21）文部科学省（2019）「公立学校の教師の勤務時間の上限に関するガイドライン」〈http://www.mext.go.jp/component/b_menu/shingi/toushin/__icsFiles/afieldfile/2019/01/25/1412985_2.pdf〉2019 年 3 月 5 日閲覧。

22）青柳健隆，石井香織，柴田愛，荒井弘和，岡浩一朗（2014）「運動部活動における潜在的外部指導者の社会人口統計学的特徴」『スポーツ産業学研究』24（2），185-193 頁。

23）イー・スタッフ．部活指導員の募集情報サイト〈https://www.e-staff.jp/bukatsu/?utm_source=yahoo&utm_medium=cpc&utm_campaign=F01&yclid=YSS.EAIaIQobChMIx9KzgZjq4AIVhQYqCh3MMwi0EAAYASAAEgJ7RPD_BwE〉2019 年 3 月 5 日閲覧。

コラム⑪
部活動指導員制度とは

　部活動の外部指導者（部活動を指導してくれている地域の指導者や保護者，卒業生など）は，顧問教員と連携・協力しながら主に技術的な指導を行うことになっており，原則的には単独で顧問になったり，単独で練習試合などに引率したりすることができませんでした。しかし，2017年4月に学校教育法施行規則が改正され，「部活動指導員」という新しい立場が設けられました。これによって部活動指導員は学校職員として，単独での顧問担当や引率が可能になりました。部活動指導員の職務として考えられているものは次のとおりです。

●実技指導
●安全・障害予防に関する知識・技能の指導
●学校外での活動（大会・練習試合等）の引率
●用具・施設の点検・管理
●部活動の管理運営（会計管理等）
●保護者等への連絡
●年間・月間指導計画の作成
●生徒指導に係る対応
●事故が発生した場合の現場対応

　このように，技術的な指導だけではなく，部活動の運営や生徒指導など，これまで顧問教員が担ってきた役割のほとんどが部活動指導員でも行えるようになりました。運用例としては，部活動指導員が顧問として部員を指導・引率して，担当の教員が指導計画の作成支援等を行うケース（図1）や，部活動指導員と教員がともに顧問になり，部活動の指導・運営業務を役割分担しながら部員に指導・引率を行うケース（図2）などが想定されています。

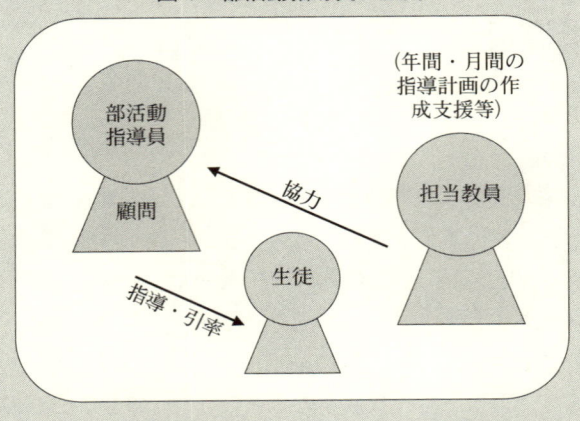

図1　部活動指導員が顧問

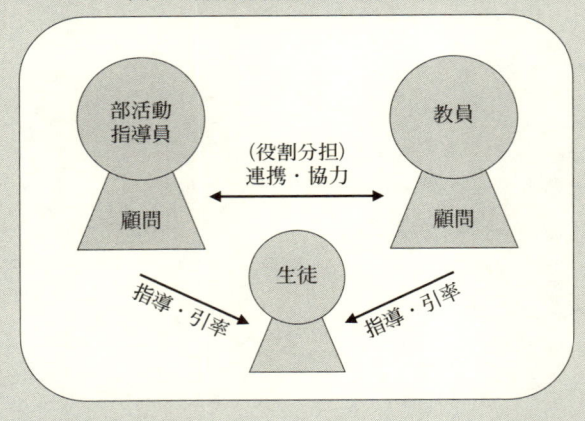

図2　部活動指導員と教員が顧問

部活動指導員が単独で顧問になる場合は，必ず担当教員をつけてその部活動をサポートすることとしています。

　指導運営にあたって，部活動は学校教育の一環であることから，部活動指導員に対しては学校の教育計画にもとづくこと，教員と十分に連携することなどが求められています。また，部活動指導員の任用にあたっては学校教育に関する十分な理解を有する者とすることや，部活動指導員に対して事前および定期的な研修（部活動が学校教育の一環であることなどの部活動の位置

づけと教育的意義，生徒の発達段階に応じた科学的な指導方法，生徒の人格を傷つける言動や体罰の禁止等について）を行うことなど，教育活動としての在り方を逸脱しないような配慮がなされています。

　これまでは教員にならなければ部活動の顧問にはなれませんでしたが，部活動指導員の制度を活用すれば教員でなくとも（お給料をもらいながら！）部活動の顧問になることができます。スポーツや文化的活動を子どもに指導したいという思いのある人が部活動の指導者になれる本制度は，子ども，先生，指導者になりたい人，それぞれにとって魅力的な制度といえそうです。

参考資料
文部科学省（2017）「部活動指導員の概要」〈http://www.mext.go.jp/sports/b_menu/shingi/013_index/shiryo/__icsFiles/afieldfile/2017/08/17/1386194_04.pdf〉。2019年3月25日閲覧。
スポーツ庁（2017）学校教育法施行規則の一部を改正する省令の施行について（通知）。

（青柳健隆）

部活動は顧問にメリットがあるのか？

　部活動は顧問に負担しか与えないのでしょうか？　「ブラック部活動」という言葉が生まれたように，現在，部活動の顧問の負担が大きな問題となっています。本コラムでは，部活動のメリットに視点を置き探っていきたいと思います。

　筆者が，部活動の顧問の先生方に対して「部活動はあなたにとってどのようなメリットがありますか」とインタビュー調査を行ったところ，部活動は顧問の先生に対して 26 個のメリットとなる要素があることがわかりました。次に中学・高校合わせて約 110 名の顧問の先生に「部活動を指導・運営するうえでのメリット」について，部活動のメリットとなる要素それぞれの項目ごとに「1 当てはまらない」〜「5 とても当てはまる」の 5 段階でアンケート調査を行いました。この調査は追加調査を行っている段階ですが，現段階では以下のような結果が得られました。

顧問が部活動のメリットを感じるもの 平均値が高かった上位 5 つ		顧問が部活動のメリットを感じるもの 平均値が低かった下位 5 つ （あまりメリットを感じないもの）	
・生徒指導に活かせる	4.58	・事務能力が向上する	2.60
・生徒理解につながる	4.56	・息抜きの場になる	2.94
・他校の教員とつながりができる	4.51	・自分の運動時間が確保できる	2.98
・生徒の成長を認識しやすい	4.49	・職場の人たちから評価してもらえる	3.20
・自分の成長につながる	4.28	・自己肯定感を得ることができる	3.29

　「生徒指導に活かせる」ことや「生徒理解につながる」ことなどの要素は平均値が比較的高く，多くの先生方が部活動の大きなメリットであると考えているようです。また，「事務能力が向上する」や「息抜きの場となる」という要素は平均値が低く，このことから，先生方が部活動を指導していても

あまりメリットを感じる要素ではないことが分かります。以上の結果から，顧問の先生方にとって，部活動を指導・運営するうえで生徒に関係することは生徒指導や生徒理解などのメリットを与えることが示唆されました。

　文部科学省では生徒指導の基本書と位置づける生徒指導提要というものを発刊し，生徒指導や生徒理解は，学習指導と並んで学校教育に大変意義があるものだとしています。これを考えると，多くの部活動の先生方は生徒指導の意義を踏まえたうえで部活動を指導していると考えられます。実際に筆者の勤めた学校では，新人戦や総合体育大会の時期には，全校生徒の前で目標などを発表させる場を設けています。また部活動で良い成績を収めた生徒は全校生徒の前で表彰し，みんなから認められる機会を作っていました。さらに，生徒が部活動での目標を達成するために各部のキャプテンを集め練習メニューや試合時の心構えなどを指導する先生，勉強が出来ない生徒のため部活動を利用し勉強会を開く先生，そして高校や大学の部活動の先生と連携し生徒の進学までの道のりをサポートする先生がいました。このような事例を考えると，学校の先生が部活動を持つことによって，生徒にも大きなメリットを与えている事が見えてきます。

　以前，筆者の勤めた学校の先生から「われわれの仕事は人間をつくることだ」と話されたことがあります。そして教育基本法には「人格の完成」が明記されています。教育基本法にも示されているように，われわれ教師は，生徒がより良い人生を送るために生徒の人格を完成させることこそが最大の使命なのです。生徒の学びの場は学校場面のみならず地域社会においても効果があると考えられます。ただ，部活動を学校から切り離した際，部活動の先生方が果たしてきた生徒に対しての教育的使命を地域クラブなどで担うことが可能でしょうか？　「部活動指導員」や「休養日」の導入は有効な手段であることに間違いありません。しかし，部活動の顧問の先生方が生徒との関わりを持つことで「生徒指導」や「生徒理解」などのメリットにつながる可能性を考えると，教師を部活動から切り離していく支援の在り方には留意が必要でしょう。

　ところで，皆さんは「ワーク・エンゲイジメント」という言葉をご存知でしょうか？「ワーク・エンゲイジメント」とは仕事のやりがいを指す言葉で

す。現在さまざまな企業で従業員の負担を軽減するとともにやりがいを高める策が検討されています。部活動においても休養日や部活動指導員導入のような負担軽減策とともに，顧問の先生方のやりがいとなっている部分が残せれば，部活動の持続可能性はより良い方向で高まるのかも知れません。

　どうか，生徒，教員，学校にとって良い部活動であってほしいと強く願います。

参考資料
額賀將・青柳健隆・清水智弘・荒井弘和 (2017)「運動部活動顧問が感じている恩恵にはどのようなものがあるのか？　──教員へのインタビューに基づく質的検討」『日本スポーツ心理学会 44 回大会研究発表抄録集』268-269 頁。
文部科学省 (2002)「生徒指導提要」〈http://www.mext.go.jp/a_menu/shotou/seitoshidou/1404008.htm〉。

（額賀　將）

第7章

メディア・イベントとしてのスポーツ

伊藤明己

関東学院大学教授

　わたしたちはどんな機会にスポーツに触れるのだろう。あるいは，どんな機会にスポーツをやってみたいと思うだろう。何らかのスポーツに対して，どこかで面白そう，楽しそうと思う機会があったからではないだろうか。では，その機会はどこにあったのだろう。スポーツをすることは，スポーツを見ることと・聞くこと・知ることと密接に関係している。スポーツをどこで見聞きしたのだろう。スポーツを見て，興味を持って，やってみようと思う，その機会の多くにはメディアが関わっている。本章では，子どもたちがスポーツに興味をもつきっかけとしての知るスポーツと見るスポーツ，とくにスポーツ大会イベントを取りあげ，部活動との関係について考えてみたい。

1——見るスポーツとしてのスポーツ大会イベント

(1)　メディアとスポーツ

　遊びではないスポーツに最初に触れる，あるいは興味をもつという意味では，実際にそのスポーツをするというよりも，スポーツを見ることのほうが多いのではないだろうか。学校のグランドや体育館で上級生がやっている試合を見たり，兄弟や親が参加している大会の応援に行ったり，テレビに映し出されたスポーツ大会を見ることはごくありふれた日常だろう。では，そうした場面で行われている試合やスポーツ大会とはなんだろうか。

スポーツがなければ，もちろんスポーツ大会はありえない。では，新聞や
テレビといったマス・メディアの存在がなければ，わたしたちはスポーツ大
会を見聞きする機会がないのだろうか。こうなるとかなり微妙である。ここ
での論点を先にいってしまえば，現代のスポーツ大会は規模が大きくなれば
なるほどメディアを前提にしている。つまり，多くの場合，スポーツ大会は
メディアが作り出したイベントである。

　出来事を伝えるという意味でのメディアにはいろいろな形式があるが，大
勢の人に向け広範囲に出来事を届けるというかたちは，新聞，ラジオ，テレ
ビといったマス・メディアがあげられる。そのなかで，莫大な数の人びとに
同時にニュースを届ける初めてのメディアとなったのは新聞であった。新聞
がたくさんの人に読まれるようになるのは，19世紀半ばあたりからである。
そのころに新聞をたくさん発行していた国は，産業革命を経て農業中心から
工業中心へと国のあり方を変化させた地域で，人が集中的に集まる都市を各
地で巨大化させていた。そうした都市の住人に向けられていた新聞は，1ヵ
月ごと，1週間ごと，3日ごとなど，発行の間隔を徐々に短くし，さらに購
読者が増えるにつれて価格を下げ，速効性があるニュースを届けるように
なっていく。

　毎日ニュースを届けるようになると，困ったことが起こる。ニュースがな
くても紙面をニュースで埋めなければいけないのである。ニュースとは，起
こることがわかっていないからこそ，驚きと関心と知る必要性が喚起される
もののはずである。もちろん新聞記者はいつもそんなニュースを探している。
しかし，毎日毎日，重大なことや新しいことが起こるとは限らない。いや，
むしろ大きな事件はたまにしか起こらない。だからこそニュースなのである。
しかし，新しいメディアであった毎日ニュースを届ける新聞は，その紙面を
埋めなくてはならなかった。

(2)　メディアイベントとしてのスポーツ大会

　毎日ニュースを届けなければならない新聞は，紙面を埋めるためにニュー
スを作ってしまうことを思いつく。出来事を作ってしまえば，ニュースを探
す必要はない。とはいえ，人為的に自然災害を発生させるわけにはいかない

し，交通事故や火事などの犯罪を起こすわけにもいかない。そこで登場するのがイベントである。成長いちじるしい新規なマス・メディアであった新聞は，自分たちでイベントを開催し，それをニュースにすることを思いついた。これをメディアが創り出すイベントという意味でメディア・イベントと呼んでおこう。とくに関東圏や京阪神など人口が急増した地域では多数の新聞が発売され，売り上げ競争が繰り広げられるようになる日露戦争前後にはたくさんのメディア・イベントが登場してくる。新聞社は，読者向けの懇親会，子どもを集めた遠足，世論喚起のための講演会，新奇な物を見せる博覧会，懸賞付き俳句募集など多様な趣向でイベントを主催しはじめた[1]。とくにイベントを量産したことで有名なのは「大阪毎日新聞社（現「毎日新聞社」）」で，鉄道乗車距離競走，10マイル競泳，寺社巡礼競走，富士山頂からの電報通信企画，マラソン大会，庭球大会，相撲大会，花火大会，学生相撲大会，活動写真上映会，少女歌劇，子ども大会，博覧会など挙げればきりがないほどのイベントを開催した。

スポーツなるものは，都市住人向けの新奇な趣向として新聞黎明期からニュースとなっていた。横浜の居留地に住む外国人向けの初期の外国語新聞では，競馬，ボート・ヨット，水泳，海水浴，陸上，射撃，スケート，野球，テニスなどが記事になっている。日本初の日刊新聞『横浜毎日新聞』にも，乗馬，競馬，相撲，水泳，剣術，ボート，自転車，体操などの記事が掲載されていた[2]。これらは目新しいスポーツや風俗，あるいは娯楽を取りあげたものといえるだろう。スポーツもニュースのひとつであった。

そうしたなかでメディアが創り出したスポーツのイベントには，継続的な事業となっていくものもあった。年中行事化したスポーツのイベントを挙げてみよう。たとえば「大阪朝日新聞社（現「朝日新聞社」）」が始めたイベントでは，全国中等学校優勝野球大会（1915年開始），全日本東西対抗陸上競技大会（1916年開始），全国実業団野球（1920年開始）が有名どころだろう。1927年に大阪毎日新聞社が主催した全国レベルのスポーツ・イベントを挙げると，4月全国選抜中等学校野球大会と全日本庭球トーナメント，5月日本オリンピック大会，7月全国中等学校庭球大会，8月全国女子中等学校庭球大会と全国中学校競泳大会，10月全国学生相撲と女子三団体競技，11月

全国中等学校蹴球大会地方予選などが見られ，共催や後援を含めるとまだま
だ増える。

　こうしてみると，メディア・イベントとして始められたのではないスポー
ツ大会などないように思えないだろうか。メディア・イベントとしてのス
ポーツ・イベントは，前もって計画され，参加が促され，大会が宣伝され，
ニュースにすることを前提に開催され，結果が出ればもちろんここぞとばか
りにニュースとして紙面に掲載される。メディア・イベントは，観客が多い
ほど，話題になればなるほど，記録が出ればそれだけ，ニュースとしての価
値は高くなり，新聞あるいはメディアが手に取られ読まれ視聴され売れる。
メディアが主催するスポーツ・イベントはそのために開催される。そうした
メディア・スポーツ・イベントのなかで，とくに有名な甲子園野球大会とオ
リンピック大会についてもう少し詳しく取りあげてみよう。

2——日常化するスポーツ・メディア・イベント

(1)　甲子園野球大会

　甲子園野球大会は，すでに紹介した大阪朝日新聞社が始めた全国中等学校
優勝野球大会（1915 年）と，大阪毎日新聞社が主催した全国選抜中等学校
野球大会（1924 年）という名称のメディア・スポーツ・イベントから始
まった。これらの大会は，当時の旧制中学校（小学校卒業後 5 年間修業）を
対象としており戦後の学制改革を経て名称を変えながら継続して開催されて
きた。

　いまでは，夏春ともに地方予選から連日テレビ放映されることもあり，当
たり前にある季節の風物詩と感じている人も多いだろう。最初はお兄さんた
ちが繰り広げていた熱戦として見ていた球児たちの姿を，しだいに同年代へ
の応援として，またいつの間にか年下となった若者たちの青春として感じて
いる人もいるのではないだろうか。

　日本のスポーツは，宣教師や外国人教師が持ち込んだものがほとんどで，
必然的に学校を通じて広まっている。野球に限らないが日本でのスポーツ人

口の増加は，明治時代に小学校を開設して以来，何度かの学校制度改革によって上級の学校が増え，中等学校，高等学校への進学率が上がることで広がっていく。当時の大学生はごく少数でエリートに成るべくして大学生となっている身分であった。つまり最初期の日本のスポーツは，働かなくてもよい選りすぐりのエリートがアマチュアの身分でする特権的なものだった。だからこそ，当時はスポーツ経験そのものに意味があったわけで，とくに野球は，日本に高等学校が5校しかなかった時代に第一高等学校と呼ばれた，当時唯一の大学であった帝国大学（現「東京大学」）に進学する超エリート学校において特に好まれていた。当時の中等学校は，この5校に進むためのエリート予備軍が通う学校であり，野球をすることはステータスでもあったわけである。

　その一高だけが一強であった野球の勢力図を塗り替えていくのが早稲田や慶應義塾といった専門学校で，現在ではよくメディアに取り上げられる野球の早慶戦は1903年に始まっている[3]。しかし，その最初の早慶戦を新聞記事として取り上げたのは，慶應義塾創始者福沢諭吉が作った『時事新報』と都市大衆向けで部数を急増させていた『万朝報』の2紙だけだった。つまり早慶戦は，たまたま出現した目新しいニュースだった。

　ところが，1915年に始まった全国中等学校優勝野球大会は，開催の1ヵ月以上前の7月1日に『大阪朝日新聞』に試合予告が出され，大会開催当日に至るまで各地予選大会が記事となり，開会式当日には式の模様と野球のルール紹介までなされた。第1回大会第1試合の広島中学対鳥取中学の試合では，朝日新聞社の村山社主による始球式の写真が大きく紙面に掲載されている[4]。大会の模様はまさに連日記事となった。早慶戦の記事との違いは明白だろう。この大会は，もちろん目新しいものであったのだが，偶然あらわれたニュースではなく，新聞紙面に好奇心を喚起するように掲載されることを前もって予定され計画され宣伝され実施されたメディア・イベントであった。この全国中等学校優勝野球大会がのちの夏の甲子園大会である。

　このイベントのアイデアは，鉄道会社が沿線に所有していたグラウンドの活用策と第三高等学校（のちの京都大学）の野球部員による中等学校向けの野球大会企画が大阪朝日新聞社に持ち込まれたことに端を発する。鉄道会社

は，ターミナル駅に百貨店を終点駅には娯楽施設を置き，その途中の沿線開発でも数々のアイデアを打ち出し乗客を増やしたことで有名なのちの阪急電鉄であった[5]。当時はまだ甲子園球場はなく，沿線にある豊中グラウンドの活用策として始められた。

　豊中グラウンドではすでに陸上などの大会が催されていたが，そもそも野球の全国大会がなかった時代なので，これはよいアイデアだったのだろう。最初は苦労して全国から出場校をかき集め 72 校から始められた大会は，戦前の第 20 回大会では 675 校が参加する規模になっている。大会の規模と観戦者の増加のため，開始から 2 年後に阪神鉄道沿線の大きな球場へ移動，米騒動で中止を挟んだが，第 10 回大会 1924（大正 13）年に阪神鉄道が沿線開発のために新しく建設した甲子園運動場に会場を移したことで甲子園が大会の代名詞となる。会場は阪急沿線から阪神沿線になったわけだが，主催は変わらず大阪朝日新聞社だったことからも，新聞社が主導し成功したイベントであったことがわかるだろう。

　他方，春の甲子園は大阪朝日新聞社に 10 年遅れて始めた大阪毎日新聞社主催のメディア・イベントである。先に触れたとおり大阪毎日新聞社は，数多くのメディア・イベントを開催しており，とくにスポーツ・イベントに関しては先駆者だった。1901（明治 34）年から長距離競走を主催し，1909（明治 42）年には日本で初めてマラソンを冠した大会を開催，1912（明治 45）年には日本初のクロスカントリー大会を，1913（大正 2）年の日本オリンピックと 1918（大正 7）年の日本フットボール優勝大会は豊中グラウンドで開催，1919（大正 8）年には全国学生相撲選手権大会も行っている[6]。野球についても，1920（大正 9）年にはすでにプロのチーム大阪毎日野球団（大毎野球団）を創設しており，各地での試合を積極的に記事にしていた。

　大阪毎日新聞社のスポーツ・イベントはほとんど関西圏で行われてきたが，自社の新聞を中部圏へ進出させる際に，大毎野球団発足のきっかけとなった地の名古屋で人気のあった野球大会を企画する。それが，1924（大正 13）年 4 月に開催された大阪毎日新聞社名古屋支局主催の全国選抜中等学校野球大会であった。だから，選抜の第 1 回大会の開催地は名古屋の山本球場であった。先に触れたとおり大阪朝日新聞社主催の夏の大会はちょうどこの年

から甲子園に場所を移していた。

　翌 1925（大正 14）年の大阪毎日主催第 2 回選抜大会の開催地は甲子園となるが，これはライバル大阪朝日社の夏の大会に合わせたわけではなく，大阪毎日社主催のもっと大きなメディア・イベント「創刊一万五千号記念事業」のためだった。記念事業のメインは大大阪記念博覧会で，3 月中旬から 4 月末まで天王寺公園と大阪城内で開催，その他の事業として大大阪市文化史講演会，大毎野球団渡米，米国三大庭球選手招待，四大叢書刊行，鉄道と大阪の大地図発行などを同時に行った。第 2 回全国選抜中等野球大会の会場を甲子園に移したのは，ちょうど同時期開催のこの記念事業を盛り上げる一環だった。

　1925（大正 14）年 3 月 15 日の博覧会初日の『大阪毎日新聞』の一面は，この記念祝賀デーの挨拶と紹介であり，まさにこの一大メディア・イベントによって紙面が埋め尽くされた。『大阪毎日』は，この事業に合わせて 4 月 1 日より朝刊夕刊とも紙面を増やしているが，その増量分は 3 月 31 日から開催の第 2 回選抜大会の模様を紹介する大きな写真と記事そして広告の増加でほぼすべてが占められている。しかも 3 月 30 日には大毎野球団渡米，31 日には選抜野球初日であったが，その直前まで大阪毎日主催の全日本庭球トーナメントがあり，選抜野球が終わるとその後に庭球選手招待試合があり，それが終わると今度は渡米した大毎野球団の試合と，まさにメディア・スポーツ・イベントがめまぐるしく開催されている。この年以後，毎日新聞社主催の春の選抜は，第 1 回の名古屋開催がなかったかのように甲子園で開催され続けることになる。

　つまり春夏の甲子園野球が始まったのは 1925 年（大正 14）年からで，戦争での中止と中断をはさみながら[7]，戦後は全国中等学校野球連盟（のちの全国高等学校野球連盟）との共催という形式となったが，夏は朝日新聞社主催・春は毎日新聞社主催と戦前からのメディア・イベントとして，いまも続いている大会なのである。しかも，この 2 つの大会は，人気を博し大きな大会となることで結果的に日本の野球を方向づけてもいる。大会当初に，まだ流動的だった野球ルールを規定し，試合前の礼儀やあいさつを導入し，試合形式をトーナメントでの勝ち上がり方式にし，応援の制限や，校歌斉唱，国

旗掲揚，そしてエリート意識をひきずる武士道的な野球観など，大阪朝日が示していった野球は大阪毎日にも引き継がれ，これこそが日本の高校野球であるという姿として今日まで影響を持続させている[8]。

　こうしたメディア・イベントしての甲子園野球の成り立ちをひもといてみてわかることは，部活動の典型的な目標とみられがちな甲子園という野球の全国大会は，あくまでもメディアが創設したイベントのシステムだということである。したがって，その姿を当たり前と思う必要はないし，教育界が同じ形を受け入れ続ける必要もない。それは，あくまでも変えられるシステムなのである。しかも日本では，プロ野球が読売新聞社を筆頭とした一番大きなメディア・イベント興行となっており，甲子園での高校生の活躍はそのままプロ野球への顔見せ興行の役回りを担っている。こうしてみると，高校野球は，教育と身体の向上と職業選択そして学校法人の生き残り戦略がないまぜになってメディア・イベントのシステムに乗っかって持続している複雑な問題となっていることが理解できる。甲子園野球からイメージされる部活動観は，いまいちど教育というシンプルな観点から見直していくことが必要な時期に来ているのではないだろうか。

(2)　オリンピック

　初期のオリンピックは当時の新聞にあまり大きく取り上げられていない。日本で最初にオリンピックの話題性に気づいたのは，『大阪毎日新聞』記者がロンドン博覧会取材のついでに見たロンドン五輪のマラソン競技の光景に触れた際だった。その後，大阪毎日新聞社は，日本がまだオリンピックに参加していない時期に，自社主催の「マラソン大競争」というメディア・スポーツ・イベントを開催するが，継続実施をしていない。それどころか，日本が時期オリンピックに参加を表明し，予選大会が開かれ，代表選手2名が派遣され，ストックホルム大会に参加していく一連の出来事は，自社主催イベントに比べてあまりにも小さな扱いしか受けていない。

　たしかに，他社よりもストックホルム大会の記事を比較的多く取り上げた『大阪毎日』には，オリンピックについての連載記事はあった。しかしそれは，その後に自社で主催した「日本オリムピック」のためだった。この扱い

の違いは，そもそもオリンピックがメディア・スポーツ・イベントではないことに理由がある。

オリンピックは，新聞社というメディア企業が，自社の紙面を埋めるために企画し宣伝し作り上げたイベントではなく，クーベルタンというお金持ちの篤志家が教育家として作り上げた，スポーツを通じた若者の交流と平和のイベントだった[9]。しかし，こうした理念も，このイベントをメディアが発見することで変わっていく。その経過を，浜田幸絵による『日本におけるメディア・オリンピックの誕生』および『東京オリンピックの誕生』という研究から追っていこう[10]。

日本のオリンピック選手の派遣は，1912年第5回ストックホルム大会2名，1916年第6回アントワープ大会18名，1924年第7回パリ大会28名，1928年第8回アムステルダム大会56名と着実に増やしてきたが，日本の新聞社の記者派遣は大手でも1名から2名にとどまっていた。しかし，アムステルダム大会で，水泳200m平泳ぎの鶴田義行と陸上三段跳びの織田幹雄が優勝を果たし，それが期せずして注目を集め，新聞各社はその大会以後に国内での国際スポーツ大会を積極的に主催していくことになる。

そうして迎えた1932年第9回ロサンゼルス大会は初の欧州外の大会ということで，実は半分程度の規模であったのだが，日本の新聞社の送る視線はこれまでとは異なっていた。取材陣は総勢60名と大幅に増加し，電信を用いた速報体制の強化もされ号外を頻繁に出した。もちろん，それらに添えられる写真やその後に活用されるニュース映画も重要視され，各社が米メディア各社と契約して報道体制を整えた。

新聞社は記事を書くだけでなく，オリンピック自体を盛り上げようとした。たとえば，選手を派遣する費用が足りないと聞けば寄付金の窓口となり，精神的支援をするとして応援歌を募集し，地方の新聞社ごとに出身選手の壮行会を主催するなど，様々なかたちで読者にオリンピックに参加する機会を与えた。これらの催し物によって，読者はオリンピックに気づき，新聞社は紙面を埋めるきっかけを創設し，メディア・イベントではなかったオリンピックが大規模報道の対象となりメディア・イベントになっていく。

ここでいうメディア・イベントは，これまで言及してきたメディア・イベ

ントとは若干意味が異なっていることに気づいただろうか。これまで取り上げてきたメディア・イベントは，何もなかったところにメディア企業がイベントを創り上げ，宣伝し盛り上げて実行し，実際にその出来事でメディアの内容を埋めてきた，いわばイベントを創造してきたものであった。しかしオリンピックはメディア企業が創り出したものではない。オリンピックはすでにそこにあった。すでにある出来事をメディア企業が取り上げて記事にするのは，それにニュース的価値があるとみなす場合である。オリンピックも当初はそんな出来事の一つであり，最初は小さな記事として取り上げられただけだった。ところが，ひとたびその出来事のニュース的価値――社会にとって重大事件であるというよりもメディアの利用者がそれを目当てに集まる価値――つまり売れる価値が高いと見なされると，集中的な大規模報道がなされる。その場合にも，突発的な事件などがたまたま起こってしまった出来事の場合と，あらかじめ起こることが予定されている出来事の場合とがあるが，メディア企業にとっては当然，後者の方がニュースとして大規模報道をする体制を整えやすい。後者には，たとえばロイヤル・ウェディングや季節のお祭り，また何周年記念催事や祝典などがあるが，オリンピックはまさにそんなメディア・イベントのひとつであったといえる[11]。こうしてみると，メディア・イベントには，メディア企業が主体的に創り上げたイベント，予定されているイベントにメディア企業が積極的に関与した結果としての大規模報道，また突発的な出来事が結果的に大規模報道をされたことによるニュースのメディア・イベント化といった異なる形態が存在することがわかる[12]。そのなかで，これまで取り上げてきたのは第1の形態で，オリンピックは第2の形態であった。しかしオリンピックのメディア・イベント化の様子と規模の変化と影響はそれだけにとどまらなかった。

　当初は単なる出来事のニュースであったオリンピックは，そのニュース的価値が高く見積もられるにつれ，大規模報道の対象となっていく。そのひとつの境目は1932年第9回ロサンゼルス大会にあった。ロサンゼルス大会は，日本でラジオ放送が使われた最初のオリンピックでもある。放送自体は各国で1925年前後に開始されている。ということは，その前のオリンピックでもラジオが活用されたと思いたいが，実はそうではない。ラジオは，新聞と

いう大きなメディア企業があるところに新たに参入してきたライバルだったので，その速報性を警戒されていた。またラジオは，お金を払ったライブ体験とも競合するとみなされていた。

　1932年ロサンゼルス大会はラジオ放送発祥の地であるアメリカ開催なので，もちろんラジオ中継の企画はあった。計画では日米での中継実況放送をするはずだったのだが，直前になりアメリカ国内で放送が不可となってしまい，かろうじて日本だけが擬似的実況放送を許されたという。擬似的というのは，生の実況ではなく，競技を観戦したアナウンサーがその記憶と記録を携えてスタジオで実況風に話したものを録音し放送するというもので，実感放送と呼ばれた。当時の日本でのラジオの普及率はまだ1割程度だったが，街頭ラジオなどがあったため，実感放送は広く話題になったという。

　1936年のドイツでの第10回ベルリン大会は，ナチのプロパガンダ五輪として悪名高いが，ラジオの普及が進んだ各国で中継放送が行われた初めての大会となった。またベルリン大会では，世界初の街頭テレビや壮大な記録映画も作成され，まさにイベント開催国が主体となりメディア・イベント化を促し，それを受けいれた各国が，特に三国同盟締結国であった日本ではとても友好的に，大規模報道をしていった。

　少し脱線するが，メディア・スポーツ・イベントにとって重要なラジオのスポーツ中継についてもう少し触れておこう[13]。日本でラジオ放送が始まったのは1925年だった。日本放送協会，いまでいうNHKのラジオ放送である。新聞は紙面を埋めなくてはならないが，ラジオも同じで，その時間を埋めなくてはならない。当時は，すでに見たように各種のメディア・イベントが行われていたが，ラジオがまっさきに目をつけたのはスポーツで，初のスポーツ中継に選ばれたのは夏の甲子園野球だった。

　1927（昭和2）年，すでに阪神甲子園球場が開催地となっていた第13回全国中等学校優勝野球大会で放送は開始され，最初は大阪だけの中継放送だった。ロサンゼルス五輪の際と同様の懸念があったにもかかわらず，実際にやってみると中継放送はすぐに人気を博す。生中継で検閲官同席のもと8日間にわたって放送されて，主催である大阪朝日新聞社が隔週で出していたグラフ誌『アサヒスポーツ』にも取り上げられ，甲子園の入場者も連日満員

になっていたという。

　このとき，甲子園野球は，新聞，雑誌，ラジオというメディアミックス型のメディア・イベントになったわけである。第13回大会の決勝戦は東京でも原稿をもとに当日の午後に放送された。その際，まだスポーツを伝えることに慣れていない放送局は，『時事新報』運動部記者に話しをさせる。この記者はのちにアナウンサーに転じ，ベルリン五輪では「前畑ガンバレ！」と叫びスポーツ中継が人を巻き込む熱狂を記憶に焼き付けた。その後も，昭和天皇即位の礼に間に合わせて1927（昭和3）年11月にラジオ全国放送網の完成があり，甲子園野球はもちろんのこと，東京六大学野球や大相撲を全国に放送し，さらには陸上，水泳，テニス，ラグビー，ボート，スキーと数多くのメディアを通じたスポーツ中継もなされ，スポーツをするものというよりも聞く娯楽として意識させていくことになる。

　さてベルリン五輪の前日に決まった次の開催地は日本，いわゆる1940年の幻の東京オリンピックである。ベルリン大会のメディア・イベント化に習おうとした東京五輪は，日本でも国を挙げた対外宣伝の機会と捉えられた。1932年には満州国が建設されており，世界各国が集まるオリンピックはその対外的なアピールと国内の団結力を高める絶好の機会とされた。またメディア企業にとっては集客力のあるスポーツを娯楽として提供して儲ける千載一遇のチャンスでもあった。日本放送協会は，この機会にようやく実用化の可能性が見えてきたテレビを日本独自の技術で導入しようともしていた。

　しかし1940年の東京五輪は，日本が日中戦争に突入することで開催を返上，戦火は第二次世界大戦にまで発展し，結局この年とその次のオリンピックは開催されていない。この不完全燃焼の東京五輪が実現するのは1964年のことであるが，このときにはもちろんテレビ中継が実現している。それどころか衛星中継ができるようにもなっており，初のカラーでの生中継もされた。放送の技術も向上しており，マラソンは初めての全コース生中継を果たしている。

　日本のテレビ普及率は，平成天皇が皇太子であったときの結婚パレードのあった1959年には23.1%，1960年でも33.1%であったが，東京五輪の1964年には83.0%になっていた。最も視聴者を引きつけたのは東洋の魔女と呼ば

れた日本女子バレーの活躍で，ソ連に勝利した決勝戦の視聴率は85.0%にもなったという。この1964年の東京五輪は，国外でもテレビ放送が70ヵ国104機関で，ラジオ放送が40ヵ国55機関で行われた。こうしてみると，このころのオリンピックは，テレビが関与することで，始まったころとは比較にもならないほどメディア・イベント化が進んだことがわかる。

　日本でテレビ放送が開始されたのは1953（昭和28）年のことで，NHKと日本テレビ放送網が同年に開局した。もちろん甲子園野球はその年の夏から放送され，すぐに人気を博す。朝日新聞社系列のテレビ局はまだなかったので，ラジオと同様にNHKで放送されたことが，全国的な甲子園野球人気につながった理由でもあっただろう。

　メディア・スポーツ・イベントは放送されることでさらに多くの観客を獲得できるが，その権利は主催社にある。日本のラジオ局やテレビ局はその成り立ちから新聞社と系列・協力関係をつくっており，いわゆるキー局でいえば『朝日新聞』はテレビ朝日，『毎日新聞』はTBS，『読売新聞』は日本テレビ，『産経新聞』はフジテレビ，『日本経済新聞』はテレビ東京などとなって，互いに競合している。たとえば現在では高校野球を『朝日』の系列以外で放送するには放映権料は異なる。多チャンネル化とネット化が進んだ現在では，有料のスポーツ専門チャンネルなどもあり，放映権はかなり大きなビジネスとなっている。オリンピックがメディア・イベント化したことで生じた一番の問題と影響も，こうした放送権料の高騰に起因する商業主義的姿勢であると指摘される。

　放送権料とは，端的には放送するために支払うお金だが，資本主義国ではメディア企業が予定されているイベントを集中的に報道するために他社よりも優先的に放送する権利を獲得するために支払うお金となる。放映権料そのものは，1964年の東京オリンピック前の大会から発生していたが，まだ総収入に占める割合は小さく，また企業からの寄付や広告塔選手への商品提供も目立つものではなかった。オリンピックが収入を意識しはじめたのは1970年代で，1972年ミュンヘン大会から公式エンブレムやマスコットといったライセンスの商業的活用が始まり，1974年にはオリンピック憲章にアマチュア規定がなくなり，1976年モントリオール大会で公式のサプライヤー

表 7-1　夏季オリンピックの放映権料 [14)]

開催年	開催地	放映権料 US ドル（万）
1960	ローマ	120
1964	東京	160
1968	メキシコ	980
1972	ミュンヘン	1,780
1976	モントリオール	3,490
1980	モスクワ	8,800
1984	ロサンゼルス	2 億 8,690
1988	ソウル	4 億 260
1992	バルセロナ	6 億 3,610
1996	アトランタ	8 億 9,830
2000	シドニー	13 億 3,160
2004	アテネ	14 億 9,400
2008	北京	17 億 3,900
2012	ロンドン	25 億 6,900
2016	リオ	28 億 6,800

出典：International Olympic Committee "Olympic marketing fact file 2019 edition"P.27 をもとに筆者作成。

　やスポンサー，また公式のライセンシーが採用されるようになる。

　だが，このモントリオール大会が巨大赤字だったこと，また 1980 年のモスクワ大会への西側諸国のボイコット騒ぎがあり，年々大規模化していく五輪は財政問題のために存続の危機とまで報道されたのだが，1984 年のロサンゼルス大会がこの流れをさらに反転させた。というのもロサンゼルス大会は，市民から大規模な開催反対運動が起こったことで，できるかぎり税金を投入しない完全民営化方針で運営されることになり，シビアな経費の削減と収入の確保が優先されたからである。その結果，ロサンゼルス大会は，なんと 500 億円の黒字となった。その際に収入面で大きく貢献したのがテレビ放映権料だった。その後の放映権料の高騰については，**表 7-1** から 1 ドル 100 円程度で計算したとしても，考えられないほどの巨額なものになっている。

　2020 年の東京オリンピックの放映権料もわかっていないわけではない。高額な放映権料を支払うのは放送の競争原理が働いている西欧諸国や日本な

どに偏っており，そうした国の放映権はすでに予約済みだからである。とくに高い放映権料を支払っているアメリカでは，NBC という民間局が 2014 年の冬期ソチ大会からなんと 2032 年の夏季大会までの 10 大会分を 120 億5000 ドルで契約済みと報道されている。日本では，支払いの高騰を防ぐために NHK と民間キー局の共同体で交渉する場合が多く，2018 年から 2024年までの 4 大会で 1100 億円と発表された。1 ドル 100 円程度としても，NBC が 1 大会分で支払うのは 1200 億円程度となり，日本の 4 倍以上の金額となる。しかも，日本の民間放送局の収支はロンドン大会，リオ大会とも赤字だったという [15]。

　こうした放映権料の高騰がオリンピックにもたらすのは，その価値と質の変容だろう [16]。オリンピックは，スポーツを通じた若者の交流と平和のイベントだった。しかしメディア企業が高額な金額で放映権を買うようになると，そのイベント自体にも口を出すようになる。スポーツを映像として見せる素材として考えるとわかりやすいが，まず視聴時間帯の問題がある。できるだけライブで見せるためには夜中や早朝に放送するのではなく，できれば夜のゴールデンタイムに見せたい。それが時差の問題で難しい場合でも，予選を過密にしたり同時並行でやったり決勝だけを欧米だけに都合の良い時間帯に変更したりするのは当たり前になっている。また飽きさせず楽しくかつ時間を圧縮して見てもらうために，野球や柔道，またバレーボールや陸上などいくつかの競技はルール変更がなされた。陸上短距離走で合図より先にでるとフライングとしてファールになるが，だれであっても 2 回目にフライングをすると失格になるという変更があった際には，有力選手もその憂き目にあっている。バレーボールは，サーブ権がなくても加点するようになりスピーディーになったが，競技の性質を変えてしまったともいわれる。これらの変更が改悪なのか改善なのかについては議論があるかもしれない。しかし，それが競技そのものや選手のためというわけではなく，オリンピックを商業主義的にメディア・スポーツ・イベントとして盛り上げるために行われたものであるところに問題があるだろう。

まとめ

　典型的なメディア・スポーツ・イベントについて 2 つの事例を紹介してきた。最初の問いに戻ろう。わたしたちはどんな機会にスポーツに触れるのだろう。あるいは，どんな機会にスポーツをやってみたいと思うだろう。何らかのスポーツに対して，どこかで面白そう，楽しそうと思う機会があったからではないだろうか。では，その機会はどこにあったのだろう。そのスポーツをどこで見聞きしたのだろう。スポーツを見て，興味をもち，やってみようと思う，その機会の多くにはメディアが関わっている。あなたが部活動を選んだ際にも，そうした機会が影響していなかっただろうか。あるいは，親類でも友達でも，あなたが影響を受けた身近な人物は，そんな機会に影響を受けていなかっただろうか。あなたが選んだスポーツに触れる機会には，どんなメディア・スポーツ・イベントがあっただろうか。また，そのスポーツが生まれたきっかけは何だっただろうか。いろいろと考えてみたり調べてみたりして欲しい。ここでは最後に，スポーツがメディア・スポーツ・イベントとなることで，必然的に起こりがちなことを 2 点だけ指摘しておきたい。

　メディア・イベントとしてのスポーツは，結局は見世物である。外来語ではスペクタクルという。スポーツに限らず，なんだかすごいことをやっているから見たくなるわけで，それが壮大で壮麗で大きなイベントであればあるほど観客は興味がわく。スポーツでいえば，とりわけ勝ち続けるチームや，その選手たちの超絶技巧を見せることで興味をもってもらい，その記事で紙面や画面を埋めていくことがメディア・スポーツ・イベントの目的である。

　わかりやすいのは，プロのスポーツ選手がすごいことを見せるバラエティ番組だろう。超人技を見せるために日常ではありえないことをさせて，実際に出来てしまうところを視聴させる。もしできなくてもギリギリの線ですごいことはわかりやすく伝わる。すごいことをやって勝ち進むのはヒーローなわけで，ウルトラマンや仮面ライダーやプリキュアにはいくらなんでもなれないけれど，スポーツをすることは少なくともだれにでも出来る。怪獣をやっつけることはできないけれど，ホームランを打ったりゴールを決められ

るかもしれない。そんなことができればだれでもヒーローになれる。部活動はそんなヒーロー願望・ヒロイン願望を満たしてくれる初めての機会でもあるだろう。

　でもそんなことにあこがれを持つ必要はない。メディア企業がとにかく注目してもらうための素材として創り出すメディア・イベントに，あなたがあおられる必要はない。スポーツは楽しめればいいわけで，部活動も机の前の勉強とは違う時間で，仲間と一緒に過ごし学び楽しむものだと思えばいい。あなたは，いまいるだけでヒーローでヒロインなんだから。

　注目を集めることを目的とするメディア・スポーツ・イベントだが，いつも都合よく盛り上がるわけではない。イベントはその時かぎりのものだが，その前から盛り上げたいし，終わったあとも注目を継続して欲しい。だからメディア企業は，継続的に注目を集めるにはどうしたらいいか，どうしたらより盛り上がるかをいつも考えている。そうしたときにやりがちなのが，民族性や国民性を強調することと，ヒューマン・ドキュメンタリーを導入することである。日本頑張れ，ニッポン・チャチャチャ，といった応援はとてもわかりやすいものだろう。これは，応援する味方側を日本という共同体と一体化させ，対戦国を敵視することにつながる。日本が勝てば自分の誇りのように，負ければ屈辱に感じてしまうかもしれない。極端な場合には民族性を否定したり，戦争用語が使われる場合がある [17]。しかしスポーツは純粋に技術の勝負だから，すごい選手たちが集まって行うスペクタクルとして楽しめば良い。相手国に興味を持つのはよいが，あなたが敵対心をあおられることはないし，日本人としてではなく選手個人を褒めればいい。この点は，自分がそんなふうになっていないか考えてみるとよいだろう。

　また，なんとなく見ている人には純粋な勝負はあまり面白くもないが，人生ドラマはだれにでも興味深く感じられる。だからスポーツには，ヒューマン・ドキュメンタリーが導入されがちになる。甲子園野球は，高校球児たちが真剣に取り組んできた涙の物語であり，オリンピックはまさに人生を賭けて挑戦してきた1人の人間のドラマのクライマックスである。このヒューマン・ドキュメンタリーは，小説のようにいつもハッピーエンドとは限らない。だから，どちらに転んでも注目が継続されるように，前もって選手のプロ

フィールや努力の軌跡やときには内面をえぐるような物語が届けられる。それによって，わたしたちは選手に共感し，ときには一体化し，成功すれば一緒に喜び失敗すれば一緒に泣くことができるようになる。それがメディア・スポーツ・イベントの戦略である。これにもあなたはあおられる必要はない。ドラマの登場人物になっている選手のように，歯を食いしばって頑張る必要はないし，やみくもにだれかの指導に従う必要もない。スポーツや部活動はほかに大切なことがあるならば辞めたっていい。もちろん部活動に熱中してもいいし，あなたなりに努力を積み重ねてもいい。大切なのは，仲間と過ごす貴重な機会を有意義に過ごせるよう，自分たちで考えて行動し，振り返ったときに過ごした時間の意味を感じられるようにすることだろう。

【本章のポイント】

- 現代のスポーツ大会は規模が大きくなればなるほどメディアを前提にしている。
- メディアが主体的に創り上げたイベントをメディア・イベントという。
- メディアが主体的に創り上げたスポーツ・イベントをメディア・スポーツ・イベントという。
- 日本では，新聞社がメディア企業として数多くのメディア・スポーツ・イベントを主催し，季節の風物詩と感じられるほど日常に浸透しているものもある。
- 夏の甲子園野球大会は『朝日新聞』が創造したメディア・スポーツ・イベントである。
- 春の選抜高校野球は『毎日新聞』が創造したメディア・スポーツ・イベントである。
- オリンピックは，予定されているイベントにメディア企業が積極的に関与した結果として大規模報道をするという意味でのメディア・スポーツ・イベントである。
- メディア・イベントには前二つとは別に，突発的な出来事が結果的に大規模報道をされたことによるニュースのメディア・イベント化の形態もある。
- メディア・スポーツ・イベントは，ラジオという新しいメディアが加わり

ライブで中継されることで，聞く娯楽として全国的に拡げられ共有できるものとなった。

● メディア・スポーツ・イベントは，テレビという新しいメディアが加わり映像でライブ中継されることで，見る娯楽として全国的に拡げられ共有できるものとなった。

● メディア企業が主導するメディア・スポーツ・イベントには商業主義的傾向があり，スポーツを変質させることがある。

● メディア企業が主導するメディア・スポーツ・イベントは，スペクタクルを盛り上げるために民族性や国民性に訴えかける傾向にある。

● メディア企業が主導するメディア・スポーツ・イベントは，注目度を継続させるためにヒューマン・ドキュメンタリーに訴えかける傾向にある。

● 部活動を選んだり取り組んだりする場合には，メディア・スポーツ・イベントのことを知り，そのうえで考えて行動するとよい。

注

1) 津金澤聰廣編（1996）『近代日本のメディア・イベント』同文舘では，新聞社の多数のイベントが取り上げられ検討されている。より詳しい紹介と検討は同書を参照されたい。

2) 寶學淳郎（2002）「スポーツとメディア――その歴史・社会的理解」橋本純一編『現代メディアスポーツ論』世界思想社，5頁。

3) 早稲田も慶應も当時は大学ではなく私立専門学校で正式に大学となるのは1920年だが，慶應は1890年ごろから大学部を設け，早稲田は1902年から大学と称していた。この早慶戦は応援の加熱によるいざこざから数年で中止されている。

4) ちなみに，この大会最初の試合に登場した鳥取中学は，たまたまだが筆者の母校。村山社長の始球式の左手には鳥取中学の投手も写っている。

5) 詳しくは，津金澤聰廣（1991）『宝塚戦略――小林一三の生活文化論』講談社現代新書。

6) 毎日新聞の主催イベント等については，『毎日新聞社史』（毎索），社史編纂委員会（1952）『毎日新聞七十年史』毎日新聞社などを参照のこと。

7) 第26回大会1940（昭和15）年は，紀元2600年奉祝事業のひとつとして，朝日新聞主催の全日本中等学校体育競技総力大会が開催され，野球，陸上，水泳，体操，バレーボール，バスケット，軟式と硬式のテニスの8種目の選手約2,200人が甲子園の開会式に集まっている。翌年27回大会は，戦時体制ということで文部省と大日本学徒体育振興会共催の全国中等学校体育大会が行われることになっていたが，結

局は地方大会途中で中止となった。大会中止を通達した当時の文部省体育局長の小笠原道生は，第一回大会で鳥取中学と2回戦で戦った和歌山中学のレフトの選手だった人物で，東京帝大医学部卒業後に文部省に入省していた。小笠原は，昭和18年に出版された『全國中等學校優勝野球大會史』朝日新聞社で，朝日新聞社長，大会審判長に続く3番目の巻頭言をつづっている。

8）メディア・イベントとしての甲子園については，ここでは新聞紙面で確認しているが，有山輝雄（1997）『甲子園野球と日本人——メディアのつくったイベント』吉川弘文館が主題にしている。ここで取り上げきれなかった日本的といわれる武士道的野球観などについては，さらに同書を参照されたい。

9）オリンピックについては，日本オリンピック委員会のHPにオリンピズムについてのわかりやすい紹介があるので参照するとよい。オリンピズム〈日本オリンピック委員会，https://www.joc.or.jp/olympism/〉。オリンピックのために奮闘したクーベルタンと大会開催のいきさつについては，ジョン・J・マカルーン，柴田元幸・菅原克也訳（1988）『オリンピックと近代』平凡社。

10）浜田幸絵（2016）『日本におけるメディア・オリンピックの誕生——ロサンゼルス・ベルリン・東京』ミネルヴァ書房，同（2018）『〈東京オリンピック〉の誕生——一九四〇から二〇二〇年へ』吉川弘文館。

11）こうした型の特にテレビを前提としたメディア・イベントについては，ダニエル・ダヤーン，エリユ・カッツ，浅見克彦訳（1996）『メディア・イベント——歴史をつくるメディア・セレモニー』青弓社に詳しい。

12）マス・メディアの発達によるメディア・イベントの多様性を知るには，ダニエル・ブーアスティン，星野郁美・後藤和彦訳（1964）『幻影の時代——マスコミが製造する事実』東京創元社が出発点となる。

13）この点は，橋本一夫（1992）『日本スポーツ放送史』大修館書店，19-38頁を加味している。本書はアナウンサーから見たラジオ/テレビとスポーツとの放送関係史である。

14）International Olympic Committee, "Olympic marketing fact file 2019 edition", p.27〈https://www.olympic.org/documents/ioc-marketing-and-broadcasting〉2019年4月1日閲覧。

15）「民放の五輪放送は赤字　放映権料高騰で」『産経ニュース』2016年9月15日〈https://www.sankei.com/entertainments/news/160915/ent1609150006-n1.html〉。この記事は民放連の発表をもとにしているが，オリンピック組織にまつわるお金の動きは秘密ではなく基本的に公開されている。日本オリンピック委員会のHP（注9）や国際オリンピック委員会の経営報告書（注14）を参照のこと。またオリンピックの財政問題とマーケティングについてはIOCのマーケティング責任者だったマイケル・ペイン，保科京子・本間恵子訳，（2008）『オリンピックはなぜ世界最大のイベントに成長したのか』サンクチュアリ出版に詳しい。

16) オリンピックの商業主義がもたらす問題点については，コンパクトには小川勝（2012）『オリンピックと商業主義』集英社新書を参照のこと。

17) こうした点を指摘しているものとして，森田浩之（2007）『スポーツ・ニュースは怖い──刷り込まれる〈日本人〉』NHK 生活人新書。

コラム⑬
eスポーツと部活動の親和性

　「eスポーツ（esports）」とは，「エレクトロニック・スポーツ（electronic sports）」の略であり，パーソナル・コンピューター（PC）ゲーム，家庭用ゲーム，モバイルゲームを用いて行う競技（スポーツ）です（総務省，2018）。eスポーツは世界的にかなり普及してきており，欧米では1990年代後半から賞金のかかった大規模な大会が開かれ，競技人口は世界で1億人を超えるとされています。

　わが国においても，2019年の茨城国体において，サッカーゲームの「ウイニングイレブン2019」など計3つのゲームが採用されるなど，既存のスポーツの大会へのeスポーツの進出が進んでいます。eスポーツそのものの大会としても，2018年12月から2019年3月にかけて第1回全国高校eスポーツ選手権が開催され，2つの競技に150を超えるチームが参加しました。

　eスポーツと部活動の親和性について，教育面，設備面，指導面の3つの観点から考えていきたいと思います。

　まずは教育面についてです。部活動，特に運動部活動の教育的意義としては，体力の向上，他者と協同して活動することの経験，実践的な思考力や判断力の習得，公正さと規律の学びなどが挙げられると思います。基本的にeスポーツは「競技」であって，「運動」とはいえないでしょう。そのため，運動部活動のような体力の向上は，eスポーツに望めるものではありません（大きく身体を動かす必要のあるゲームは別ですが）。しかし，eスポーツも試合で勝つためには，地道な練習に取り組まねばなりません。また戦略が非常に重要であり，試合中は目まぐるしく変わる状況のなかで，様々な判断をせねばなりません。そして，部活動となれば，同級生だけでなく先輩や後輩などの異年齢の仲間とともに目標に向かって努力することになるでしょう。これらの経験は，ゲームであっても，生徒の成長につながることは間違いな

いと思います。また，悔しい敗戦のあとでどのような態度を示すのか，相手がミスをした際にどのような態度を示すのか。相手をリスペクトすること，フェアプレイやスポーツパーソンシップ（スポーツマンシップ）も，運動部活動と同様に学ぶことができると考えます。

　続いて，設備面についてです。ｅスポーツはゲームの種類によって PC や Nintendo Switch などの家庭用ゲーム機，スマートフォンやタブレットが必要となります。部員の人数分それらを確保するとなれば，かなりの費用が必要となるでしょう。ですが，PC については各学校に設置されているものを利用できるかもしれません。ｅスポーツの部活を設置した高校に PC を貸与している企業もあります。家庭用ゲーム機やスマートフォンについては，「勉強に必要のないもの」として持ち込みを禁止している学校も多いのではないでしょうか（中学校では特に多いと考えられます）。取り組むゲームの選定や，部活外での機器の使用のルール作りに工夫が必要となるかもしれません。

　３つ目に指導面についてです。実際のところ，指導できるほどのｅスポーツ経験を持つ教員は非常に少ないでしょう。ですが，現代では，ゲームについての情報はインターネット上にだれでもアクセスできる状態で存在します。技術的な上達については，生徒たちが自分たちで勝つための情報を探し，試し，修正する。そんな自主的な活動が中心となるのではないでしょうか。そして，顧問の教員の役割としては，情報をインターネットから得るための知識およびに能力である，情報リテラシーに関する指導が多くなると考えられます。

　最後に具体的な導入事例として，「運動苦手でも大丈夫　高校部活で広がる「ｅスポーツ」」という，朝日新聞（2018）の記事を紹介したいと思います。この記事では２つの高校のｅスポーツ部が紹介されており，部には中学時代は運動部に所属していた生徒，運動や音楽は得意ではなくこれまでに部活動の所属経験はない生徒，交通事故によって車いすで生活をしている生徒など，様々な背景を持つ生徒が所属していること，設備はｅスポーツ部の発足を支援するコンピューター関連企業から貸与された PC を用いていること，そして顧問の教員が感じたポジティブな生徒の変化などが示されていま

す。もちろんこの記事のようにうまくいくことばかりではないでしょう。ゲームは長らく「競技」ではなく「娯楽」であり，また勉学をおろそかにするものという認識であったと思います。教育の現場にゲームを持ち込むことについて，違和感を持つ方の気持ちも理解できます。ですが，情報社会が進み，多様な生き方が重視される現代において，「ゲームだから」と決めつけず「ゲームだからこそ」eスポーツが生徒の成長に果たせる役割について，本コラムが考える機会となったら幸いです。

参考資料
総務省（2018）「eスポーツ産業に関する調査研究報告書」
　〈http://www.soumu.go.jp/main_content/000551535.pdf〉
朝日新聞（2018）「運動苦手でも大丈夫　高校部活で広がる「eスポーツ」」
　〈https://www.asahi.com/articles/ASLB073TBLB0OIPE02V.html〉

（榎本恭介）

ゆるスポーツって何？

　19世紀の後半ごろから，スポーツという文化は世界中を席捲し，今では世界共通言語となりつつあります。スポーツがこれほどまでにグローバル化していることには，本質的なレベルで人類が共有できるものがあるからではないでしょうか。それは具体的には何なのでしょうか？　スポーツのルーツを探ってみれば，その語源である「気晴らし」「遊び」「楽しさ」がキーワードになっているといえるでしょう。

　しかし，現代のスポーツは，競技志向であり，「より速く・より強く・より高く」といった「卓越性」に対する可能性の追求に価値を見出しています。スポーツへのかかわり方が多様化している（する・みる・ささえる等）なかで，だれもが卓越性を追求できれば良いと思いますが，現状はそうなってはいません。スポーツが苦手な人や，体育嫌いの子どもたちが少なからず存在するという問題状況を，私たちはどのように受け止め，変えていけるでしょうか？

　2015年に発足した「世界ゆるスポーツ協会」は，上記の問題状況を打開するような，画期的な取り組みをしており，近年注目を集めています。同協会のHPには，ゆるスポーツを展開するうえでのコンセプトが以下のように示されています。

【ゆるスポーツ】

それは，年齢・性別・運動神経に関わらず，だれもが楽しめる新スポーツ。
超高齢社会でスポーツ弱者が多い日本だからこそ生み出せるみんなのスポーツ。
勝ったらうれしい，負けても楽しい。多様な楽しみ方が用意されているスポーツ。
足が遅くてもいい。背が低くてもいい。障がいがあっても大丈夫。

あなたのスポーツが，必ず見つかります。

世界ゆるスポーツ協会は，ゆるスポーツを創るスポーツクリエイター集団です。

世界ゆるスポーツ協会では，「気晴らし」や「楽しさ」「遊び」といったスポーツの本質に立ちかえって，だれもがプレーヤー（主役）になれるようなスポーツを新たに創造し，福祉や行政，企業などスポーツだけではなく社会的なレベルで課題解決をめざした取り組みを進めています。

たとえば，「トントンボイス相撲」。紙相撲の遊びをモチーフに，「トントン」と発声することでステージ（土俵）が振動する仕組みをつくり，紙相撲力士を動かすというものです。喉の機能は加齢とともに低下し，食べ物をうまく飲み込むことができなくなってきます。このような機能低下を改善するには，発声することが良いリハビリテーションになります。「トントンボイス相撲」というゆるスポーツは，子どもから高齢者まで一緒に楽しむことができるだけでなく，これまで福祉施設等で不足が指摘されていた発声によるリハビリという社会課題解決という目的も含意されています。

また，「ベビーバスケ」というゆるスポーツは，激しく動かすと大声で泣き出してしまう特殊なボールを使ったバスケットボールです。ドリブルをしたり，勢い良く投げたりすることができないため，泣かせないように，そっとパスし，そっとキャッチしてかご（ゴール）に入れるという面白いルール設定がなされています。バスケットボールは，ほかのゴール型種目と比べてボールの流れやプレーヤーの動きが速く，ゲームに勝利するには高い技術や運動能力が求められます。ベビーバスケは，バスケットボールをはじめボールゲームが苦手な人でも一緒に参加でき，かつ楽しめるという点でユニバーサルなスポーツであるといえるでしょう。

ほかにもさまざまなゆるスポーツが考案され，各地で行われるようになっていますが，そこにはクリエイター集団による斬新な技術やアイデアが活かされています。また，「ゆるい（ユルい）」という日本的な概念を中心に据え，「社会課題×アイデア＝ゆるスポーツ」という図式でだれもが楽しく参加でき，日本だけではなく世界中の課題解決につながることをめざして活動して

います。

　これまでスポーツが卓越性の追求に主たる価値を見出してきたとすれば，ゆるスポーツというプロジェクトは，多様性の追求に価値を見出し，スポーツ界だけではなく，広く社会的な価値を発信する取り組みであるといえるでしょう。

参考資料
世界ゆるスポーツ協会（HP）〈https://yurusports.com/〉
ゆるスポーツ紹介動画（You Tube）
　〈https://www.youtube.com/channel/UCrAblGDu9L4j_BuuE2rfNNQ〉

（岡部祐介）

第 8 章

スポーツ・マンガを部活視点で読む

伊藤明己
関東学院大学教授

　本章では，スポーツ・マンガのうち運動部活動を舞台とした人気のある作品をピックアップし，そこでどういった部活動が描かれているかを時代的な変遷を確認しながら読んでいきたい。想定している仮説的な前提を述べておこう。運動部活動を舞台としたスポーツ・マンガは，部活動に参加する前の小中学生が読者として想定され作品化されており，読者もそれらを読んだうえで部活動なるものをイメージ化し実際に参加する意欲を高める契機となる可能性がある。また，スポーツ・マンガを熱心に読む読者には，運動部活動に参加中の小中高校生がおり，自分の体験と比較しながら読む傾向がある。よって，運動部活動を舞台にしたスポーツ・マンガは，部活動に参加する前と参加した後の両方に影響を与えている可能性がある。ここでは，こうした仮説を検証することはできないが，該当する作品を読むことで，影響を与える可能性をもつ作品の内容と傾向を確認し，部活動を考える材料となることを期待している。本章で取り上げる作品は**表 8-1** に掲げる。選択理由については，注記を見て欲しい。

1──スポーツ・マンガの傾向と分類

　候補作品の内容的な傾向を把握するまえに，まずは別冊宝島シリーズ『日本一のマンガを探せ！』で「戦いの方程式」という名称でくくられているジャンルを参考に，その傾向と分類を示しておきたい。このジャンルには，

図8-1 「戦いの方程式」ジャンルの作家分布図

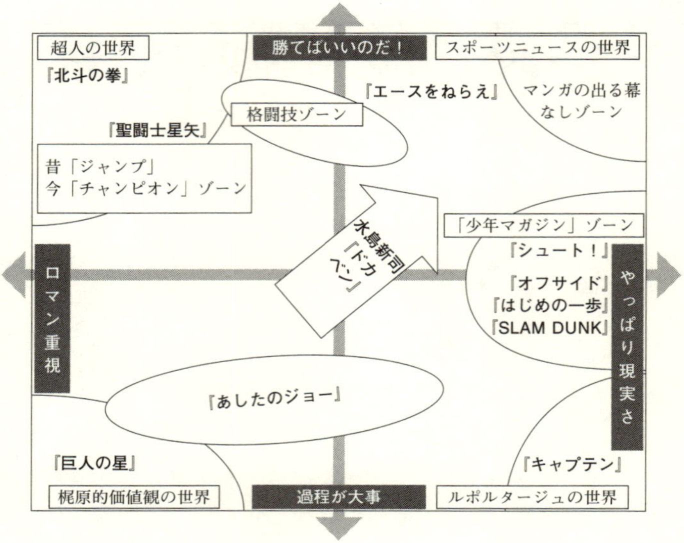

出典：別冊宝島316『日本一のマンガを探せ！』宝島社，1997年，10-11頁より筆者作成（原図では作家分類だが作品ベース分類に変更している）。

数多くのスポーツ・マンガが取り上げられており，その傾向の分布図ではスポーツ・マンガが代表的事例となっている。

　図8-1「戦いの方程式」分布図の横軸は，左側「ロマン重視」路線と右側「やっぱり現実さ」路線で分類されている。縦軸の上側「勝てばいいのだ！」路線と下側「過程が大事」路線の違いを加えると大きく四象限に分けられる。中央には，水島新司作品が置かれる。

　『ドカベン』作者の水島新司は，その続編などで本物のプロ選手を登場させる虚実ない交ぜの野球マンガを書き継いでおり，その変化が中央の右上向きの大きな矢印方向への移行として表現されている。時代的な変遷としては，左から右への移行傾向があるようだ。候補作品となるスポーツ・マンガを分布図から見ていくと，初期の『巨人の星』や『あしたのジョー』などの「ロマン重視」路線の下方から，時代が新しくなるにつれて普通の学校の部活動の姿を意識している「やっぱり現実さ」路線の中央付近に集中していく。他

方で，左上の荒唐無稽な「超人の世界」系作品はここで候補に挙がらなかった。人気路線は，『巨人の星』や『あしたのジョー』のスポーツ根性（スポ根）ものから現実的な部活動ものに移行したといえるだろう。ちなみに，四分類の最右上「スポーツニュースの世界」系はテレビで気になる選手や好きなチームの結果を見て「勝利の爽快感」に一喜一憂する程度の情報提供，よりリアルである最右下「ルポルタージュの世界」系は雑誌の特集記事などを選手の背景も含めて「努力の汗と涙」として読みあさるといったディープなスポーツ・ファン向けの情報提供といったところだろう。こうした現実を一定方向から見た描き方は，連載マンガで面白さを維持しながら描き続けることは難しく，若年層ターゲットの題材としては，その中間領域を扱う中高生の部活動が舞台となるのは必然的な戦略なのだろう。

　ただし，こうした分類とマンガ作品としての面白さや質が別ものであることには注意しておこう。候補作品に挙がったものは，あくまでも人気がある作品としてマジョリティ層が楽しんだということであり，だからこそテレビでアニメやドラマとして翻案され，それを見た多くの子どもたちの記憶に残りやすい作品であったともいえる。また，だからこそ，ここで考察の対象として，部活動としてのスポーツのイメージや部活動を選ぶ際の影響の可能性を問うことができる作品であるともいえる。

　この分布図で扱われている作品は 90 年代半ばまでであるが，その傾向から，運動部活動という視点から絞り込んだ人気のスポーツ漫画作品も，「ロマン重視」路線から「やっぱり現実さ」路線に移行していったジャンルであることが確認できたかと思う。以下では，主として部活動がどのように描かれているかという視点から各作品を読んでいくが，そこでは「やっぱり現実さ」路線付近での変化にも注目していきたい。その際，便宜上 60 年代，70年代，80 年代，90 年代，2000 年代とおおまかに 10 年区切りをひとつの年代と扱う。ただし，この 10 年の区切りは，開始年と終了年を考えると厳密に区切ることができず，マンガの年代の区切り方としても恣意的なものであり，一つの試みと捉えて欲しい（具体的な作品の区切りは**表 8-1** を確認のこと）。

表 8-1　部活動を舞台にした人気のあるスポーツ・マンガ [1]

年代	連載期間 (年)	最強のスポーツマンガ（順位）①	コミック歴代売り上げ（順位）②	特集などで言及の有無 ④⑤	掲載雑誌 [2]	作品タイトル	部活種目	アニメ化等期間(年.) [3]
1964 年				東京オリンピック開催				
1960 年代	1965-71	7		○	M	巨人の星	野球	1968-71 他
	1967-71			○	K	柔道一直線	柔道	1969-71
	1968-70	17		○	マ	アタック No.1	バレーボール	1969-71 他
	1968-70			○	フ	サインは V！	バレーボール	1969-70 他
1970 年代	1972-81	3	37		C	ドカベン	野球	1976-79
	1972-79	5			Jm	キャプテン	野球	1980-83
	1973-78	24			J	プレイボール	野球	2005-06
	1973-80	8		○	マ	エースをねらえ！	テニス	1973-74 他
1980 年代	1981-86	4	9	○	S	タッチ	野球	1985-87 他
	1981-88	2	22	○	J	キャプテン翼	サッカー	1983-86 他
	(1984-85)					スクール☆ウォーズ	ラグビー	1984-85
	1985-91	10		○	YM	柔道部物語	柔道	
	1987-92	20			M	オフサイド	サッカー	2001-02
1990 年代	1988-95	18			S	帯をギュッとね！	柔道	
	1990-96	1	8	○	J	SLAM DUNK	バスケット	1993-96
	1990-03	13	47		M	シュート！	サッカー	1993-94 他
	1992-95	23			C	シャカリキ！	自転車	2008
	1992-99	27	27	○	S	H 2	野球	1995-96
	1994-10	11	47	○	S	MAJOR	野球	2004-10
	1996-97	22		○	ス	ピンポン	卓球	2004-10

年代	連載期間（年）	最強のスポーツマンガ（順位）①	コミック歴代売り上げ（順位）②	特集などで言及の有無④⑤	掲載雑誌[2]	作品タイトル	部活種目	アニメ化等期間(年)[3]
2000年代	1998-02	31			J	ホイッスル！	サッカー	2002-03
	1998-03		94		J	ROOKIES	野球	2008-09
	1999-08	24	42	○	J	テニスの王子様	テニス	2001-05
	2003-連載中	30		○	ア	おおきく振りかぶって	野球	2007-10
	2004-連載中		88		M	あひるの空	バスケット	2019
	2004-14	35			ス	ラストイニングス	野球	
	2006-15		94	○	M	ダイヤのA 第一部	野球	2013
	2008-連載中	32	117	○	C	弱虫ペダル	自転車	2013-18
	2009-14	33	70		J	黒子のバスケ	バスケット	2012-15
	2012-連載中		60	○	J	ハイキュー!!	バレーボール	2014-16

注記 1) 以下の①〜⑤を総合して人気作品としてピックアップした。
① 『Nunber Plus スポーツマンガ最強論』2015 秋号，34-39 頁に掲載されている「最も胸震わせたスポーツマンガ」の順位（部活が主舞台でない作品は除外）。
② HP『漫画全巻ドットコム』内の「漫画歴代発行部数 ランキング」，〈https://www.mangazenkan.com/ranking/books-circulation.html〉2019 年 2 月 1 日閲覧のなかでスポーツや部活に関連した作品の順位（部活が主舞台ではない作品は除外）。
③ 日本漫画遺産振興委員会・G.B. 編『21 世紀に残す名作マンガ BEST100』（竹書房文庫，2001）における順位（この資料は①の妥当性の参考のみ）。
④ スポーツ・マンガを取り上げたムック書籍での言及。『スポ根ヒーローのあそこが凄い』特集アスペクト 72（アスペクト，1999），『大人の少女マンガ手帳 熱血！スポ根ヒロイン』（宝島社，2018）。
⑤ テレビ番組でのスポーツ・マンガ特集での言及。『ぼくらはマンガで強くなった SPORTS × MANGA』（NHKBS1 放送のスポーツ・マンガを題材にした番組）。
注記 2) 記号は以下の雑誌を示す。
　M：『少年マガジン』（講談社），K：『少年キング』（少年画報社），マ：『マーガレット』（集英社），フ：『少女フレンド』（講談社），C：『少年チャンピオン』（秋田書店），Jm：月刊『少年ジャンプ』（集英社），J：週刊『少年ジャンプ』（集英社），S：『少年サンデー』（小学館），YM：『ヤングマガジン』（講談社），ス：『ビッグコミックスピリッツ』（小学館），ア：『月刊アフタヌーン』（講談社）。
注記 3) アニメ化等は，映画化，テレビドラマ化，舞台化を含む。
出典：筆者作成。

2——60年代のスポ根マンガの誕生

　60年代を代表する『柔道一直線』『アタックNo.1』『サインはV！』『巨人の星』は，スポーツ・マンガといえば必ず言及されるとともに，スポ根としても必ず挙げられる作品である。まずは，それらスポ根と呼ばれるスポーツ・マンガが，60年代半ばに誕生する経緯をマンガ史のなかから押さえておこう。

　日本のマンガ史で画期となるのは，深いドラマ的要素のある長編マンガを描きはじめた第二次世界大戦後の手塚治虫である。この手塚流のマンガは，通常ストーリー・マンガと呼ばれる。その代表的な作品としては『火の鳥』や『鉄腕アトム』，また『ジャングル大帝』や『リボンの騎士』があげられるだろう。手塚作品が人気になり，手塚的なストーリー・マンガを描く作家が増えていくと，いろいろな作家によって，ドラマチックな題材の幅が広げられていく。

　そのなかのひとつとして，60年代の半ば，ようやくスポ根もののスポーツ・マンガが登場する。それまでにスポーツ・マンガがなかったわけではない。しかし，初期のスポーツ・マンガは，内容的には時事や風俗を描く際に野球少年が主人公になっているといった程度のものが多かった。その後，1959年創刊の少年向け週刊誌『少年サンデー』と『少年マガジン』がマンガを中心に据えるようになった際には，ありえない魔球を投げるような，先の分布図では「超人の世界」系にあたるであろう，荒唐無稽な作品がスポーツ・マンガの中心となる。

　60年代半ばまでに手塚的なスポーツ・マンガがなかったのは，多作な手塚自身がスポーツものを描かなかったことも関係している。マンガ批評家の夏目房之介は，こうしたマンガ史の経緯を「スポーツ漫画は戦後漫画のなかでめずらしく非手塚的世界として成長する」と評している[1]。またマンガ評論家の米沢嘉博は，それまでの少年野球もののマンガで，必殺技などのアイデアがあらかた出尽くしていたことが，『巨人の星』登場の下地にあったと指摘している[2]。つまり，『巨人の星』こそが，他作品との違いを鮮明に出す

ためにスポーツ・マンガにストーリー・マンガ的要素を積極的に取り入れた最初の作品だったのである。この点は，『巨人の星』連載開始時の『少年マガジン』編集長内田勝が，少年ものにいまだなかった「人間関係を基調にしたマンガ作り」を意識して「人間ドラマを描ける人」として梶原一騎に原作を頼んだと回顧していることとも合致しているだろう[3]。

　また当時の時代的背景として，日本の戦後復興の象徴的な出来事と記憶されている東京オリンピックの開催が 1964 年だったことも頭に入れておきたい。『巨人の星』につづく『柔道一直線』は，東京オリンピックで日本柔道が負けたことが物語を動かす大きな要素となっており，強敵には大柄な外国人が選ばれている。逆に『アタック No.1』『サインは V！』は，外国人に競り勝った「東洋の魔女」の金メダルの記憶なくしては成立しない。

　また，これらの作品が 60 年代にテレビ番組化されたことも特筆すべきだろう。『巨人の星』は，最初にテレビ・アニメ化されたスポーツ・マンガであり，つづけて『アタック No.1』のアニメ化，さらに『柔道一直線』『サインは V！』のドラマ化がつづいた。日本でテレビ放送が始まったのは 1953 年，最初にその普及を促したといわれるのは 1959 年の皇太子のご成婚パレードだった。しかし 1959 年のテレビの普及率はまだ 23.1% で，それが 1964 年の東京オリンピックの年までに 83.0% と急増し，1970 年には 94.8% にもなっている。つまり，テレビが日本で国民的なメディアになったのは 60 年代半ばであり，そのなかで初めて子ども向けのアニメやドラマが登場し，その原作として取り上げられたスポ根ものマンガが国民の集合的記憶となっていくのである。これらの背景を踏まえて，以後のスポーツ・マンガをみていくことにしよう。

3——60 年代のスポーツ・マンガと部活動

　『巨人の星』は，人間ドラマを中心に描くことを念頭に原作者を据えたストーリー・マンガ作品であった。実は『柔道一直線』も『巨人の星』と同じ梶原一騎原作であり，基本的な物語の構造は似ている。『巨人の星』の主人公・星飛雄馬は，長屋暮らしの貧乏な父子家庭で，その父親によって身も心

も「巨人の星」を目指すように育てられている。『柔道一直線』の主人公・一条直也は，工業地帯の小さな魚屋の母子家庭で，偶然出会った車周作という師匠に弟子入りする。飛雄馬の父一徹と車周作は，どちらもかつて一流の選手だった。つまり主人公はともに貧乏な家庭の片親に育てられ，厳格な父親との葛藤のなかで成長していく物語として構想されている。最初のライバルや敵には，主人公とは対照的に同年代の裕福な家庭の子どもが据えられるが，最終的にはプロ野球の一番および世界柔道の一番になるという大きな目標を目指し，父親を乗り越えていく。主人公は，「戦いの方程式」分布図の「超人の世界」系のような荒唐無稽な人物ではなく，普通の子どもが努力の末に成長していくというのが基本構造となる。大リーグボール1号や地獄車といったマンガチックな必殺技は登場するのだが，前者はプロ入り後の弱点の克服，後者は師匠の技の習得とその乗り越え，といった明確な目的もあり，そう荒唐無稽でもない。

　部活動として眺めてみよう。飛雄馬の初登場は小学生だが，小中学校ではクラブや部活動に入っていない。父親がお金を出してくれた私立高校で部活を初体験し，1年生エースとして甲子園で準優勝するも，なんと秋には退学し入団テストを受けてプロ野球に入ってしまう。『柔道一直線』では，主人公は街の道場にも通っていたが，道場破り車周作の登場によって中学の弱小柔道部が主な舞台となる。中学校では，野球，バレー，テニス，バスケ，水泳，ボクシング，剣道またヒロインが所属する放送部といった多くの部活動が盛んに行われている。車周作がお金を出してくれて柔道強豪校に進学し，一条直也はさらに数々の敵に打ち勝っていく。

　『巨人の星』での顧問の先生は，良い教師だが野球を教えておらず，部活の指導者とはいえない。『柔道一直線』の中学の顧問の先生も良い教師だが，柔道三段なのに引率や報告程度しかしていない。進学した強豪高校の顧問は，ことなかれ主義の悪い先生として描かれている。『巨人の星』では，PTAが部活に激しく干渉してくる。飛雄馬が部活動に所属した期間はわずか半年あまりでしかなく，部活動らしいと思われる場面は，小学生のときに見た王貞治が所属する高校野球部の厳しい練習場面と飛雄馬が所属した青雲高校野球部の伴応援団長のもとでのしごき練習，また臨時監督である父親のもと飛雄

馬が部員たちとの軋轢からチームプレーを学ぶ時ぐらいだろう。

　『柔道一直線』の場合，大会には学校の友だちや母親が応援に来ている。進学した強豪校では先輩が威張っており，一条直也は第二柔道部をつくり対抗する。校内の試合に勝ち，また顧問の高校の先生もことなかれ主義を改め，実力主義の部活動となる。そうしたところで個人的な師匠だった車周作が部活の外部指導者となり，しごきといわれる猛練習が始まる。あとは強いライバルと戦うことがメインとなり学校の場面はあまり描かれなくなる。つまり両作品の先生は，普通の学校では良い先生として，強豪校では悪い先生として存在するだけで，物語上の真の教師は父親である優れた外部指導者である。また両作品の部活動は，しごき練習の場，親に干渉される場，理不尽な上下関係に縛られる場など，いろいろな軋轢がある場として描かれ，それを子どもたちの場として取り返す努力がされる。しかし，指導者は教師ではなく外部指導者で，結果的に部活動は，学校とはあまり関係のない競技の場としての猛練習やしごきの場となっている。

　『アタック No.1』と『サインは V！』は，東京オリンピックでの女子バレーボールチームの活躍を背景に構想されており，金メダルをもたらした松下監督によるしごきという表現が象徴的に使われている。『アタック No.1』の主人公・鮎原こずえは，進学校の首席でバレーボールも優秀だったという才色兼備で文武両道の転校生。転校先の中学でもバレーボール部で活躍し全国一になっていく。高校では，理不尽な上下関係から部活の継続に迷うが，第二チームによって実力主義に転換させ，外部指導者を監督に据え本格的にバレーボールに取り組んでいくという『柔道一直線』の高校時代と同じ構図となっている。気の強いライバルたちと競い，根性と精神力でしごきに耐えチームは勝ち進む。高校も同じ富士見学園に進み，竜巻落としや電光スパイクなどの必殺技を編みだしながら，数々の試練を乗り越え勝ち進む。

　『サインは V！』は，『アタック No.1』の人気に便乗してライバル少女誌に連載されたマンガであり，舞台設定が異なるように意識されている。中学生の主人公・朝丘ユミは，母と2人の貧しい長屋暮らし。実業団のバレーボール選手だった姉が激しい練習が原因で死んでしまい，バレーが嫌いになるが，もともとは主力選手だったため，東京大会決勝に出るように先生から頼まれ

る。やる気はなかったが魔の変化球サーブを繰り出し勝利してしまう。試合後に高校や実業団のスカウトから声がかかり，バレーボールを続けるか迷う。決まっていた就職先からの借金を実業団チームのコーチが陰で払ってくれ実業団チームに入る。こうして『サインはV！』の主人公は，単行本1巻で実業団チームに就職してしまう。したがって基本的には部活動が描かれる場面は少ないのだが，そのなかで学校に関係のある場面を挙げておこう。バレーボール強豪校では顧問の先生を中心にした血のにじむような練習があるらしく，大会場面では応援も盛んで，相手校にも同じような指導者がいる。すでに高校レベルの強豪校のスカウトがあり，さらに実業団チームもあって，選手は最終的にはオリンピックを目指している。このあたりは，『アタックNo.1』と同じ構図であることが確認できる。

　少し時代背景を理解していこう。『サインはV！』の朝丘が中学を卒業して入った実業団には，全国の中学校から優秀なバレーボール選手が集められていた。学校基本調査によると，『サインはV！』の連載が開始された1968（昭和43）年当時，全就業者に占める中卒者の割合は24.7%，高卒者の割合は60%である。中卒で働くのはめずらしい部類と思うかもしれない。数年前の『巨人の星』開始時1965（昭和40）年では，同じく中卒者41.7%，高卒者46.7%であるが，さらに「もはや戦後ではない」と『経済白書』にうたわれた1956（昭和31）年では，同じく中卒者62%，高卒者30%であり，この10年が中卒で働く社会から高卒で働く社会への急激な変化の時期だったことがわかる（**図8-2**）。

　鮎原こずえも高校進学か実業団就職か迷っていたし，星飛雄馬も一条直也も高校中退である。ちなみに高校進学率は，これも学校基本調査によると，1956年で51.3%，1965で70.7%，1968年で76.7%であり，1968年の時点の大学・短期大学進学率はまだ19.2%でしかない。こうした数字と，当時のオリンピックでの日本の実業団チームの活躍，そして，またそれがマンガやテレビドラマとして子ども向けに提供されて集団記憶になっていくという背景には，日本の戦後経済発展における工場労働者の大量動員，そして高度経済成長のもとでの高校進学率の上昇という背景があることを理解しておきたい。また，バレーボールとバスケットボールという競技自体が，そもそもキリス

図 8-2　学歴別就職者数の推移

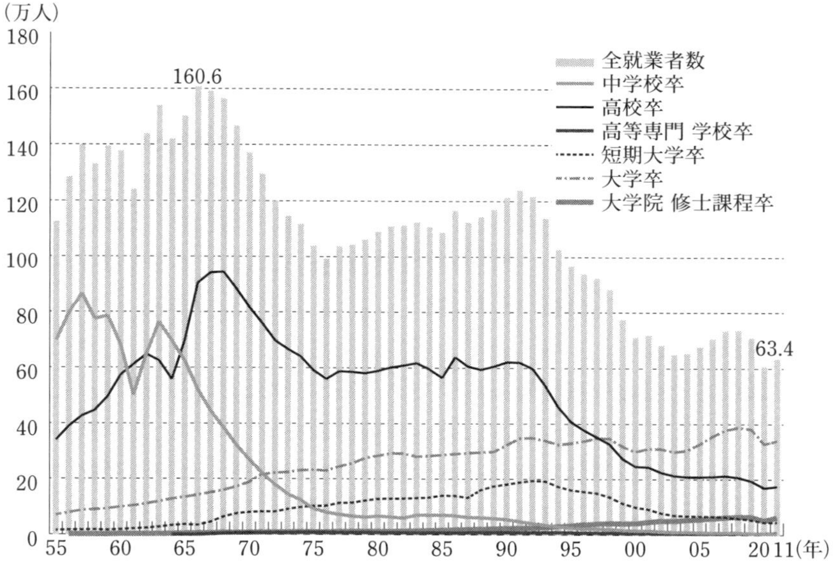
(万人)
180
160
140
120
100
80
60
40
20
0
160.6
63.4
全就業者数
中学校卒
高校卒
高等専門 学校卒
短期大学卒
大学卒
大学院 修士課程卒
55
60
65
70
75
80
85
90
95
00
05
2011(年)

出典：『国土交通白書』2013（H24）年度版，16 頁。

ト教系の慈善団体であるYMCAが，工場労働者のとくに前者は女性のためのリクリエーションとして普及させたスポーツであり，高度経済成長を支えた日本の繊維産業工場で働く女性たちのなかから生まれた社内チームがオリンピックで優勝するという現実の物語は，それ自体が大きなドラマでもあり，かつ「歴史的必然」でもあった[4]。こうした社会的背景からすると，60年代では，逆境をはね除けて勝ち続けるというドラマは成立しても，大学に進学して競技を続けるという物語はありえない。

『巨人の星』の作画担当者が野球のルールを知らなかったというのは有名な話しだが，『サインはV!』では，原作者も作画担当者もバレーボールを知らず，『柔道一直線』も漫画家が途中で作画を投げ出し交替している[5]。つまり，この3作品は完全に編集者主導による企画ものだったのであって，最初の企画どおりドラマチックな展開重視の側面が色濃く，結果的に学校や部活動といった側面はあまり重要視されていない。それらと比較すると，作

者がバレーボール経験者であった『アタック No.1』には，学校と運動部活動をめぐって起こりやすい問題がすでに多く描かれていることが指摘できる[6]。特徴的な問題場面をいくつか挙げておこう。

- **学校内とチーム内の軋轢**：部活動による不良グループの更正への期待，キャプテンの重圧，近しいライバルとのいざこざと和解，伝統という名で正当化される理不尽な先輩後輩間の服従強要関係，第二チームによる実力主義への転換，チーム内での争いによる部活からの離脱あるいは和解による友情の深まりなどが描かれている。
- **指導者の思い**：

  顧問がいない場合…自発的に顧問になってくれる先生が良い先生として描かれる。

  顧問に熱意がなく指導しない場合…部内の権力関係を是正する者がおらず部内に対立が生じる。

  外部指導者の監督が厳しく指導する場合…次々に部員が辞めていくが，しごきに挑戦する部員たちは，たとえば合宿寮での1日9時間になるほどの練習に耐えるなかで，監督との「かよいあい」を築き上げていく（熱血指導者目線での部活から得られる理想的なもの）。

  未経験者の先生が指導に目覚める場合…生徒のために未経験から熱心に指導してくれた中学バレー部時代の先生は，「学業ができなくてもスポーツができればいいという学校」の顧問になるほど傾倒するようになるが，有力選手に逃げられ，あらためて富士見高校の指導にやりがいを求め，やはり厳しい指導を始める。
- **指導者による暴力**：外部指導者の監督は，しごきという名の猛練習をするのが良いことであるとしており，顔にボールを投げつけるような暴力が伴う。こうした場面では「闘魂和」や「なにごとも精神力だ根性だ」などの標語が掲げられる。客観的にみると，暴力恐怖による「連帯感と責任感」の植えつけでしかないのだが，「スポーツによって精神の礼儀作法を身に付けるのが目的」などと肯定されて描かれる。
- **学業との両立**：部活を否定する優等生に，先生は部活動を通じて得られる

「汗と涙でつながった友だち」の必要性を説き，主人公は首席だった成績が中に下がった代わり「充実したひととき」の体験と思いができたことを伝える。部活に無理やり参加させられた優等生は「勉強よりも大切なような」ものを感じるようになる。

・**恋愛との両立**：恋人ができ練習がおろそかになる。何のために部活をやっているのかと問われるが，競技愛では答えにはならずジレンマが残る。

・**進学問題**：これには複数の問題が絡んでいる。進学するか就職か。競技を続けるか続けないか。恋愛を重視するかしないか。人生にとって何が大事か。

　こうしてみると，60 年代の主流は「ロマン重視」路線の「梶原的世界」系であるが，4 作品のなかでは『アタック No.1』だけが，思春期，教師，指導者との関係，部内の上下関係，学業や進路など，例外的に部活動を多方面から描いていることがわかる。「ロマン重視」路線のマンガは，やはりこれも梶原一騎原作の『あしたのジョー』に代表される，逆境から這い上がる物語に共感を得る時代的な背景があり，かつ劇的な効果をねらうためによく人が死ぬのも特徴である。矢吹丈のライバル，星飛雄馬の恋人，一条直也の 2 人の父，鮎原こずえの恋人，朝丘ユミの姉はみないなくなり，また鮎原以外の家庭はみな片親である。このなかで，『アタック No.1』だけが，逆行から這い上がる「ロマン重視」の物語ではなく，高校進学があたりまえとなる 70 年代の学生の姿を先取りできているのは，中流以上とおぼしき裕福な家庭を背景としているためだといえるだろう。

4——70 年代のスポーツ・マンガと部活動

　野球マンガの『ドカベン』と『キャプテン』は，1972 年の同時期に始まり，それぞれ 81 年と 79 年に終わっている。『ドカベン』に数多くある続編については，ここでは扱わない。『プレイボール』は，『キャプテン』と同じ漫画家のスピンオフ作品で内容的には同じ傾向の高校編であるが，73 年から 78 年までと同時期に連載されており，またひとつの作品としても人気があるの

で別作品として扱う。『エースをねらえ！』の連載は，73 年から 80 年と，60 年代の 2 つの少女向けマンガに続く 70 年代を代表するスポ根ものとしてとくに後世に語り継がれている少女向けのテニス・マンガである。

　『ドカベン』は，その連載開始時，実は柔道マンガであった。主人公・山田太郎のずんぐりむっくりな体格と風貌と，ともにでかい弁当を持参するドカベンで最初からどちらが主役かもよくわからない主要キャラだった岩鬼正美の巨漢からすると，確かに柔道はぴったりだった。文庫本版は全 31 巻あるが，4 巻までが柔道部，6 巻までが中学野球部となっており，両親のいない山田は，中学野球の大会を負けた時点で一緒に暮らす祖父の畳屋を継ぎ高校には行かないとされていた。一方で，なぜか山田と行動を共にする破天荒キャラの岩鬼は，お金持ち家庭のなかで出来の良い兄達とは違う落ちこぼれで，母に愛されていないことに悩む青年として描かれている。

　主人公の山田は無口で実直な少年で派手さはないが運動能力はずば抜けている。柔道部も含めた中学編では，部員の輪はみられるが，監督や部長の活躍は描かれない。文庫版 7 巻からようやく野球部高校編が始まり，主要な舞台の甲子園で明訓高校が勝ち続けるという典型的な高校生野球マンガとなる。山田と岩鬼を筆頭に，小さな巨人ピッチャー里中，小柄なピアニストの一番セカンド殿馬，また対戦する他校の主力選手などにも濃いキャラが多数でてくるが，みな並外れた運動能力と才能があるような点からすると，秘打はあっても必殺技も出てこずまた人も死なず，前に進むのに大きな理由もなく，全体的には「ロマン重視」路線でもなく「超人の世界」系に進むのも踏みとどまっているような作品であるといえる。

　『キャプテン』の主人公は，文字どおり野球部のキャプテンであり，学年が進むにつれて代替わりしていく。物語の始まりからすれば二代目にあたるキャプテンの谷口タカオが高校に入学した後の物語が，『プレイボール』である。『キャプテン』は，強豪校出身の主人公の転校生が，最初は期待されるが実は補欠だったというパターンで，才能よりも努力が描かれる。この主人公・谷口が，タイトルどおり野球部のキャプテンに指名され，その役割を果たすために彼なりに奮闘し，代替わりすると次のキャプテンがまた自分なりに奮闘していく。『キャプテン』は，まさに部活動のなかでキャプテンが

悩みながら部員を引っ張っていく物語が主となる。『プレイボール』では，高校に入学するも中学時代のけがのせいで野球を続けられない前のキャプテン谷口が，それを克服しつつ，またここでもキャプテンに任命され，同じように奮闘していく。どちらも，『ドカベン』のような個性的な才能は描かれず，中高生の等身大の努力が描かれている点が，それまでの野球マンガとは根本的に異なっている。

　『エースをねらえ！』の主人公・岡ひろみは，憧れの選手目当てで強豪校のテニス部に入部した単なる高校生のはずだったが，なぜかいきなりコーチに名指しで見出され，戸惑いながら徐々に才能を発揮していく。テニスという競技のせいか，あるいは少女まんが特有の書き込みの薄い描写のせいか，スポ根ものといわれるような汗臭い猛練習という感じはしないのだが，スポ根ものの典型といわれている。それは，あくまでもクールな宗方コーチ，先輩の一流選手であるお蝶夫人こと竜崎麗香，同じく先輩の一流選手で恋の相手でもある藤堂などの濃いキャラ設定，また部内の確執や軋轢，苦しむ主人公，コーチの異母兄妹のライバル，コーチの死といった，昼メロか宝塚かのような劇的な物語が「ロマン重視」を感じさせるからだろう。基本的なマンガの内容は，あくまでも才能を見出された主人公がその才能を開花させていくというものとなっている。こうみると70年代の『ドカベン』『エースをねらえ！』は，どこかしら60年代をひきずっているが，『キャプテン』『プレイボール』は，先の分布図どおり「やっぱり現実さ」路線に近づいた作品になっているといえる。

　これら70年代のスポーツ・マンガを改めて部活動の視点から眺めてみよう。『ドカベン』は，部員たちの仲は良いが，監督の存在感はあまりなく，学校生活はあまり描かれていない。山田らが入学した明訓高校の野球部は，外部指導者の酔っぱらい監督もいるが，最初は先輩の捕手で強打者の土井垣キャプテンが部をまとめている。対戦相手も含めてどの学校でも監督がベンチにおりサインは出すが，基本的には選手が采配を決めており，監督が口出しする学校は負けてしまう。こうした大人の監督不在の描き方は，土井垣キャプテンが卒業後のプロ浪人の合間に監督になったり，他校に選手兼監督がいたり，岩鬼が監督代行をしたりするところに象徴的だろう。甲子園出場

が決まると，それ以後の野球部は学校の合宿所生活を始める。地方の甲子園出場校は概して貧しいゆえに，有力選手はプロを目指している。学業成績は山田は悪いようだが，野球部の先輩たちは大学に進学し，なかには東大進学の先輩もいるが，土井垣はプロ野球に行き，里中は肩を壊したあとに高校を退学する。こうしてみると，『ドカベン』の主要な舞台は甲子園なのだが，それは学校とは別の世界での活躍として描かれているといえる。

　『エースをねらえ！』でも，その傾向が明確にあるのだが，こちらでは指導者の役割がまったく異なっている。宗方コーチは先生ではなく外部指導者のようだが，すべての権限を任せられており，主人公はこの男性コーチに個人的に引っ張られ，それに答えることで才能を開花させていく。だが，それゆえに部内では先輩のいじめにあう。しかし，コーチは，そんな小さなことにはかまっておらず，それどころか，実は中高のあいまいな指導の下での部活動から脱却し世界に通用する選手を育てるべくして，これまでになかった英才教育を試みている。岡らはその最初の選抜選手であり，その夢を果たすべく宗方コーチは高校のコーチを辞め，岡の専属コーチとなり文字どおり命をかける。才色兼備な先輩たちは大学に進学し，岡も短大に進学し，日本のテニス界を世界に通用させるための啓蒙活動と選手発掘の意志を継いでいく。と，いつの間にか学園ものからテニス競技界の物語になってしまっている。

　『キャプテン』と『プレイボール』は，これらとは趣向がまったく違う。期せずしてキャプテンになった谷口は，「立場じょう努力しなくちゃ」という言葉を実行する。もともとあまり上手くなく１人で練習しているのを見かねた父親が練習につきあってくれ，上級生らしくふるまうのに慣れず，ノックもうまくやれないのでまた練習し，それらを一生懸命くり返すことでしだいに上達する。練習や試合には監督もコーチもおらず，試合が終わると部員での反省会を提案し，ミーティングを重ねることを習慣化させ，試合相手に偵察にいけば，さらに向上心をもって練習を提案する。朝４時から練習が始まり，放課後は７時50分のミーティングまでの過酷な練習に部員の不平が高まるが，キャプテンの陰の努力に部員もついていくようになった結果，その努力が実り全国選抜に選ばれる。こうしたキャプテンの姿と，対戦相手の強豪校の監督が有力選手を集めてただ勝つことだけを目指す姿が対比される。

三代目キャプテンの丸井も，別のやり方で部を引っ張っていこうとするが，なかなかうまくいかず悩み，練習メニューを考えて脱落者を出しながら合宿で猛練習を積みようやく勝てるようになる。次のキャプテンのイガラシも自分なりのやり方で部を引っ張り，その練習量に「中学生にとってクラブ活動と学業どちらが本業なんでしょうか」と部員の親に問いかけられるが，校長先生はあくまでも部員たちに考えさせる。効率的な練習のために前キャプテンの丸井が，合宿の際の掃除や炊事や片付けなどすべての雑事をすることを提案し実行してくれる。次のキャプテンの近藤は，強豪になったと評判になり希望者が増えた部員の個々の才能を伸ばすようなやり方を試みる。

『プレイボール』も，舞台が墨谷第二中学から墨谷高校に変わっただけで，選手たち主導で坦々と練習し成果を出していく姿，またそれと比較される強い対戦相手が専用グラウンドを持つような有力選手を集めた強豪校という設定は変わらない。先輩のキャプテンは「学校という場は，勉強したり，友人とつきあったり」また「野球も貴重な時間」だが，強豪校に勝つために「すべてを犠牲に」というのは否定する普通の高校生であるが，それでも出来ることは精一杯やろうともする。体力や才能のなさを頭を使うことで補うことでいくらか勝てるようになった野球部に，有志がOB会を立ち上げ練習グラウンドを借りてくれるようになるが，今度は勉強がおろそかになっていると部長の先生に注意される。部長の先生は，部活の練習には口を出さないが，自分の出来ることとして補習につきあってくれ，以後は部員自らの約束として成績が下がれば補習をすることを決める。こうしてみると『キャプテン』『プレイボール』は，学校の世界のなかで，あくまでも自分たちの力で部活をし，それが自分たちの向上に結びついていく姿を描いているといえるだろう。

『エースをねらえ！』は，部活マンガでありながら，いつの間にか外部の指導者に引っ張られる学校の外の世界の話になっており，『ドカベン』と『キャプテン』『プレイボール』はあくまでも学校内に留まった部活の世界だが，学校とは別の世界での活躍として描かれている。この点では，『ドカベン』と『キャプテン』『プレイボール』は，見守る父親の存在はあるが，競技という点では明確な指導者はおらず，生徒だけの世界を形成しており，部

活動が自分たちの世界として自立しているところに 60 年代との違いがある
といえるだろう。また『エースをねらえ！』『ドカベン』は才能のある者の
世界だが「超人の世界」とはいえず，『キャプテン』『プレイボール』は特筆
した才能をもつ者がいない凡人の世界であり，またみな物語を動かす大きな
動機を持つわけではなく，その点では 60 年代の「ロマン重視」路線からは
完全に脱却している。付け加えれば，『エースをねらえ！』『ドカベン』は，
進学先として大学やプロが見据えられた夢の物語に近いが，『キャプテン』
『プレイボール』は高卒後の地元就職が既定路線であり，より現実に近い物
語だといえるだろう。こうしてみると，『キャプテン』『プレイボール』は，
野球マンガというだけではなく，キャプテンの重圧，リーダーの自覚，部員
をまとめる難しさ，学業との両立，悩むなかでの先輩の支えと先生の支援と，
努力と実績と，何事であってもそれに取り組む姿勢と，見守る側の支え方を
描いた人生マンガのように思えてくる。

5——80 年代のスポーツ・マンガと部活動

　80 年代は，サッカー・マンガ『キャプテン翼』が日本国内にとどまらずテ
レビ・マンガとして世界中に広まり，他方で野球マンガの『タッチ』がそれ
までのスポーツ・マンガの雰囲気を様変わりさせた。日本でプロ・サッカー・
リーグ（J リーグ）が始まったのは 1993 年なので，1987 年連載開始の『オ
フサイド』も含めて 80 年代のサッカー・マンガの人気は，むしろ熱心なサッ
カー少年を育てサッカー競技のプロ化を促進させた要因となったといえるか
もしれない。ここに『柔道部物語』が入っていることは，まだ柔道人気が廃
れていなかったことを改めて思い起こさせる。『タッチ』と『柔道部物語』
は，ラブコメと軽いギャグの違いはあるもののコメディータッチという点で
似ている反面，部活マンガという視点からみると大きく異なっている。
　『キャプテン翼』の主人公・大空翼は，静岡に転校してきたばかりのサッ
カー好きの小学生。父親は航海士であまり日本にいない。父親の知人でサッ
カー・ブラジル代表の日系三世ロベルト本郷に出会い才能を見出され，ブラ
ジル行きを勧められる。天才キーパー若林や天才プレーヤーの岬などもいる

市の選抜チームで全国大会優勝を目指す。試合では才能のある多くの選手に出会い，成長しながら無事に優勝するもブラジルには行かず，有力な優勝メンバーもバラバラになる。時は経て舞台は中学３年。翼の学校は史上初の全国制覇３連覇を控えている。卒業後は今度こそブラジルへと，ポルトガル語を学んでいる。翼の世代は小学校時代からワールドカップ出場を期待され，日本サッカー協会がサポートしている。優秀で個性的なライバルたちが現れるが，ボロボロになりながら競り勝ち，３連覇を果たす。大会後はライバルたちと一緒に全日本ジュニアユースで欧州遠征に行き，若林や岬とも合流，外国の選手と互角に戦う。卒業後，翼は単身ブラジルへ旅立つ。

『タッチ』は，作者のあだち充が得意とする部活を舞台としたラブコメの代表作で，幼なじみのために甲子園を目指す高校生の物語。主人公・上杉達也は，落ちこぼれの帰宅部だが，成績優秀な双子の弟和也は野球部で将来を嘱望された投手。隣家には，これも成績優秀なバレー部の幼なじみ浅倉南がいる。やさしい兄達也は常に弟に遠慮しているが，実はやればできるようでもある。高校生になり，弟和也は南を甲子園に連れて行く約束をするも，地区大会決勝の日に交通事故で死んでしまう。達也は弟の代わりに甲子園を目指す。弟和也の影と南との微妙な関係を保ちながら，野球部は勝ち進み，ついに南の新体操全国大会と甲子園開幕の日，２人の仲が進展する。

『柔道部物語』の主人公・三五寿司の長男十五（三五十五）は，岬商業高校の新入生。中学時代は吹奏楽学部だったが，柔道部の楽ちんだというウソの勧誘を受け未経験で入部。古くさい部活の体制に辞めようとも思うが，しだいにやる気を出し強くなっていく。顧問の先生は元五輪代表候補選手で部員のやる気に応えるようになり，地域の大会で優勝し，全国大会にも団体出場する。さすがに全国では相手にならず，部はさらなる飛躍を目指し次の夏の全国出場も果たすが，野球部も優勝し応援団はみな甲子園へ。中学時代からの彼女は柔道部を嫌がるも，強くなる三五にも魅力を感じる。柔道部は三五のいる３年間で全国大会常連校となり，さらに全国優勝を目指して頑張り，卒業後は思いを変えて大学柔道の道に進む。

『オフサイド』の主人公・熊谷五郎は，３年間で一度も勝てなかった弱小中学サッカー部のキーパーだった。サッカー名門校横浜南に近い私立川崎高

校に入学し，最小限のサッカー部で活動を始める。才能ある先輩や転校生が現れ，五郎もフィルダーにポジションを替えて才能を発揮。インターハイ県予選決勝に進み，横浜南がライバルに変わる。冬の高校選手権予選では横浜南に勝つことができ，本戦ではベスト8，2年生になり県選抜チームに部から何人も選ばれ国体優勝に貢献し個人的にも注目される。部活チームも五郎の活躍から常勝校になり，冬の選手権2連覇に向かっていく。活躍した選手は，卒業後，実業団や大学サッカーに行き，五郎はドイツへと旅立つ。

　これら80年代のスポーツ・マンガを部活動の視点から眺めてみよう。『キャプテン翼』は，小学校時代から始まっていることもあり，そばにずっと有力な外部指導者がいる。『オフサイド』では，敵チームに有力な指導者がいるが，自チームには指導しない顧問しかいない。大きく違うようだが，実は本質的にはどちらも個性的キャラの実力者が活躍する物語であり，日本有数という設定で登場する指導者も実質的な指導はしていない。厳しく指導するとされるチームは基本的には敵役であり，合宿寮等での過酷な長い練習が当然で，そんな指導者に反発する選手も描かれる。『タッチ』では，個性的な才能を発揮する選手はあまりおらず，指導者の出番はほぼない。逆に『柔道部物語』では，個性的キャラも多く，顧問の先生の指導が物語の重要な要素となっている。また世界まで伸びゆくサッカーと世界を見据える柔道と比べると，『タッチ』はプロを目指すライバルがいるぐらいで，80年代の野球世界は狭く見える。『タッチ』は，近所と部活を舞台にした学園ラブコメという極小の世界だったが，人気を得て模倣されたことで，少年向けスポーツ・マンガに恋愛要素を付け加えさせた。『柔道部物語』と『オフサイド』も，最初は恋愛が絡むラブコメ路線で始められている。しかし後半になるにつれ熱血スポーツ的要素を強めるように方針変更されているようである。各マンガの最終回では，翼が旅立つ前のケンカと告白，三五十五の卒業祝いのラブホ，五郎の幼なじみ渚の進路選択があるものの，これらは最初に描いたラブコメ要素の決着をつけるために『タッチ』のラストシーンを模倣した付け足しであろう。

　70年代までと比べると，『キャプテン翼』は個性的なキャラが活躍する学校外世界の『ドカベン』に似ており，敵役に実業高校が頻出したり不良がか

らんだりする『オフサイド』の展開は『あしたのジョー』のような逆境から這い上がる泥臭さを感じる。不良要素は，数年前に実話を元に一世を風靡した熱血ラグビーテレビ・ドラマ『スクール☆ウォーズ』が影響しているのだろう。しかし，実はどちらも，とにかくマンガらしく勝ち進む単純な物語であり，けがはあっても過酷な人生の逆境などみじんもない。勝ち進むという点では『柔道部物語』も同じだが，こちらは部活動の日常が多面的に描かれ，『アタック No.1』のように人間関係を意識した部活マンガの側面が色濃く，また泥臭く努力する『キャプテン』のような学校内世界も引きずっている。その泥臭い部活描写のリアルさは，『柔道部物語』の作者が柔道部出身であることによるようで，女性作者が競技知識ゼロで始めた『オフサイド』に比べるとやはり雲泥の違いがある。『タッチ』になると，もちろんこれも勝ち進むのだが，むしろ汗臭いスポ根はパロディ的な背景であって，物語の焦点は男女の微妙な距離感を表現する恋愛マンガとなっている。

　こうしてみると，80年代のスポーツ・マンガに描かれているのは，「ロマン重視」路線の重苦しさから脱却した，あくまでも脳天気にスポーツと恋愛を楽しむ中高生の姿であるといえよう。中卒で海外で活躍する『キャプテン翼』は実質的な舞台が学校外である70年代の物語と同じだが，それ以外はあたりまえに高校に行き，何にもわずらわされずに部活という学生時代の楽しみに熱中し，卒業後もためらいなく大学へ進学する裕福な高校生で，やがてかれらは実力で世界に飛び立っていく。『オフサイド』の主人公五郎が，親の応援を「恥ずかしい」と公言するように，『柔道部物語』以外では，なぜか全国大会であっても親の応援の姿もあまりない。80年代のスポーツ・マンガの部活は，親と一緒に楽しむ場ではなく，教条的で暴力的な指導者どころか基本的には指導者もおらず，つまり権力を振りかざす父親はいっさい登場せず，ただ日常として存在する学校空間のなかで，必要な努力は自分たちで積み上げる自分たちだけの世界である。この点では，例外的に『柔道部物語』だけが見守る父親が教師であり指導者となっている。しかしまた，その世界での典型的な敵は，有力なスカウト入学などの選手を擁し全寮制で育てるような学校のチームであり，つまりそれは，そうした存在がすでにあたりまえとなっていたということでもあるだろう。

6——90年代のスポーツ・マンガと部活動

　90年代になると，柔道の『帯をギュッとね！』，バスケットの『SLAM DUNK』，サッカーの『シュート！』，自転車の『シャカリキ！』，野球の『H2』『MAJOR』，卓球の『ピンポン』と，多種目の部活動がラインナップにあがってくる。60年代後半から上昇した高校進学率は，1980年には94.2％になるが，1990年では94.4％，2000年でも95.9％とあまり変わらない。80年代がだれでも経験する高校生活の日常化の時代であったとすると，バブル景気を経験したあとの90年前後以降は，だれもが一様に経験する一直線の世界観が乱れ，部活動も生き方の多様化を反映するようになる。こうした姿を描く90年代のスポーツ・マンガには，ダンクシュートやジャイロボールなど常人には難しい技はあっても，かつての魔球はみじんも出てこない。つまり，90年代のスポーツ・マンガに描かれる物語は，現実の部活動の世界のなかで，子どもたちが才能を発揮する姿であるのだが，逆にいえば，そこでは部活動の多様化と人生の複線化のなかに生じている現実が色濃く反映されている。

　『帯をギュッとね！』の主人公・粉川巧は，中学3年生で昇段審査を受け初段となる。応援にきた幼なじみの彼女と一緒に高校に入学し，審査で出会った柔道仲間も同じ県立浜名高校で，みなで柔道部を創部する。柔道部員には自営業が多く巧は片親。顧問になってくれた倉田先生は未経験者だが，実は父親が県警の柔道師範という実力者。圧倒的に強い女子部員来間麻理が入り一緒に練習もする。実力のあるライバルに触発され新設柔道部は強くなっていき，練習の成果が出て全国大会へ出られるようになり，県警コーチが外部指導者となる。全寮制の有力高校を破るため「本気で楽しい柔道」を模索しながら飛躍を遂げ，スカウトを受け大学に行けるまでになる。

　『SLAM DUNK』の主人公・桜木花道は，中学時代のワル友だちと一緒に県立湖北高校に入学。いつもフラれてばかりの花道だが，また一目惚れした同級生にバスケ部に勧誘され入部。元全日本選手の外部指導者の安西監督はかつては厳しい大学の鬼コーチだったが，なぜかいまは強豪校ではない高校

で温和なおじいちゃんコーチとなっている。次々と有力な選手が復帰し，バスケ入学ばかりの強豪校がライバルとなる。チームメイトの流川はアメリカへバスケ留学を希望するが，安西監督は許さない。準優勝でインターハイ出場を決めるも，とにかく勝つことを求められている強豪校がたくさんあることを知る。初心者の桜木が，安西監督の采配でインターハイ3回戦までの勝利に貢献するという，実はたった4ヵ月の物語。

　『シュート！』の主人公・田仲俊彦は新設の県立掛川高校に入学しサッカー部に入部。実は中学時代は全国大会ベスト4の実力者だが，あと2人の仲間はサッカーをしていない。上下関係の厳しい部活で練習もさせてもらえず，部内の対立の過程で仲間がサッカー部に復帰し3人がそろう。顧問の先生はサッカーのことはよくわからない。インターハイ予選決勝までいくも敗退。実力者のキャプテンが白血病で死んでしまい，その影を負いながら全国大会を目指す。全国大会までいくと開幕したばかりのJリーグが見えてくる。ヒロインはアイドルデビュー。活躍した選手は日本ユース代表となり，ワールドカップを見据え，海外遠征で戦う（この時点で日本はまだワールドカップ未出場）。続編は中学時代編。

　『シャカリキ！』の主人公・野々村輝は，坂の多い街に引っ越してきた小学生。念願の自転車を買ってもらい中学3年生になるまで黙々と坂を登っていた。この主人公はとにかくしゃべらず寡黙に努力する。進路を決める際に偶然出くわしたロードレーサーに魅了されるが，それは自転車競技強豪校の日の本大学付属亀ヶ丘高校の監督とその実力者の息子だった。輝は進学校でスポーツが盛んなその高校に行くことに決め，親元を離れ姉と同居。チームロードレースの選手となった輝は，登り坂のスペシャリストとしていきなり山岳賞を獲り周囲から実力を認められる。チームプレイが求められる高校レースに飽き足らない選手たちはロードレースに方向転換する。輝は大学生との練習中に落車し大けがするも奇跡的にけがから復帰し，南米出身の坂道スペシャリストのライバルや実業団選手たちと対決し，最後はヨーロッパに旅立っていく。

　『H2』の主人公・国見比呂は，中学時代に地区大会優勝のエースだった。女房役の野田と一緒に私立千川高校に入学するも肘を壊している。かつての

幼なじみのライバル橘英雄と同じく幼なじみの雨宮ひかりは，野球名門の明和第一高校にいる。3人は微妙な関係。サッカー部に入部したが「野球愛好会」との親睦試合で野球愛好会にくら替え。野球部が発足し，古賀マネージャーの兄が監督となる。ライバルとなるのは，甲子園出場多数で勝利至上主義の監督とその庇護にあるピッチャー。実は古賀監督はかつてその指導のもとにいた高校球児だった。古賀マネージャーと国見は意識し合っている。橘も国見も甲子園に行くが，優勝したのは明和第一で，橘はマスコミで騒がれる存在となるが，次の選抜は国見の千川が優勝。この2人のヒーローのもとで揺れ動く雨宮，そして古賀の恋のゆくえは。

　『ピンポン』の主人公の2人・ペコこと星野裕とスマイルこと月本実は高校1年生の卓球部員。小さな頃から近くの卓球場で遊んできた友だち。ペコは何事にも積極的で才能があり何でもできてしまうスマイルのヒーローだったが，最近は勝手な性格が目に余る。スマイルも才能はあるが，ペコと逆の性格で何事も一歩退いて対応する。卓球でも無敵のペコだったが，中国からの留学生や日本有数の卓球名門校という強敵には刃が立たない。スマイルも顧問の先生に才能を認められ，個人的な特訓を経てペコに匹敵するようになる。朽ちたヒーローとなったペコは努力しはじめ，ライバル校と対戦する。

　『MAJOR』の主人公・本田吾郎は小学校4年生でスポーツ用品店を営む監督がいるリトルリーグに入る。団員は少なくサッカー人気に押されている。吾郎の才能を認める監督は，日本一強い横浜リトルへ行くことを勧めるが行かない。吾郎の父親もプロ野球選手だったが死球が元で亡くなっていた。その時の投手は現在はメジャーリーグで活躍しており，大きくなったら挑戦する気でいる。チームを鼓舞し横浜リトルに勝つが，吾郎は引っ越して行き，次の舞台は中学3年，肩を壊しもう野球はしていない。父親の旧友の元プロ野球投手と母との再婚で茂野吾郎となっている。実は左投げに転向しており，やけになった元部員につぶされそうになっていた野球部を助け復帰する。才能を認められた吾郎は野球名門の私立海堂高校のスカウトの目にとまる。結局断るのだが，全員がプロを目指す実力者揃いのため，かつてのライバル佐藤寿也と一緒に過酷なセレクションを受け合格。島の養成所に送られ特訓を受け，マニュアル型の野球に反発しながらも試練をくぐり抜け，一軍に勝利

したところで退学転校。今度は野球部のない高校で，素人の監督と創部し甲子園を目指す。再び海堂と対戦しプロのスカウトの目にとまる。物語はまだ続くが，ここから吾郎は単身メジャーリーグを目指すので，部活としてはここまで。

　さて数が多くなってきたが，これら90年代のスポーツ・マンガを部活動の視点から眺めてみよう。90年代のスポーツ・マンガには80年代に『タッチ』が持ち込んだ学園物の恋愛要素が，『ピンポン』を除き，取り入れられている。とくに『帯をギュッとね！』は，女子柔道を描いた『YAWARA』のような単純な絵柄も重なり，最初から主人公の彼女がマネージャーであるなどラブコメ満載で柔道の古臭さと泥臭さを消しながら，また80年代の『柔道部物語』と同様に指導者と一体となった競技での努力がよく描かれ，競技素人でも読みやすい作品になっている。『シュート！』では主人公たちが好きになるヒロインがアイドルになったり年上との駆け引きがあったりするし，『SLAM DUNK』の主人公・桜木花道がバスケ部を続けるのは勧誘された同級生が好きだからで，『シャカリキ！』の無口な主人公・野々村輝はかわいいマネージャから好意を持たれ，『MAJOR』主人公の吾郎と幼なじみの清水薫との進まない関係などなど，どの作品にも恋愛要素が盛り込まれている。しかし，そうした恋愛要素は，『H2』以外では本筋から後退していき，しだいに試合や競技の疾走感がメインになる。その意味では，『タッチ』と同じあだち充作品の『H2』だけが，スポーツ・マンガではなく学園物の恋愛マンガの王道だということだろうが，『帯をギュッとね！』とあわせてラブコメ重視の『少年サンデー』的世界観としておいてもよいだろう。『H2』以外の作品は，一生懸命に練習し緊迫感ある試合に臨み勝つことが物語の流れとなっており，やはりスポーツ・マンガの王道はそちらにあるといえる。しかし，80年代と異なり，そこで描かれる部活の練習は自分たちでやる猛練習ではなく，優秀な指導者と一緒にやるトレーニングへと様子が変わっている

　部活指導者との関係を見てみよう。これら90年代に人気のあった作品のなかで，指導者の影が薄いのは『シュート！』だけである。しかし，その作品中であっても，部員が多数いるような強豪校には有名な指導者がいること

が描かれる。この点，管理されている部活動というイメージでの全寮制の強豪校といった学校が敵役であることはそれまでと一貫しているのだが，90年代ではそれが単なる敵と単純に割り切れる相手ではなくなっている。『帯をギュッとね！』では，幼なじみのいる新設高校の体育科や全国大会常連校，『SLAM DUNK』では県王者海南大付属やバスケ王国秋田県代表，『シャカリキ！』ではチーム戦であるロードレースの選手をロボットのように鍛える常連校，『H2』では勝つためには手段を選ばない甲子園常連監督率いる栄京学園，『ピンポン』では全国常連の超有名校海王学園，『MAJOR』では優秀選手が集まる横浜リトルや海堂高校と，強豪校であり子どもたちが管理されている学校は明らかな敵である。80年代の場合，そんな敵役との違いは強調されており，その反面としての自分たちのチームは，大人に頼るのではなく必要な努力をみずからが積み上げていた。しかし，90年代の場合，自分たちの方も有力な指導者にトレーニングを受けている。『帯をギュッとね！』では県警の柔道部に，『SLAM DUNK』は元有名大学コーチだったバスケ部監督安西先生に，『シャカリキ！』は元五輪代表候補の自転車部の由多監督に，『ピンポン』では卓球部顧問だが元世界選手権代表候補だった小泉先生と卓球場オババの息子の大学卓球部のコーチに，選手である子どもたちは指導者と一体となってトレーニングし競技力を向上させる。

　『帯をギュッとね！』『SLAM DUNK』『ピンポン』での有名指導者の存在は偶然だが，『シャカリキ！』『MAJOR』の主人公はみずから強豪校に飛び込んでいく。したがって，90年代の敵役は，指導者も含めて単にコロッと負けてしまうような影の薄い存在ではない。スポーツ・マンガの舞台となるような90年代の部活では，有能な指導者が才能がある人材を待っており，指導も先を見据えておこなわれている。生徒の将来は，大学スポーツであったり，海外リーグや世界選手権であったり，日本代表やメジャーリーグであったり，とにかくプロに近い世界となる。およそ父親不在となっている物語のなか，こうした外部指導者は明らかに代理父の役割を負っており，部員たちは必然的に代理父の下でとにかく時間をかけてトレーニングに励むことになる。

　顔が見えているというのは，指導者だけでなく，生徒たちにもいえる。管

理されているチームにいる選手たちは，ただの敵ではなく，その人生に先があることが描かれる。恋愛マンガである『H２』でさえ，かつて管理野球で野球部を干された元高校球児の古賀監督，その指導者だった監督が率いる栄京高校，その教えを忠実に守る天才投手，管理野球のなかでけがを負い別の指導者のもとで再出発する姿，などが主要なエピソードのひとつとなる。『帯をギュッとね！』の典型的な敵役は，「部活が受験勉強みたいなもん」「どーせスポーツの成績で大学に行く」と公言するスカウトで集められた新設校の体育科の生徒たちだが，そのなかの１人は主人公の幼なじみであり，最後にはみな友だちになる。そうした状況は「集められた優秀な生徒。スカウトしてきた監督，指導者，贅沢な設備。スポーツする環境では天と地の差」と明確に意識されているが，他方で，公衆の面前で部員を叩くような指導者の姿は「世の中のマチガイ」で倒すべき相手とされる。部員たちは競技と学校生活との両立に悩みながら「本気で楽しい柔道」を目指すも，すでにそばに優秀な指導者が控えておりそうした代理父を頼るのは必然となる。『MAJOR』では，スカウトから外れるも将来を見据えて有力校にしがみつく数多くの高校生が，いささか単純ながらも，それぞれの苦悩を抱えながら登場する。

　部活に全力投球する高校生の姿とその苦悩は，恋愛要素のない『ピンポン』に顕著である。主人公の１人スマイルは，卓球に人生を捧げるつもりはないが，かつて格上だったペコに勝てる才能に自分でも気づく。かつて２人と一緒に卓球場にいたアクマは，卓球強豪校に入り，過酷な努力をして実力をつける。その強豪校の孤高の才能を誇る主将はスマイルのみを認める。卓球王国の中国からはじき出されてきた留学生は，日本で負けるわけにはいかない。ペコもあちこちに自分よりも上がいることを受け止める。スポーツ・マンガの特性上，主人公は勝ち続けるのが常だが，『ピンポン』では負けることも含めて各脇役が主人公と同じ重みをもって描かれている，といってよいだろう。

　このように，90年代のスポーツ・マンガでは，80年代には消えていた指導者が復活し，その代わり，部活動は自分たちだけでつくりあげていく学校内の自律的な活動ではなくなり，卒業後を見据えたプロの世界へと続く道が

描かれている。その分，90年代の部活は過酷であることがあたりまえの世界である。つまり，90年代の部活動は，もはや学校内の子どもだけの自律した場ではなく，見据える進路によっては，机に座って受ける勉強よりも運命を左右する学校内の最重要な場として描かれるようになったのである。かくして外部指導者は，かれらを引っ張る権威的な代理父の役割を担うことになり，その存在感を強めていく。

7——2000年代に完結したスポーツ・マンガと部活動

2000年代のスポーツ・マンガは長期連載が多く区切るのが難しいのだが，2000年代に完結した作品ということにすれば，サッカーの『ホイッスル！』，野球の『ROOKIES』と『テニスの王子様』の3作品となる。ここに，1994～2010年連載の『MAJOR』を入れてもよいのだが，その高校野球部時代は2003年ぐらいには終わっており，やはり90年代の作品としたい。この3作品の人気スポーツ・マンガは，『少年ジャンプ』掲載という点に第一の特徴がある。ちなみに囲碁部が舞台ともなる『ヒカルの碁』を含めると，この4作品が同時期の『少年ジャンプ』に重なりながら連載されており，部活動の種目が違っているのは雑誌側の都合ということになる。連載期間が9年ほどと比較的長かったのは『テニスの王子様』だけであった。その続編『新テニスの王子様』も2019年度現在では集英社のジャンプ系別マンガ誌に連載中であるが，ここでは取りあげない。『ホイッスル！』にも主人公が異なる『ホイッスル！W』の続編があるが，取りあげない。

『ホイッスル！』は，強豪中学からの転校生である主人公・風祭将が，有望選手として期待されるという『キャプテン』と同じ設定で始まり，その強豪中学の厳格な指導者による「勝つことしか頭にない」管理型部活を敵と見なすという点では80年代的な作品である。また部活内部の争いで本気モードが勝ち，「それまで楽しくやってたのによー」という層が部活から離脱してしまうのは，『オフサイド』や『SLAM DUNK』に見られる展開と一緒である。暗さは微塵もないのだが，主人公が兄と2人暮らしで両親がいないことや部内エースの父親がライバル校の監督であったりと，「ロマン重視」路

線の 60 年代的設定をも取り入れている。あらすじは，期待されたにもかか
わらず最初はそう上手でもなかった小柄な主人公が，とにかく猛練習するこ
とで周りに影響を与えていき，本人は日本代表選手にまでなってしまうとい
う単純明快なスポーツ成功物語である。早朝練習から夜遅くまでの自主練や
合宿はあたりまえだが，成績が悪ければ試合にも出られなくなるので部員そ
ろって勉強もするというように，全体的には『キャプテン』のように自分た
ちで苦境を打開していくかたちで物語は進む。学校の顧問は女性教員でサッ
カーがわからないという設定で，途中から外部指導者となる元日本リーグの
名選手は「自分たちで考えさせる指導」を心がけ自発性と「サッカーを楽し
む」気持ちを養う。つまり実質的には指導してない『キャプテン翼』のよう
だが，勝ち続けるためには有力な外部指導者を必要とするという 90 年代以
降の部活動の現実をも加味した展開だともいえるだろう。こうしてみると
『ホイッスル！』は，あらゆる設定を詰め込んだ折衷的な作品で，そこが面
白さと人気につながったといえるのだろう。

　『ROOKIES』は，80 年代に一世を風靡した高校ラグビー部の実話を元に
したテレビ・ドラマ『スクール☆ウォーズ』の翻案といってもよい作品で，
実直な熱血教師が不良を部活で更正させていくという王道の設定である。作
画の森田まさのりが，88〜97 年に『少年ジャンプ』に連載していたボクシ
ングをする不良高校生を主人公とした『ろくでなし BLUES』も，歴代マン
ガ発行部数（全巻ドットコム）で『H 2』と『ドカベン』の間に入るほど根
強い人気作品であった [7]。

　『ROOKIES』の絵柄は『北斗の拳』のような劇画風で重厚な作品観があ
り，そうした意味では，不良高校生と部活の両方を描いていることが，この
作品の人気の理由の一端であるといえるだろう。新たに赴任してきた主人公
の熱血教師川藤幸一は，さっそく野球部の顧問を任されるが，全員部活所属
が必須の学校のなかで，野球部は特に悪いやつらのたまり場になっている。
川藤は野球のルールも知らないが自分で勉強し，不良生徒一人ひとりの心の
声をひろっていくことで，いつの間にか皆が練習や試合に参加するようにな
る。ライバルとして野球推薦ばかりの強豪校もでてくるが，そこの監督も野
球に真面目に向き合うことを指導している。川藤は努力をバカにする者を率

直に怒る実直な熱血漢であり，そんな姿勢に皆がついていくことで試合に勝ち進んでいく。一言でいえば，教師が奮闘する熱血感動物語だが，部活動に対する鬱屈した思いから部活をつぶそうとする不良高校生が改心するといった流れは，『SLAM DUNK』と同じであり，人気作品の要素も詰め込まれている。この作品は不良マンガらしいといってしまっていいのか，典型的なジェンダー観で描かれており女性の扱いが画一的でひどいことを付け加えておく。

　『テニスの王子様』の主人公越前リョウマは，アメリカのジュニア大会4連続優勝の超天才プレイヤーで，その父南次郎も幻の天才プレイヤー。テニス名門の青春学園中等部に入学し部活を始める。当初は部活が舞台で，圧倒的に強い主人公と先輩や友だちとの関係，また顧問の先生も出てくるのだが，途中から学校や部活という舞台はほとんど重要でなくなり，とにかく試合で戦う。対戦相手には，地方から有力選手を集めた学校やタバコを吸ったままの不良っぽい中学生，部員が200人もいる有力校といった紋切り型の敵が登場する。試合は団体戦で，だれかの試合が長引くと主人公の登場シーンがないなど，レギュラー組の各キャラクターがかなり濃く描かれており，単行本の途中で紹介されるバレンタイン時のチョコランキングでも，主人公は毎回1位を取れていない。試合では，とにかく勝ち続けるので，対戦相手は当然強くなり，すぐに必殺技が飛び交うようになる。競技をよく知っている顧問がいて朝練を含めた長時間の練習をし，主人公は勉強は出来ないなどとひととおりの設定はあるのだが，それらはすべて些末な扱いである。端的にいえば，この作品は，かつて人気があった『聖闘士星矢』のテニス版といえるだろう。つまり，久々に出てきた「戦いの方程式」での「超人の世界」系に当たり，リアルはあまり重視せず，とにかくどんなに無茶でも強くなって勝てばよいというマンガらしいマンガであるといえる。

　こうしてみると，2000年代完結の人気スポーツ・マンガの特徴は，『少年ジャンプ』らしさにあるといえる。よくいえば小学生の男の子と女の子にマンガを楽しく読んでもらう要素満載だといえるが，悪くいえば，物語が稚拙で単純であり，90年代のスポーツ・マンガにあった部活動で過ごす学校世界の多様な姿が消え，80年代の脳天気な姿が再来している。それは，おそ

らくこれらの作品が典型的な編集者との協働企画ものだからであろう。『ROOKIES』は明らかにアイデアの折衷だし，『テニスの王子様』はアイドル路線のメディアミックスを優先させたような企画である。『ホイッスル！』は，少なくとも90年代に描かれていたような部活の姿を垣間見せてはいるが，どの設定にも既視感があり人気作品の要素を詰め込んだ内容で，80年代の『オフサイド』同様，サッカーを知らない女性漫画家が作者に起用された企画先行作品のようにみえる。『テニスの王子様』の続編が続いているのは，メディアミックスの成功と二次創作の題材になっているからであることも推察される。『テニスの王子様』の主人公には喜怒哀楽がなく，さらにカッコ良さを狙った決めポーズを多用することもあり，全体的に表情が乏しく画からの意味を読み取りにくい。運動部活動という視点からみた2000年代のスポーツ・マンガは，総体的にみれば，時代の趨勢を映し出しているとはいえず，あまり見出せるものがない。強いていえば，この3作品は，学校のクラスや勉強また家族とは別の空間としての運動部活動こそが，登場人物にとって存在する意味のある空間となっており，80年代作品のように，ただ日常として存在する学校のなかにある自分たちだけの世界で，何も考えることなくそのなかに浸っていられることの純粋な楽しさを見せてくれる。その一方で，90年代作品のように，もはや学校内の子どもだけの自律した場ではなくなっている姿も踏襲しており，逆に，それは教師や外部指導者も一緒に浸っていなければ成立しない実力主義の空間であり，そうした支えと方針を当然視している世界であるともいえるだろう。

8──2000年代の長期連載が続くスポーツ・マンガと部活動

2000年代に始まり2010年以降まで長期連載が続く人気スポーツ・マンガには，高校野球の『おおきく振りかぶって』『ラストイニングス』『ダイヤのA』，高校バスケの『あひるの空』『黒子のバスケ』，高校自転車競技の『弱虫ペダル』があるが，ここに2010年代以降で唯一リストアップされたバレーボールの『ハイキュー!!』（2012年開始）を加えたい。

『黒子のバスケ』『ハイキュー!!』は2000年代に完結した3作品と同じく

『少年ジャンプ』掲載作品だが，その他は『月刊アフタヌーン』『少年マガジン』『週刊スピリッツ』『少年チャンピオン』と掲載誌も異なり個々の作品内容が評価されていると推察できる。多種目の運動部活動が挙がっているが，2000年代以降ではほかにも様々な活動のマンガ作品が開始され人気を得ていることも指摘できる [8]。また2000年代の特徴として，高校生が携帯電話を使い始め（『ROOKIES』にもあり），『ハイキュー!!』で初めてスマホが登場してくることを注記しておく。これらの作品の部活動視点から見た特徴を，生徒以外の視点を強く押し出している『ラストイニングス』，強豪校を描く『ダイヤのA』『黒子のバスケ』『弱虫ペダル』，そしてだれもが主人公の世界となっていく『おおきく振りかぶって』『あひるの空』『ハイキュー!!』に分けて見ていこう。

　『ラストイニングス』は，経営が危うい私立高校が1年で甲子園に行くことを条件に，野球部OBを監督に据えて目標に向かっていく物語で，浦上直樹風の画風と展開で高校野球をめぐる球児と大人たちの姿が描かれる。もちろん主人公の鳩ヶ谷監督から見た野球戦略や捕手の成長といった緻密な野球も取り上げられるが，あまり描かれてこなかった学校経営や監督や父母の感情といった背景，また高校野球観といった視点を加味している点に特徴がある。この作品では，スカウトで集めた野球留学部員ばかりの売名目的で野球部を強化する私立校が主なライバルであり，各校にいる名匠監督の存在も強調される。経営陣の1人美里ゆり子の父親も監督請負人で，人生を高校野球に注ぐがゆえに「嫌なら出ていけ俺は野球は取る」と言い放ち両親が離婚した過去を持つ。スカウトで集まった球児は，自分のことを「商品価値を高めるために技術を磨く」「ボクらは勝つために集められた傭兵」と自覚し，勝利至上主義を嫌う審判理事の鶴ヶ峰は「健全な青少年の育成という高校野球の本来の目的」と「人格形成論」を唱えるが，それも高野連の「野球技術の向上」「処罰機関じゃない」といった主張と対立する。強豪校の元監督は，「昔は野球部員は不良だって決まってた」のに，「野球名門校に行きさえすればいい大学や，いい会社に進めるかもしれねぇなんて計算ずくで来る奴らが増え」，「学校もそれを後押しするように方針を変え」，大学にまで行かせることを念頭に「文武両道に秀でた生徒をより多く集める」ようになり，「父

母会が出来たときにはもう駄目だと思ったね」と語る。主人公鳩ヶ谷は，口を出す熱心な母親たちについて，「フン，ただヒマなだけさな！」「自分に夢がないから子どもに夢を見ちまうんだよ。こっちはいい迷惑さ」と評する。鳩ヶ谷監督の営業マン時代の同僚は「野球部ってな，昔から好かねぇんだよ‼ 授業中寝てても怒られねぇ。落第もねぇ。勉強しなくても卒業出来る。大学も推薦で行ける。」「野球が上手ければ偉いのか⁉」というが，野球に人生を注ぐ父を持ち学校経営に関わる美里は「それがなんなの？」「決められたルールの中でチーム強化のために精一杯努力しているだけ」と正当化する。また，主人公鳩ヶ谷の師匠である甲子園を一番研究してきたハンデ師は，そうした甲子園に「人々が求めているのは純粋さとさわやかさ，そして胸が熱くなるドラマだ。そのドラマは美しくなければならん」と看破する。高校野球は数多くの矛盾をはらみ，おそらく熱心に見つめるファンが見ているものと内実は違っている。一番勝ちたいのは監督で，そのために数多くの球児が再起不能になってきた。しかしその一瞬の輝きは選手自身が求めたものでもある。時代状況を背景にした姿を赤裸々に語りながら，勝ち進んだ野球部によって学校経営は安定し，活躍した選手はプロに進む。どの語りも真実を含むが，高校野球は変わらず青春の姿として見つめられ続けられていく。かような『ラストイニングス』では，90年代に全面に出てきた敵としての管理された部活を深く描こうとする傾向が最前面に出てきたといってよいだろう。そして，次に取り上げる『ダイヤのA』『黒子のバスケ』『弱虫ペダル』の舞台は，まさにそうした各スポーツの強豪校に所属する最前線にいる生徒たちの物語となる。

　『ダイヤのA』の主人公は，何度も甲子園出場経験のある名門青道高校の野球部に入学し寮生活をしながらエースを目指す投手沢村栄純である。主人公は，第2グラウンドや雨天練習所があり野球留学組ばかり100人以上の部員の半数が寮暮らしをする部活で，先輩やライバルと切磋琢磨しながら，持ち前の明るい性格を活かして活躍していく。部のかけ声は「王者青道〜狙うのはただ1つ　全国制覇のみ！」，先輩は大学やプロに行くのがあたりまえ，強敵も同じような野球強豪校ばかりという，かなり振り切れた設定となっている。『ダイヤのA』では，かろうじて『ラストイニングス』で敵であった

全寮制の管理野球は，中学時代の友だちが「俺達のヒーロー」と呼ぶ主人公の居場所となり，そこで野球にひたむきに向かう姿は実力者たちの争いとして描かれている。寮での同室の先輩との関係，部内のライバルとの競争，けがと挫折，チームへの貢献，ベンチ外の3年生への監督の対応，成績が求められる監督，プロのOBからの差し入れ，甲子園出場と大学推薦の関係，大学での再戦の誓い，など野球強豪校内だからこそのエピソードがあふれる。しかし対戦相手からは「年がら年中練習ばっかやってる私学の野球ゴリラ共」と揶揄されてもいる。

『黒子のバスケ』では，部活強豪校が舞台となるのを通り越して，有力選手を集めた超強豪校の存在自体が物語を動かす前提である。全国3連覇を果たした部員100人以上の超強豪校帝光中学で「キセキの世代」と呼ばれた5人が，全国の強豪高校にバラバラに進学しながらも再び全国大会で出会っていく話が軸となり，主人公は同じチームにいた幻の6人目の黒子テツヤである。「キセキの世代」は，個の力があり過ぎたために練習やチーム結束の必要性もないジレンマを抱えながら，宣伝材料としたい学校理事からは全国大会常勝を求められていた。そのせいで「キセキの世代」メンバーは黒子が大事に思っていた約束を破ってしまう。黒子は，「キセキの世代」に新たなチームで闘って勝ちたいと思っている。ほかに「無冠の五将」なども登場し，黒子が選手をサポートする能力を活かしながら，チーム一丸となって個人技の優れたワンマンチームと闘っていくという設定のためか，後半になるにしたがって互いに「幻影のシュート」「流星のダンク」「鷲の目」「加速するパス」など必殺技が多用される。よって『テニスの王子様』と同じく『少年ジャンプ』掲載作品である『黒子のバスケ』は，その後継的な「超人の世界」系マンガに属する。しかし，物語全体では「人の努力を否定してしまうキミには絶対負けたくない！」という黒子に対し，「そーゆーキレイ事がウザい」と力でねじ伏せようとする「キセキの世代」との対比が強調されており，主人公の動機としてはチームや仲間という意識が重要で，「友情，努力，勝利」の大切を訴えるオーソドックスな『少年ジャンプ』作品であるともいえるだろう。

『弱虫ペダル』は，80年代の自転車競技マンガ『シャカリキ！』と同じく

『少年チャンピオン』掲載作品で，全国制覇をねらう部活チームでロードレースに挑む高校生を主人公とする。体育教師も運動できるヤツも嫌いで，中学での体育の成績はいつもDというメガネで運動オンチの弱々しいアニメファンの主人公・小野田坂道が，その名のとおり登りを得意として活躍する。千葉の自宅から45キロ離れた秋葉原に通い詰めていた結果，知らないあいだに自転車で走る力が身についていたという設定で，レースは劇的に描かれるが，主人公は身につけた力と学んだ技術で実力を遺憾なく発揮していく。こうした点は，無口だが才能ある主人公という『ドカベン』設定を『シャカリキ！』で踏襲した『少年チャンピオン』が，その男性像を『弱虫ペダル』では時代に合わせオタクにして引き継いだともいえるだろう。最大のライバル校は大所帯の強豪校だが，主人公のいる高校もインターハイにあっさり出場する強豪校であり，そのなかで最終的に勝ってしまう主人公は客観的に見れば『ドカベン』『シャカリキ！』と同様に秀でた才能のある者なのだが，それがオタクとして弱々しく描かれることで共感を得やすくなっており，運動オンチで趣味を共有する友だちもいなかった主人公が，部活チームでロードレースを走り仲間を見つけていく姿が特に強調されている。こうした強調点は，描き方は違うが『ダイヤのA』『黒子のバスケ』にも共通する。

　『ダイヤのA』では，部活内の部員はライバルであると同時に時間と目的を共有する仲間である。『黒子のバスケ』では，チームに裏切られた主人公が，新チームの仲間と一緒に闘う喜びをかつてのチームメイトにぶつける姿が主題となっているが，敵役は必ずしも悪役ではなく想いを理解して欲しい仲間である。敵役も仲間という点はこの3作品に共通しており，どの作品でも対戦する強豪校の選手達もさまざまな思いを抱きながら頑張っている若者として描かれている。たとえば『弱虫ペダル』に登場する御堂筋選手は強烈な悪役キャラだが，自転車競技を続けてきた背景にアイデンティティを賭けた強い想いがあることも描かれ，ただの憎まれ役ではない。したがって，これまで敵役と描かれていた強豪校が主役を演じるこれらのマンガのなかでは，大人の指導者は強調されず，実質的に管理された選手はいない。『ダイヤのA』では存在感のある監督はいるものの実質的な指導者は先輩であり，『黒

子のバスケ』では女子マネージャー兼監督，『弱虫ペダル』でも指導するのは先輩である。また恋愛要素もほぼ皆無で，親が介入する要素もない。たとえば『弱虫ペダル』のライバル真波の幼なじみの委員長は異性とも見られておらず，主人公坂道の母親も息子が活躍するとも思っていない。こうしてみると，この3作品は，各スポーツの強豪校に所属する最前線にいる選手たちの物語として，全国大会で競い合うような舞台に立てる実力という現実を背景に，親も指導者も恋愛要素も関係なく，単純に仲間を信頼し合いながらそれぞれが目標に向かって努力する姿を見せる，王道の青春少年マンガであるといえるだろう。

　こうした敵のない世界が2000年代のスポーツ・マンガの特徴だとすると，『おおきく振りかぶって』『あひるの空』『ハイキュー!!』では，さらにだれもが主人公の世界となっていく。この3作品は，部活を描いたスポーツ・マンガとしてよく似た設定と世界観を用いており，何よりも少女マンガのような緻密な人間関係が張りめぐらされたドラマを描いている点で，従来のスポーツ・マンガの枠組みを大きく超えている作品群であるといえる。『おおきく振りかぶって』は，中学時代はダメ投手で高校では野球部に入らないつもりだった気弱でかなりのコミュニケーション障害の主人公三橋が，頭のいい捕手阿部に抜群の制球の良さを認められ一緒に甲子園を目指していく。『あひるの空』の主人公車谷空は活動もしていないバスケ部に入るが，150センチと選手としては致命的に小さいながらも持ち前のやる気と抜群なセンスに部の結束も高まり練習で強くなっていく。『ハイキュー!!』では，バレーをするには小柄な主人公日向翔陽が，かつて全国大会に出場したOB「小さな巨人」の影を負いながら先輩たちと成長していく。2000年代作品は，『おおきく振りかぶって』が埼玉，『あひるの空』が神奈川，『ハイキュー!!』が宮城，また『ラストイニングス』が埼玉，『弱虫ペダル』が千葉と舞台が東京周辺に分散している点も興味深いが，とくにこの3作品は，全く強豪校ではない部活において，明らかにハンデを持つ主人公が，たまたま集まった部のメンバーと一緒に大きな目標に向かってがむしゃらに練習していく姿を描くという点でも共通している。

　部活視点で見ていこう。物語の冒頭の指導者は，『おおきく振りかぶって』

では女子監督，『あひるの空』では女子マネージャー，『ハイキュー‼』では顧問の新任先生であるが，競技歴のない顧問の先生による部活動への親身なかかわりが大きな影響を与えている。『おおきく振りかぶって』では，数学の志賀先生がポジティブシンキングや食事など科学的トレーニングを教えてくれ，『あひるの空』では国語の五月先生が廃部から同好会として再出発する姿を信頼で支えてくれ，『ハイキュー‼』では国語の武田先生が経験者のコーチや練習試合や合同練習のお膳立てをしてくれて躍進につながる。独身で新任の武田先生はまだいいにしても，志賀先生は「正直なトコこんな大変だとは思わなかった」といい，五月先生の身重の妻は，手当の少なさ，週末の休日返上，忙しい業務，それでも生徒のためを思う夫，その夫が肩を落とす姿などを生徒に不平をいう。こうして部活顧問の大変さも示しながら熱心に関わってくれる先生の重要性が描かれるとともに，外部指導者の存在感もある。『おおきく振りかぶって』は卒業生の女性監督が発足させたばかりの硬式野球部が舞台だが，その百枝監督はひととおりの指導方針と技術をもち，さらにその父親は野球名門校で投手として甲子園に出場した経験があり大学野球を経てリトルの監督もやっていたという経歴で，のちにかなり本格的な技術指導をしてくれる。『あひるの空』では，当初は分析力のある女子マネージャーが監督をし，しばらくして近所のインターハイ出場経験のあるOBにお願いするが，実は主人公空の両親は元全日本候補選手で有力校の監督やコーチはおよそ知り合いという設定で，のちには実の父親が臨時教員として指導に当たることになる。『ハイキュー‼』では，武田先生が近くで商店を経営するかつての名匠監督の孫でバレー部OBにコーチをお願いし，商店街チームのOBなども練習に付き合ってくれる。どの監督やコーチも勝たせる指導と練習を積み重ねるが，それも顧問と同じく生活の大部分を部活に注いでいるからこそであり，その前提には選手の自主性と自発的なやる気が必要である。

　自主性が加味された練習量はとんでもなく多い。『おおきく振りかぶって』の監督は，週一休みの朝5時から夜9時までの練習を提案し，部員の帰宅は夜10時で，もちろん帰れば爆睡である。長期の休みには必ず遠征して合同練習で刺激と課題をもらう。『あひるの空』では，朝練と夜10時までの自主

練があたりまえで，体育館が使えなくても練習試合をこなし，体力トレーニングメニューも尋常ではない。『ハイキュー!!』では，「それなりに楽しくやっていた部活」から「勝つ為の部活」への戸惑いも描かれるが，朝練ときついトレーニングはあたりまえで，長期休み中の有力校との合同練習で練習の厳しさと熱心さと技術の向上が描かれる。しかしこうした長時間の練習に「バレーはたかが部活で将来履歴書に『学生時代部活動を頑張りました』って書けるぐらいの価値じゃないんですか？」と疑問がもたれないわけでもない。作中ではその答えは「ハマる瞬間」だとされるが，それは過酷な練習の経験の果てにあるかもしれない一瞬の成功である。過酷な練習はけがを誘発する。『おおきく振りかぶって』では球数制限が取り上げられ，肩を壊して野球を辞めた百枝監督の父親は「ジュニアプレイヤーの２割が故障をかかえているスポーツはどっかおかしい」と考え，科学的トレーニングを提案している。『あひるの空』では，試合が進むにつれて故障しない者がいないほど満身創痍となっていく。なぜそこまでして部活に打ち込むのか，いまを生きること，後悔しない選択，仲間と過ごす時間，監督やコーチもジレンマを感じながら指導している。

　これらの作品では，時間を惜しまず協力する熱心な顧問，経験と知識と指導力のある外部指導者，同じ目標に向かう仲間との自主的な練習，それらがかみ合うことでやっと強敵と対峙する力がついてくる。この３作品の主人公の所属部活は強豪校ではないので，必然的に敵となるのは再びスカウトで集められた全寮制で管理されたチームとなるが，2000年代の作品らしく，そうしたチームも決して悪役とはならない。それどころか，対戦するどんなさいなチームのメンバーの姿もまるで主人公のように繊細に描かれる。対戦し敗戦したチームにも，先生がおり監督がおり，選手がおり，それを支えてきたマネージャーや家族がおり，それぞれの想いを抱きながら練習や試合に挑んでいる。真面目にやっていてもやっていなくても，その一瞬にはそれぞれの価値がある。こうして，この３作品に特徴的なのは，主人公チーム以外の登場人物の姿と想いもみな同じ重みで繊細に描こうとする作者の姿勢である。その結果，作中では相手チームを描く場面が増え，あえて本来の主人公だけの視点で物語を負うことの必然性が薄い世界となっていく。だれもが頑

張っている，というわけである。それは，主人公のチームの部活メンバーも変わらない。無数の主人公を擁するこれらの作品では，どのエピソードも長く描かれることになり，物語の進行は遅く長期的な作品となりやすい。もちろん，そうしただれもが主人公の世界観が共感をえているからこそ，長期連載が可能となっているのだろう。しかし，週刊マンガ誌と単行本で読むのではフローとストックとでもいうべき違いがあり，もしかすると毎週の読者アンケートの順位を重視する『少年ジャンプ』では連載が難しい表現形式で，先に連載が開始された『おおきく振りかぶって』が月刊誌であり，それにつづいた『あひるの空』が『少年マガジン』だったからこそ切り開けた路線だったといえるのかもしれない。

　より細かくいえば，『おおきく振りかぶって』では，部員同士の微妙な人間関係や緻密なトレーニング，また他校チームや家族との関係といった側面を細かく描く傾向にあり，『あひるの空』では各校部員一人ひとりの多様な想いが正否なく描かれつつ恋愛要素も含めた学校生活の場面を絡めていく傾向があり，両者とも少女マンガが描いてきたような緻密な人間関係模様を部活という舞台に本格的に取り入れた新機軸のスポーツ・マンガとなっていると高く評価できる。『ハイキュー!!』では，そうした微妙な人間関係模様は少し薄いが，部員と先輩とOBと家族といった多様に絡む人間模様と他校チームとの友情といった側面が，試合の疾走感の合間に密に描かれており，先の2作品の作風を少年マンガにうまく導入していると評価できる。これら3作品を「戦いの方程式」分布図に当てはめれば，これまで『キャプテン』『プレイボール』だけが果たしえた「ルポルタージュの世界」系を描きえた希有な作品であるともいえる。ただし，その部活動は70年代のような生徒の自主的な学校外の世界ではなく，教員と外部指導者と生徒が一体となった日常的な学校内世界である。それぞれの作者が競技経験者であったからこそ描けた作品でもあるのだろうが，部活動マンガはこの3作品において究極的な手法を手に入れたように見える。しかし，行き過ぎたルポルタージュは，マンガである必要性を問われることになるだろう。この点は『あひるの空』のメイン登場人物の花園千秋の破天荒な人物像にマンガらしさを活かす視点があると指摘しておきたい。しかしまた，客観的にみれば，この3作品の感動の

ドキュメンタリー物語に隠れた部活の姿は，教員にとっても生徒にとっても「ブラック部活」であることは間違いない。管理型部活に勝つためには，普通の学校であればあるほどそれだけ体制を整え，すべてを投げ打って努力をしなくてはいけない。そこで得られるものは何で，捨ててしまわざるをえないものは何だろうか。それについていけなくて辞めていく者も主人公の1人である。これも運動部活動マンガで問われなくてはならない視点だといえるだろう。

まとめ

　本章では，1960年代から2000年代までのおよそ50年間に発表されてきた，部活動を舞台とする人気のあるスポーツ・マンガを読んできた。部活動の多面的な姿を描けている作品はそう多くないが，その変遷のなかでは，生徒にとっての部活動の位置づけと指導者像に大きな変化がみられた。

　60年代の部活動を舞台にした人気スポーツ・マンガは，学校という舞台を借りながら実は学校内の部活動という舞台はそう重要ではなく，父親であり外部指導者でもある優れた師とともに学校外世界に向かう物語を描いていた。例外的に『アタックNo.1』だけが，70年代を先取りして高校進学を日常としながら，ほぼ運動部活動の問題点を網羅した物語を描いている。高校進学があたりまえになる70年代では，運動部活動は学校内を実質的な舞台とするようになる。そこでは，部活動が学校内における子どもたちの自律的で自主的な空間であることが意識されていた。とくに『キャプテン』『プレイボール』にそうした70年代の特徴がよくあらわれている。80年代では，見守る存在であった父親がいなくなり，権力を振りかざす父親は嫌悪され，何にもわずらわされずに部活という学生時代の楽しみに熱中し恋愛も経験する子どもたちの姿だけが残った。『柔道部物語』は，そうした明るく部活動に打ち込む姿と理不尽な部活動の両面を描きつつ，強豪校と戦い進路を決めていく70年代と90年代を架橋する作品になっているといえる。しかし，90年代になると，運動部活動は子どもたちだけの自律した場としての意味を薄め，そのなかでの父親役割としての指導者像も復活し，むしろ勉強よりも運

命を左右する場となっていく。『帯をギュッとね！』が，そうしたジレンマを含めた姿をうまく描いていた。

　教育社会学者の山田浩之は，60年代から90年代のマンガに描かれた教師像を分析するなかで，教師が部活動の前面に登場するようになる同様の変化を指摘している。山田は，その変化の理由を，「勉強やしつけといった学校が本来もっている知識の伝達という機能の裏側に位置し」「反学校文化的性格」であった部活動が，90年代にかけて学校内に制度化されてしまうことで，その「サブカルチャーとしての性格を失い，授業と同様に教師の指導下におかれるようになった」と解釈している[9]。

　学校基本調査によると，長らく30%程度だった大学進学率が50%以上へと向かって急に上昇し始めるのはまさに90年代である（2017年度の大学および短大進学率は57.3%）。また，1990年に301校であった全日本大学野球連盟加盟校は2007年には373校2万146名，2018年では加盟校は381校と微増にも関わらず部員数はさらに約1.45倍の2万9207名となっており，90年代以降の大学野球人口は確実に増えている[10]。Jリーグ発足は1991年，バスケのプロリーグ発足は2005年であり，高校での運動部活動がその先を見据えた大学進学へと拓けたのも現実である。そして2000年代以降に人気となった部活動を舞台にしたスポーツ・マンガは，一方ではその現実を踏まえた強豪校の内部の姿を，他方ではその現実にあらがってマイナスから強豪校に対峙する姿を描きながら，さらにそうした現実から離れて必殺技で勝ち進むマンガらしさへと原点回帰する作品も生みだしていた。そのすべてが人気作品にラインナップされているということは，それらを選ぶ読者の側にも多様性があるということになるだろう。しかし，そのどれをとってみても，部活動は子どもたちだけの自律した場ではなくなっていた。それは，生徒も教師も顧問も外部指導者も一体となって同じ勝利の目標に向かっていく，だれにとってもブラック部活があたりまえの世界である。

　他方で，この50年の期間に一貫して変化のない運動部活動の様子も指摘できる。理不尽な先輩後輩関係の当然視，頑張らなければいけないムードは，明らかにスポーツ・マンガに一貫して存在していた変わらない要素であった。60年代の『柔道一直線』や『アタックNo.1』に描かれた下級生部員への理

不尽な仕打ちは，2000年代でもそう変わらない。『ラストイニングス』の留学生スティーブが「新人は雑用から始めるのが日本のルールでしょ」といい，『あひるの空』で強豪校の1年生は「練習はキツイし規律はキビしいし先輩はコワいし日本の高校はクレイジー」と嘆く。このためか，部活動が舞台のマンガでは，先輩がいない設定にしたり後輩が実力至上主義をもちだしたりすることで，理不尽な上下関係を描くことを極力回避しようとする例もよくある。頑張らなければいけないムードは，荒唐無稽な「超人の世界」系やロマン重視の「梶原的世界」系ならば傍観者でいられるが，2000年代の長期連載作品のように「やっぱり現実さ」路線の「ルポルタージュの世界」系になってくるとそうもいってられない。頑張らないのは罪悪なのだろうか。この論点は，立場によって意見が分かれるだろが，少なくとも科学的な指導法も学ぼうともしない指導者による無理強いや暴力は，どうあろうともおかしいと思えるようにならないといけない。

　ここで読んできたマンガのなかで，命令服従ではない上下関係もありえることを考えるための参考になるのは『キャプテン』『プレイボール』だろう。『キャプテン』では，合宿の掃除や炊事などを準備し後輩が存分に練習できるようしてくれた先輩がいた。『プレイボール』では，活躍しはじめた野球部にOB有志が練習グラウンドを借りてくれた。両作品は，生徒が自分たちの力で部活をしている。そうした視点から先の山田浩之が評価するのは，生徒が熱くなれるものを見つけた途端にいてもいなくてもいい存在となる『ROOKIES』の川藤先生である。いわく「自分が熱血になるのではなく，生徒を熱血にさせる，そしてどこからかわからないが，いつも生徒を見守っている。そうした教師の姿が求められている」[11]。

　スポーツ・マンガの世界観が，読者にとって当然視するような日常と感じられるのか，また部活に加入する直接の原因になるのかといった因果関係の特定は難しいのだが[12]，少なくとも人気があるというだけでも多くの読者がいることは確かである。『少年ジャンプ』創刊時からの生え抜きで3代目編集長だった西村繁男は，新入社員時代に「少年誌の編集者は教育者でなくとも読者を育む責任を持つべきであること」を上司から学んだと述懐している。作り手側は，西村のようにマンガの啓蒙的な役割を意識することで，部

活加入前の児童から指導者層までの仮想の読者に，少なくとも服従を強いるような上下関係がもたらすハラスメントや指導者の知識不足による生徒の負傷などは理不尽だということを伝えられるはずだろう。マンガは，青少年をむしばむ根本的な原因やその是正の仕方などをじっくりと伝えることができ，それを熱心に楽しく読んでもらえることを期待できるメディアでもある。加えて，読者はマンガを批判的に読むこともできるし，その視点を現実や経験と往還させ相互に関連させることもできる。そんな読者の力や反応が人気に反映することで，作り手が新たなより面白いマンガを生みだすことも期待できるだろう。

　最後に，上記を踏まえて，運動部活動を考えるうえで参考となるであろう2010 年代の運動部活動マンガを 3 点紹介しておきたい。ひとつは，強豪校で有名だった PL 学園野球部で実際に甲子園に出場した経験をもつ作者が「ルポルタージュの世界」系で描いた『バトルスタディーズ』（2015 年～『モーニング』連載中）。現実の PL 学園は下級生へのいじめと暴力により2016 年夏をもって休部しているが，作者は自身が寮長にもなった全寮制での部活動体験を肯定的に描いている。2 つ目に『部活，好きじゃなきゃダメですか？』（2016～17 年『ガンガン ONLINE』掲載）。スポーツ・マンガを読んで「ありえねえ」と笑う熱血ではないサッカー部員の日常が短編で描かれている。いわば部活動あるあるパロディーマンガであるが，普通の高校生の気持ちに共感できる。最後に，だれもが何かしらの個性をもつ未来で，その個性を発揮してヒーローになるための学校に通う未来の高校生たちの物語『僕のヒーローアカデミア』（2014 年～『少年ジャンプ』連載中）。ヒーローが先生である学校で仲間と切磋琢磨しながら一番になろうとする主人公という設定は，いかにもマンガらしく仮構されてはいるが，まさに部活動を一生懸命にやりたい生徒の姿そのものである。ヒーローになって認められるために，とにかく実力をつけなくてはならないが，ささいな失敗は死につながる。ゆえに先生であり顧問であり最強の指導者でもある現役ヒーローによるサポートも全身全霊で行われる。この作品中では，『スクール☆ウォーズ』を象徴し『ROOKIES』でも使われた言葉「ワンフォーオール」は，トップ・ヒーローがその力を次世代につなぐ能力である「個性」の名前となっている。

自己犠牲でみんなのために頑張る姿には心躍らされるが，少し斜めから見て，自己承認のためにだれもが頑張らなければならないブラック部活の究極の姿として読んでみるとよいだろう。

【本章のポイント】

●運動部活動について考えるために参考になるオススメマンガ

60 年代

『アタック No.1』：部内の関係は陰湿で指導者も厳しくスポ根ものというにふさわしく，また部活内外で起こりやすいことが網羅的に描かれている。

70 年代

『キャプテン』『プレイボール』：部活動を生徒で運営し強くしていこうとするキャプテンの努力とその努力のなかで先輩が後輩の世話をする姿勢が他にはない部活動のあり方を見せてくれる。

80 年代

『柔道部物語』：軽い笑いに包みながら典型的な日本の部活動を描いている。

90 年代

『帯をギュッとね！』：本格的な勝つ部活への取り組みを描く敵のいないスポーツ・マンガの先駆。かつラブコメ要素ありで飽きさせずに多面的な運動部活動の姿を見せてくれる。

『ピンポン』：登場人物のだれもが主人公となりうる内面的葛藤を深く描いた先駆的作品。

2000 年代（完結）

『ホイッスル！』：これまでのスポーツ・マンガを詰め込んだ折衷的なストーリーだが，それだけ部活動で起こりうる出来事も多く取り込んでいる。

『ROOKIES』：熱血先生が不良を部活動に導く話だが，部活動顧問の役割とは何かを考えさせてくれる。

2000 年代（長期連載完結）

『ラストイニングス』：高校野球をめぐる様々な思いをリアルに描く

2000 年代（長期連載中）

『おおきく振りかぶって』：弱々しいコミュ障の投手が主人公という設定から，

様々な人との関わりを描き，メンタルトレーニングの活用など科学的な運動部活動の在り方を紹介している。

『あひるの空』：主人公である背の低いバスケ少年だけでなく，他部員や女子バスケ部員，また他校の生徒や監督も含めて，だれひとり脇役とならない部活マンガ・ドキュメンタリー作品になっている。

『ハイキュー!!』：主人公は背の低いバレーボール少年だが，『あひるの空』にスポーツの疾走感を加えた，だれもが主人公となる部活マンガ・ドキュメンタリーとなっている。

2010年代（追加）

『バトルスタディーズ』：PL学園野球部の内側を知る視点から強豪校を描く。

『部活，好きじゃなきゃダメですか？』：部活あるあるパロディ。ここで紹介しているこれ以外のマンガはブラック部活だと意識できる。

『僕のヒーローアカデミア』：ヒーローになるためにブラックにならざるをえない学校でとにかく頑張る仮構の部活マンガとして読んでみよう。

注

1) 夏目房之介（1991）『消えた魔球――熱血スポーツはいかにして燃えつきたか』双葉社，92頁。

2) 米沢嘉博（2002）『戦後野球マンガ史――手塚治虫のいない風景』平凡社新書，88頁。同書も副題にあるようにスポーツ・マンガを描かない手塚治を前提にしながら，初期の野球漫画がどういった内容であったかについて詳しく紹介している。

3) 内田勝（1998）『「奇」の発想――みんな『少年マガジン』が教えてくれた』三五館，102-103頁。また大野茂（2009）『サンデーとマガジン――創刊と死闘の15年』光文社新書は，ライバル誌の対決という視点から，『巨人の星』誕生について整理している。

4) 「歴史的必然」という言葉は，新雅史（2013）『「東洋の魔女」論』イースト新書の第二部「歴史的必然としての「東洋の魔女」」からとった。リクリエーションとしてのバレーボールや女子工場労働者との関係などについて，詳しくは同書を参照のこと。

5) 『巨人の星』の作画者については，内田勝（1998）108-111頁。『柔道一直線』の作画者交替については，斉藤貴男（2016）『「あしたのジョー」と梶原一騎の奇跡』朝日文庫，248-250頁。『サインはV！』については作画者へのインタビュー，望月あきら（1999）「時代の流れがスポ根を描かせた」『スポ根ヒーローのあそこが凄い――必殺技を生む肉体と精神に迫る！』特集アスペクト72，122-132頁を参照のこと。

ちなみに『サインはＶ！』の原作も最初は梶原一騎に打診されており，この３作品が「梶原的世界」系であるのは当然といえる。

6) 作者の浦賀千賀子自身が，「バレーボール以外の場面での彼女たちの個々の悩みを描くことにも注力しました」と発言している。また，ロマン重視の場面では編集者の意向もかなりあったとも発言している。「浦賀千賀子インタビュー」,「このマンガが凄い」編集部編（2018）『大人の少女マンガ手帳　熱血！スポ根ヒロイン』宝島社，48-53 頁。

7) 部活がメインではないので候補外とした。表8-1 注記を参照のこと。

8) HP『漫画全巻ドットコム』内の「漫画歴代発行部数 ランキング」では，大学オーケストラ『のだめカンタービレ』（53 位），囲碁『ヒカルの碁』（87 位），カルタ『ちはやふる』（90 位），アメフト『アイシールド21』（93 位），部活ではないがバンド『BECK』（124 位），農業高校の馬術部『銀の匙』（145 位），お助け部活『SKET DANCE』（145 位）等が挙がっている。

9) 山田浩之（2004）『マンガが語る教師像——教育社会学が読み解く熱血のゆくえ』昭和堂，89 頁および 111-112 頁。

10) 公益財団法人全日本大学野球連盟 HP 各種資料「加盟校数及び部員数」〈https://www.jubf.net/info/playernum.html〉2019 年 7 月 1 日閲覧。

11) 山田（2004），262 頁。

12) 横田匡俊・宮下智美・間野義之（2005）「スポーツマンガと運動部員数の増減」『Training Journal』, July, No.309, 46-49 頁では，『キャプテン翼』『SLAM DUNK』『テニスの王子様』の３作品のみが，連載開始時期と該当部活の参加率の見た目の変動が一致することを受けて「参加率を刺激する可能性」を指摘している。『ハイキュー!!』にも当てはめてみたいが，数字の扱いが明確ではなく同形式で検証できない。

保護者から見た部活動

　ここでは親の目から見た部活動について，あくまでも個人的な体験から感じたことを記します。わたしには男の子が2人います。いま長男は大学1年生，次男は高校1年生。この2人の部活動を親からみた体験談ということになります。

　長男は，小学校3年生で野球のスポーツ少年団見習いとなりました。練習は週末のみ，場所は学校のグラウンドでした。基本的な指導は監督さんが頼りですが，毎回ではなくとも父親が練習につきあう雰囲気で，それにはけっこう出向きました。また，お茶当番という役割があって，毎回だれかが救急箱と飲み物を準備します。多くの練習試合と大会で，試合当番の順番も頻繁にあり，荷物や子どもを運ぶために車をだしたりもします。講習を受けて審判をしなくてはならないのも面倒でした。小学生なので，大会後の打ち上げなども親が世話を焼くのがあたりまえです。困ったのは監督が辞任したときです。ボランティアで成り立っている組織なので仕方ありませんが，たいがい残ったメンバーの親がやるはめになります。引き受けてくれるご家庭には本当に感謝します。道具，グラウンド，協力が必要な人員を含めて，野球は本当にぜいたくなスポーツだとつくづく感じました。

　長男は中学校でも野球を続けました。練習は毎日で，顧問は体育の先生，強制ではないという名の坊主刈りでした。中学の野球部は経験者が多く，その親もスポーツ少年団などを経ているので逆に困りました。とくに専業主婦家庭の母親が，小学生相手と同じように部活にかかわりたがります。子どもが何をするにも口を出し，子どもが自分で決めなくても周囲が決めます。先生は，家庭が学校にかかわることには歓迎という立場でしたので，それを無碍にもできません。さらに，顧問は練習に細かに采配を振る先生でしたので，結果，子どもにとってはなにも自律性が養えない部活だと感じました。

　次男は，最初は河川敷集合で低学年相手のゆるいサッカーを始め，4年生

で小学校の部活に入りました。正式なサッカー部だったので，教生先生も含め学校関係者がいつも複数人ついていて，親はあまりすることはありませんでした。練習も自分たちで主体的にさせていたように思います。いろいろやりたがる母親にもあまり手をださないようにさせており，異なる組織体でしたが，そもそも野球とサッカーはカルチャーが違うと感じました。

　1年間だけカナダで暮らすことになったので，子どもたちも現地の小学校と中学校に通いました。基本的に部活動文化はなかったのですが，暇をもてあますので長男は地域の野球クラブに入りました。一緒に活動するチーム編成は人数あわせだけの問題で，ボランティアの監督の数だけチームがあるといった感じです。カナダの野球文化はとてもゆるく，基本的に週1回だけ，あまり練習もせず，すぐに試合で楽しむことを優先していました。なので，日本の野球経験者なら基本的にカナダ人よりうまいわけです。いきなり硬式でピッチャーもやらせてもらっていました。本気で取り組みたければ，つぎは州レベルの選抜チームのセレクションへとハードルが上がるのですが，選抜チームには日本人も何人かいるようでした。小学校にも部活はなく，何かの大会があれば体育の先生が選抜チームを作っていました。小学校レベルから地域クラブがあったのは，夏の野球と冬のアイスホッケーだけだったかと思います。土曜には地域の小学校を借りた日本人向けの補習授業があり，その授業の終わりにバスケット教室があり，20代の経験者から小学生の初心者までが楽しんでいて，子どもたちはここでも汗を流しました。カナダではスポーツを楽しむことを教えられたと思います。

　日本に帰ってから長男は高校で，次男は中学でバスケ部に入りました。どちらの顧問も競技経験者で熱心です。中学校は基本的に毎日練習，先生はまだ若かったですが妻子よりも試合の観戦を優先していました。高校のバスケ部はインターハイをねらえる強豪校で越境入学してくる者までいました。バスケショップを経営している外部講師の指導のもとで毎日夜8時までびっしり練習があり，もちろん休めません。土日に行う練習試合の会場はあちらこちらで遠征合宿などもあり，それには親の車での送迎やお金が当てにされていて閉口しました。試合の応援観戦は当然という雰囲気で，熱心な親はほぼ専業主婦です。進学校でしたがバスケット部の部員は受験浪人する者が多

かったようです。長男の高校生活の後半は，学校・部活・塾でほぼ家に帰ってこず，それ以外の体験の少ない高校生になっていました。

　２人ともバスケ部ではレギュラーを取れませんでした。それを踏まえたうえで振り返ってみると，スタンスの違いで賛否が分かれるところでしょうが，部活は自分たちができる範囲でやって欲しいと個人的には思います。小学生なら親が手助けすることは仕方ないところもあるでしょう。でも中学生からは，子どもも先生も親を当てにしないで，出来ないことはやらなければよく，やりたければ自分たちで工夫して頑張ってみればいいのではと思います。先生に押しつけるわけではありません。子どもたちに考えさせればいいだけで，それこそ成長するきっかけとなるはずです。部活も貴重な体験ですが，それだけの学校生活はほかの学びや経験の時間を奪ってしまうとも感じます。子どもはいったん入った部活を辞めるという選択は取りにくいでしょうし，親もチーム自体への口出しはしにくいのですが，熱心な先生ほどそんなことには気づかないため変化は起こりにくいものだと思います。

　といったことは個人的な体験と意見にすぎないのですが，こんなことを気軽に言い合う機会を作ってみるのも良い試みなのではないでしょうか。スタンスの違う意見が出てくるでしょうが，違いがあることを意識できることが大事で，最終的には子どもたちが部活動について考えたうえで先生や保護者に提案をするというのもいいと思います。その後，長男は大学でスノーボード・サークルに，次男は高校で山岳部に入りました。どうもスポーツを楽しむことを選んだようです。

（伊藤明己）

軽音楽部の日常

　軽音楽，と聞いてどのようなイメージを思い浮かべるでしょうか。軽音楽とは本来オーケストラに対するジャズやシャンソンなどの音楽を指していましたが，日本では歌謡曲をはじめとするポピュラーミュージック全般をさす言葉となりました。軽音楽部は時代のポピュラーミュージックに応じてその性格を変え，昭和のフォークブームからその後のロックバンドブームを経て，現在はバンド音楽にとどまらずアニメ音楽など多種多様なコミュニティへと変遷しています。ここでは軽音楽部の活動例や，軽音楽部が抱える課題などを紹介していきます。

　軽音楽部には未経験者が多く入部してきます。流行りのアーティストに憧れ自分も演奏がしたいと意気込む生徒，吹奏楽部だったけれど高校からは軽音楽に転向したいという生徒，かっこよさそうだからなんとなくという生徒。中には両親が昔バンドをやっていて音楽的薫陶を受けて育ってきた経験者もいますが，基本的には横一線のスタートとなります。

　それでは新入部員の目線で（学校による差異はありますが）軽音楽部の活動を追っていきます。軽音楽部がほかの部活動と大きく異なる点は，扱う機材の多さです。正しい手順で操作をしないと高価な機材が壊れてしまうため，新入生は右も左もわからないまま先輩から厳しく指導されます。使用する機材は，ギターパートを例にとっても5種類以上あります。中学校を卒業したばかりの15歳の生徒が，十数万円する機材などをすべてを扱わなければなりません。ギター自体も数万円から数十万円もするため，なかには部活動で貸し出すケースもあります。しかしそれだけに，初めて自分の弾いたギターの音が，何倍にも増幅されてスピーカーから流れ出たときの感動は大きいものです。

　その後，新入生同士でバンドを組んでいきます。演奏楽器，技術レベル，性格，音楽的嗜好，様々な要素を考慮して最適なメンバーを組むことは難し

く，後々組み直したり合併したりすることも珍しくありません。無事４人前後でバンドを結成すると，文化祭等のライブ発表に向け練習が始まります。一度に使用可能な機材が限られているため，練習はバンド単位となるのが一般的です。またバンドメンバー同士で扱う楽器がそれぞれ異なるため，上達するためには個人が主体的に活動をしなければなりません。先輩に聞いたり近年では動画サイトで手本を見たりと，バンドで集まりながらも自分のパートを黙々と練習する日々です。たまに合奏してみても自分のパートで精一杯，息を合わせる余裕はなく，途中で止まる。そんな状況がしばらく続きます。顧問は各パートに弾き方を教えるだけでなく，全体で合わせたときの音量のバランスや，テンポ感，音質などを客観的に確認しアドバイスをしていきます。そうしてだんだんと演奏がつながるようになり，ふと最後まで演奏し終える瞬間を迎えます。仲間と協力して得た達成感は，個人で得られるそれとの比ではありません。

　バンドによっては学校外に活動を広げ，各軽音楽連盟の主催するコンクールや地元のライブハウスの学生イベントなどに出演し，他校と交流をする場合もあります。自分たちでオリジナルの楽曲を制作し活動をするバンドもあり，10代の学生のみが出場できる大型音楽フェスティバルからメジャーデビューをする例もあるほどです。

　そのような軽音楽部ですが，抱えている課題は大別して２点あります。１点目は部活動運営上の課題です。前述のとおり軽音楽部ではバンド単位での活動となるため，機材を用いて活動できるのは実質週に１回，数十分程度となることも少なくありません。また部全体のミーティングも毎日行えるわけではないため，縦と横のつながりが希薄になりがちです。そのため部活動としての一体感を持たせるという工夫が必要となります。もう１点は組織的な課題。全国の軽音楽連盟は概して設立からの年数が浅く，そもそも連盟自体が発足していない都道府県も数多くあります。コンクールなどの機会がないと顧問間のつながりができにくく，部運営に関するノウハウ共有もしづらくなります。こちらについては各連盟でのイベントの企画（合同ライブ，コンクール，バンドクリニック等）を地道に重ねるほかありません。

　現在はSNS全盛の時代です。手軽に情報発信ができるようになり，高校

生が動画を制作，配信することも当然あります。個人が「どう表現するか」「どこで表現するか」の選択肢が多様化した現在，軽音楽部の構造も今後大きな転換がなされるかもしれません。

(吉田　語)

第9章

文化部の〈青春〉——イメージと実像

中西新太郎

関東学院大学教授

　本章では，運動部とくらべ，その実状がつたえられることの少ない文化系部活を取り上げ，文化系部活のイメージと実像とのギャップをあきらかにする。合わせて，今日の学校生活における文化系部活の位置づけを検討し，生徒にとって文化系部活が果たしている機能について論及する。

1——部活をめぐる社会環境の変化

　ブラック部活という言葉が流布され，部活指導における教員の過重負担が注目されている。学校での部活にかんする検討が，これまで，主に，生徒の側に焦点を当ててきたことからすると大きな変化である。教育分野での労働のあり方を問い直す点で，近年のこの動向には意義があるが，生徒にとっての部活の役割・機能を検討することもまた，従来以上に重要と思われる。なぜなら，青少年期の生育環境とりわけ社会・文化環境の大規模な変貌がすすむなかで，部活をふくむ学校生活全体が激しい変動にさらされているからだ。制度上でも実際の運営でも，学校教育はこの変動への対処を迫られ，部活のあり方の問い直しもまた，そうした対処の一環をなす。それらの様相を追うことはできないが，本稿では，この変化を念頭において，生徒の側からとらえた文化部のイメージと実像について検討する。

　前述した学校生活の変動について留意すべきは，子どもたちにとり学校世界の比重が相対的に低下している点だろう。制度上で学校生活の核とされる

教育（学習）活動が子どもに対する強い統制機能を持つ点は変化ないように
みえるが，統制強化（ゼロトレランス等）の進行から透けてみえるのは，学
校外の世界が持つ吸引力の増大ではないか。そして，いかに強い統制機能を
維持しようとしても，青少年の生活は学校外へ広がり，これを押し止めるの
は難しい。

　たとえば，ＳＮＳの普及によって，現在の中高校生は学校外へと生活範囲
を広げ，ネットを通じて知り合う経験もめずらしくない[1]。高校生のアルバ
イトを含め，学校外のつながりが彼ら，彼女らの一大関心事となっている場
合もある。

　こうした変化は，教育機能を持つとはいえ，相対的に統制力の弱い部活領
域ではさらにはっきりと進行している。部活と活動内容上で競合するクラブ
やサークルが学校外に膨大に存在することはだれしも思いつくはずだ。体育
教科にダンスが入ったこともあり，中学高校のダンス部は急激に増加してい
るようであり，ダンス部を目指し進学する子どもたちも現れている。しかし，
ストリート・ダンスを指導できる教員が多いとはいえず，カリスマ・ダン
サーにあこがれ民間のダンス・スクールに幼少時から通う子どもたちは，学
校外に活動と興味の中心をおくことになる。部活のレパートリーに飽きたら
ない生徒は，ネット社会をつうじ自分の興味に応じた集まりを探すことも容
易だ。実際，趣味縁と呼ばれるつながりの形成が，ＳＮＳの発達と相まって，
日常化している。

　全員加入制の部活は，こうした競合関係から部活を切り離し，そうするこ
とで子どもを学校教育内に囲いこむ手段だが，それは，同時に，部活が学校
世界で保ってきた相対的自由度を失わせ，教科外での生活統制という性格を
帯びてしまいかねない。ジュヴナイル・ポピュラー・フィクションに描かれ
る「帰宅部」表象は，部活領域さえも学校生活の窮屈さの一部となっている
状況への不信感や反発を反映しているといえそうだ。

　以上のことから，学校生活の欠かせないひとつであり，教科外活動として
教育の一環を担ってきた部活のあり方，すなわち，部活の理念型――これま
で自然と感じられてきた部活内外の社会関係とその機能。総じて肯定的に描
かれ，葛藤や軋轢を含みながらも，最終的には，望ましい共同秩序の発見を

着地点とするような部活像——，部活表象をあらためて問い直すという課題が生じている。部活が教育活動の一環として学習指導要領に位置づけられたことによって，この課題はよりいっそう強く浮上することとなる。すなわち，部活と内容上は同様の活動・組織が学校外に広がるなかで，学校教育の一環とされる部活に固有の特徴や役割は何かが問われるからである。

2——〈文化部〉とは

(1)　運動部—文化部という区分の曖昧さ

部活に関する以上の問題状況は，本質的には，運動部と文化部とでちがいはないと考えられる。そもそも運動部と文化部という区分は曖昧（たとえば，吹奏楽部は文化部に分類されるが，活動実態に照らすならむしろ運動部のそれと重なる。）であり，その根拠は判然としていない。にもかかわらず，この区分にもとづく両者のイメージは広く浸透しており，当事者である少年少女の意識はもちろん，部活問題に対する世間一般の反応にも影響を与えている。

〈運動部—文化部〉というこの二項対立意識にさらに踏みこんで考えると，〈運動部〉イメージの優越性を指摘できるのではないか。競技を核とする〈運動部〉の活動イメージ（「体育会系」という言葉に代表されるマイナスイメージも含め）の明確性に比べ，〈文化部〉の活動イメージはそれほど明瞭には想像しにくい。

文化部と聞いて思い浮かべる部活の代表例は美術部，文芸部といったところだろうが，それは，〈文化部〉が優越的表象としての〈運動部〉に対する反射観念だからではないだろうか。競技を核とする活動に対比される「無目的」な活動スタイルや運動部での練習のきびしさに対比される規律や統制の緩さ等々，〈文化部〉表象を構成する特質は，〈運動部〉イメージに対する無意識のカウンタパートとして描かれ感じられているように思う。

こうした〈文化部〉イメージを想像の産物にすぎないと片づけるわけにはゆかない。〈運動部〉も含め，社会的に共有された表象としての部活イメー

ジは部活へのアクセスや活動スタイルに実際的影響を与えるからだ。たとえば、文芸部、美術部、演劇部さらにはダンス部といった表現系の部活には「女性比率が高そう」というイメージがつきまとっており、そのイメージ自体が、男子の参加に高いハードルをつくりだしている。活動の実態とは別に、〈文化部〉というイメージ全体が「女性的なもの」と受けとられ、部活におけるジェンダー編成の一翼を担っている[2]。

　そこで、日本社会に広く浸透している〈文化部〉表象の社会文化的な土壌を、それが〈文化部〉活動のリアルとどのように関わっているかを含め、検討してゆこう。なお、同じ〈文化部〉といっても、中学校と高校とでは、当然ながら、機能も特徴も異なる点がある。しかし、紙幅の制約もあり、本稿では中学、高校を一括して扱うこととする。

(2)　文化部活動の多様性

　〈文化部〉という全体イメージの特徴についての共通意識がどれだけ存在するかは定かではない。前述のように、運動部イメージとの対照で活動の「緩さ」が、また、ジェンダー編成上では女性性が、そして、文化というタームに含意される活動内容の「曖昧さ」が——この点に連なる「社会に役立たない」という特徴づけにも留意したい。近年の大学政策での「文系」無用論に通底するからだ——、〈文化部〉イメージにはつきまとっているようだ。つけ加えると、運動部の集団性と対比される「個人主義」イメージも指摘できよう。文科系女子という言葉にこめられた、知的優越のイメージも存在するから、これらの全体的イメージが肯定的か否定的かを一律に想定はできない。ただ、いえるのは、これらのイメージが、文化部と総称される部活の活動実態やその多様性から大きく乖離しているという事実である。

　すでに述べたように、吹奏楽部の活動実態は運動部のそれに近く、ダンス部もまた、ダンス（舞踊）に対する一般的イメージとはちがい、スポーツ系部活に分類してもおかしくない。人気マンガ『ちはやふる』（末次由紀作、講談社）をきっかけに参加者が激増したといわれる競技かるたは、生傷の絶えない「苛酷な競技」[3]であり、文化部イメージとは相当に異なる。

　また、料理や簿記あるいはIT系といった、実学系の、職業訓練的要素や

進学に役立つ活動をも加味させられる部活がある一方で，囲碁・将棋や鉄道研究など，趣味とみなされることが多い部活も存在する。天文部，科学研究部といった，教科教育の補完ないし発展型の意味合いを持つ部活や，コミュニティ・ワーク領域と重なる郷土芸能研究などの部活も挙げることができる。新聞部という，部活の枠内で括りきれず，歴史的にも独自の系譜を持つ「部活」にも注意したい。

　要するに，研究対象も活動内容も一律に文化系と括れぬほど多様な広がりがあり，それら全体は，文芸部，美術部等々の〈文化部〉表象にはとうてい収まりきらないのである。部活の対象はその時々の生徒の要求・希望により変化する側面（マンガ，アニメ等の部活）があるから，その点でも，固定的な分類に困難がともなう。したがって，研究対象や活動内容にそくして文化系部活を分類し，その特徴を抽出することには無理があるといわねばならない。

　所属者数の多寡により，中心的な文化部を典型として検討するのは1つのアプローチではあるだろう。しかし，高校では所属者比率が分散化し，中学校では逆に吹奏楽と美術・工芸分野で68.7%を占める（文化庁「文化部活動の現状について」2018）ことから，その両者を考慮した典型抽出は難しいように思う。文化系部活の本質的特徴として，むしろ，活動ジャンルや様式にそくした共通性を規定できぬほどに多様であることが挙げられるべきだろう。文化部という括りなど存在しないとさえいいうる。

3——文化系部活の教育的意義を考える

（1）　文化系部活への対抗競技モデルの導入

　〈文化部〉における活動ジャンルのこうした多様性は，部活の社会文化的機能および教育的機能をとらえることの難しさに直結する。

　スポーツ系部活では，全国大会を頂点とした競技組織に各学校が組みこまれ，そのシステム内での学校，チーム，個人の評価を高めるための努力が部活動評価の可視的な尺度になっている。生徒の側からみても，そうした活動

が社会的承認を得る過程として内面化され，肯定的に価値づけられる。きびしい練習に耐え，チームでまとまり，悔いのない結果を残した——これがスポーツ系部活に対する肯定的表象の標準的内容であり，教育的機能に関する理解だろう。

　もちろん，競技組織のそうしたシステムがスポーツ系部活のすべてではないし，この表象に勝利至上主義という否定的特徴を対置することもできる。運動部に所属する生徒が，このシステムにそって部活の意義を内面化しているのだと一般化することもできない。しかし，サッカー，野球など花形運動部とそこでの部活について抱かれる表象の中心は，上述のような内容ではないか。

　スポーツ系部活に関するこの明瞭な像と比べ，〈文化部〉の活動はわかりやすい像を結びにくく，それだけ，教育的意義や社会文化的機能をとらえにくい。〈文化部〉活動を教育に位置づけようとするとただちに出現する難題である。

　スポーツ系部活に類似する「競技組織」をつくり，〈文化部〉の存在意義を可視化させようとする試みは，この難題への一つの対処である。文化庁の依頼により 1977 年に開始された全国高等学校総合文化祭（全国高総文祭）はその代表例で，各県持ち回りの国体方式で毎年開催されてきた。現在では，5 日間にコンクール分野を含む全 20 部門以上（規定 19 部門＋協賛部門）が参加するイベントとなり，参加者も 2 万人の規模に達する。

　こうした全国規模の発表・コンクール組織が，スポーツ系部活と同種の教育的意義を想定し，参加生徒にとり社会的承認をえられる機会とみなされてきたのは事実だろう。普門館という会場名（現在は名古屋国際会議場センチュリーホール）だけで通じる「吹奏楽の甲子園」全日本吹奏楽コンクール（全日本吹奏楽連盟・朝日新聞社主催）[4]や，1998 年に愛媛県松山市で始められた小さなイベントが「俳句甲子園」として知られるようになった全国高校俳句選手権[5]など，〈文化部〉活動への対抗競技モデルの適用・導入が，文化系部活を魅力的に感じさせる動機づけとなっていることは否定できない。

　とはいえ，多様なジャンルに広がる〈文化部〉活動をそうしたモデル（システム）のもとで一元的にとらえることは，運動部よりもさらに困難なはず

である。巨大化した全国高総文化祭に関する検討が加えられていること[6]は，〈文化部〉活動の教育的機能に対する問い直しが進んでいることを示す。

また，企業や自治体の後援を受けた各種コンクールの増加は，〈文化部〉活動に対する学校教育の規制力を弱める。便宜上学校単位の参加であっても，チームないし個人としての評価や動機づけが実質的には重みを持つような変化が進んでも不思議ではない。部活における「部」とは何かが参加者それぞれに問いかけられるということでもある。

(2) 社会化の視点からみる文化系部活の機能

こうして，文化系部活がそこへの参加者を惹きつける特質とは何かが，あらためて検討すべき課題となる。そもそも多様性を本質とする〈文化部〉に共通する特質など想定できないし想定すべきではない。

運動部ガイドライン（スポーツ庁）に続き発表された文化庁による文化部ガイドライン（「文化活動の在り方に関する総合的なガイドライン」2018年12月，以下ガイドラインと略す）はこの点をどう扱っているかみよう。

ガイドラインでは，まず，以下のような〈文化部〉部活の意義を示している。

「知・徳・体のバランスのとれた「生きる力」を育む，「日本型学校教育」の意義を踏まえ，生涯にわたって学び，芸術文化等の活動に親しみ，多様な表現や鑑賞の活動を通して，豊かな心や創造性の涵養を目指した教育の充実に努めるとともに，バランスの取れた心身の成長と学校生活を送ることができるようにする」

さらに，これにつけ加えて，「各学校において，生徒の自主性・自発性を尊重し，部活動への参加を義務づけたり，活動を強制したりすることがないよう，留意する」「文化部活動の多様性に留意し，可能な限り，生徒の多様なニーズに応じた活動が行われるよう，実施形態などの工夫を図る」といった留意点を示している。

〈文化部〉活動の教育的意義を述べながらも，生徒の「多様なニーズ」に応えるよう要請している点に苦心の跡がうかがえる。教育活動としての縛りは維持しなければならないが，嫌なら参加しなくてよいというのはジレンマ

である。生徒が参加したくなるジャンル，活動形態を工夫しろというのは，このジレンマを解消するための苦肉の策といえそうだ。この提言には，参加する生徒側の意識・要求に応じて変容せざるをえない〈文化部〉の実態が反映されている。

　ただし，「友人とのコミュニケーションや自己肯定感を高める居場所として大切にしている生徒，なかには部活動をきっかけに将来にわたり芸術文化等の専門家としての道を歩む生徒もいる。一方，部活動の選択肢が少ないなどの消極的理由で文化部活動に入部する生徒もいる」（同前）との現状認識に照らせば，前述の目標（教育的意義）記述は狭すぎるだろう。人格的（人間的）成長に役立つという点に焦点を合わせた記述は当然にみえるが，学校教育の社会的機能はこれに止まるものではないからだ。

　学校教育を制度化された社会化過程・様式の中心形態ととらえるとき，人格的成長のみならず，職業的社会化の次元も無視できない。「専門家としての道」とガイドラインも述べているように，職業人として社会に出て行く資源を獲得するのも，重要な部活機能の１つである。運動部と同様，〈文化部〉のさまざまな分野でプロ志向の若者がいるのは周知のとおりだ。三重県立相可高校調理部のように自治体（三重県多気町）支援のもとでレストランを開いている例[7]など，現実の職業と結びつきを持つ場合も少なくない。

　文化系部活に多様な形態が生まれるのは，そこでの活動，経験が就業につながる径路として位置づけうることにも関わっている。職業訓練（体験）的要素を部活の教育的意義としてどう評価するかが問われるのである。

　職業的社会化以上にガイドラインで欠落しているのは，政治的社会化の視点からみた〈文化部〉活動の位置づけである。政治的社会化とは，市民社会の一員として自律的に考え行動できるよう政治的陶冶を遂げることを指す。つまり，生徒による自治的活動が政治的社会化の核心にすわっている。

　たとえば，新聞部は生徒会活動と密接な関係を持ち，新制高校発足当初から全国に広がっていった。高校新聞は，学校内のトピックだけでなく，時々の社会問題も扱い，編集・運営や記事内容をめぐる学校側との軋轢・衝突も数多く生じた[8]。社会と直接にかかわる政治的アクターとしての性格を帯びる自治活動である以上，それは避けられないことがらであった。

新聞部のみならず，社会問題を積極的に取り上げた部活として社会科学研究会，部落問題研究会等を指摘できるが，それらは現在では影を潜めているように思われる。その原因を若年層の政治的無関心に求める理解は正確ではない。「政治的教養」の獲得が教育基本法にうたわれていたにもかかわらず，政治的陶冶の課題は看過されてきたこと，とりわけ，いわゆる高校紛争をきっかけに生徒の対外活動が禁止されたことの影響は大きい。

　しかし，政治的陶冶に関わる分野を〈文化部〉活動に位置づける必要は，現在では，いっそう重要になっている。18歳選挙権の実施や子どもの権利条約（意見表明権）など，青少年もまた市民権（シティズンシップ）を有するという考え方にもとづくなら，社会活動を含む部活はむしろ推奨されて当然なのである。新聞部はもちろん，ボランティア，放送あるいはコミュニティ・ワーク等の部活は，政治的社会化の視点から，それぞれの特徴や課題が検討できるし，そうする必要があるだろう。

4──生徒の側に映された〈文化部〉表象とその意味

(1)　平等な機会保障と居場所機能

　文化系の部活をその社会的・教育的機能と意義とにそくして統一的にとらえることの困難は，以上からあきらかだろう。さらに，現在では，部活それぞれの分野特性に応じて，学校外でのサークル活動に容易に移行しうることにも注意しよう。原則として学校内に限られ制約の多い部活にこだわらなくても，興味や技量に応じた学校外サークルを見つけるのは難しくない。高校生が大学生サークルに出入りしているといった，学校段階を越えた結びつきも可能だ。

　この現実に立ち，部活を学校外へと「外部化」すべきだ（してもかまわない）という主張がありうる。マーケットとして有望視される分野では，すでにそうした外部化は進行しており，教員の負担軽減にもなるから，この主張にそう変化は今後さらに進む可能性が強い。

　では，〈文化部〉部活の教育機能と意義とは今日では失われていると判断

してよいのだろうか。

　そう結論づけるのは早計だと思う。その理由は以下のとおりだ。

　第一は，すぐに考えつくことだが，学校教育の枠内に位置づけられる部活は，教科領域と比重を異にするとはいえ，公的責任のもとで行われるのであり，活動に必要な費用負担も公的に賄われることが原則となる。経済的理由から社会化の各次元で不利な条件におかれた子どもたちに，部活を通じて，彼らの望む活動機会・環境を保障することは，教育の公共性に含まれる重要な機能である。高額な機材を私的に準備しなくても参加できる平等化の機能は，前述した意味での単純な外部化では保障できない。

　吹奏楽部での個人負担がネット上で話題となるように，実際には，部活への参加が家庭負担を前提とし，費用のかからない部活を選択するしかない状況も存在しよう。そもそも，生活のためのバイトにより部活に割く時間がない実態もある。そうした現実を踏まえるなら，部活の教育機能として，平等な機会・環境保障という視点が不可欠のはずである。部活についても，学校教育無償の理念に立って考えるということである。文化系部活のあり方をこの点から検討することが必要であろう。

　第二に，生徒の側に映し出された〈文化部〉表象の検討を通じ，文化系部活に想定され期待されてもいる機能を考えてみたい。

　〈文化部〉の活動やそこでの人間模様，事件，葛藤，軋轢などを描く青少年向け〈部活小説・マンガ・アニメ〉は多岐にわたり，膨大な数に上る。扱われる部活のリアリティもちがい，ありえない部活ジャンルの設定も数多い。部活を描くとはいえ，ボーイミーツガール（部活物語の定型と呼べるこのタイプでは，部活は出会いの場という性格を持たされる），サクセス・ストーリー（対抗競技モデルを中心にすえた部活の物語では，この要素が強い），はたまた，ミステリー（たとえば，米澤穂信の古典部シリーズ）など，物語類型も一つに収まらない。部活を描く物語は，〈文化部〉という舞台設定があるだけとさえいえる広がりを持つ。

　以上を考慮すれば，〈文化部〉表象の散乱はいえても，共通の特徴を見出すのは困難に思われよう。対抗競技モデルに依拠して活動の構造をストーリーに描ける部活ジャンル以外では，活動内容を物語化しにくいという事情

もある。

　たとえば，俳句や和歌の部活を描くことは，対象となる俳句，和歌作品の内容（質）をつたえねばならない。人気を博した『文学少女シリーズ』（野村美月，ファミ通文庫）のように，この難点を解消する設定（対象作品を文字どおり食べて味わう文芸部部長天野遠子というキャラクターの採用）の作品はあるが，美術であれ音楽であれ，〈文化部〉ジャンルの多くが，そうした描写上の困難を抱えている[9]。

　では，そうした困難にもかかわらず，〈文化部〉を舞台とする作品がかくも数多くつくられてきたのか？　文化系部活のリアルを映すことにこだわらない〈文化部〉物語から読みとれる〈文化部〉の機能とは何なのか？

　文化系部活の実像に縛られず，それとはかけ離れているかにみえる部活の物語にこそ，この問いに答えるヒントがあるように思う。

　たとえば，「文化部の中でも一番人気のない」天文部に入部した「天文に関する知識や学問にこれっぽっちも興味がない」4人の少年少女の物語（坂本司『夜の光』新潮社，2008年）。彼ら彼女らが「部活」を続けられる，つまり4人で集まり続けられるのはなぜかが主題のこの作品では，天文部は，そこにいられる場であること以外の役割はない。つまり，天文部の役割とは，この場合，前述ガイドラインのいう「友人とのコミュニケーションや自己肯定感を高める居場所」にほかならない。

　〈文化部〉がそうした居場所機能を果たすかっこうの場とみなされていることに注意しよう。スポーツ系部活でも同様の物語はもちろん可能であるが，文化系部活の「緩さ」（というイメージ）が，そこに「ただいるだけの集まり」という土台を鮮明に露出させる。土台とは，各人の生を支える共在性[10]というような意味だ。大ヒットアニメ「けいおん！」の主人公たちは部活という舞台でいつまでもおしゃべりをくり返す。「一緒にいるから　生まれる勇気があるね　ずっと放課後　いつまでもティータイム」（「放課後ティータイム」ポニーキャニオン）と歌われる日常のつながり，そのように「ただいること」を支える場・手段が部活なのである。『生徒会の一存シリーズ』（葵せきな，ファンタジア文庫）[11]で延々と続くオタクネタのおしゃべりを通じて浮かび上がるのも，そこにいることの心地よさであり解放感といえるだ

ろう。

(2)　青春できない少年少女たちの隠れ家

　しかし，居場所のはたらきを保障する場であれば部活でなくてよく，〈文化部〉である必要もない——そうした疑問が生じるのは当然である。

　たしかに〈文化部〉だけが居場所候補ではない。たとえば，帰宅部という表象には，学校に居場所を求めない者たちという共在性の含みがある。ドラマ化もされたマンガ『セトウツミ』（此元和津也，秋田書店）は，帰宅部に類する主人公の男子高校生が河岸にすわりおしゃべりに興じる物語だった。園生凪『公園で高校生達が遊ぶだけ』（講談社ラノベ文庫，2018 年）では，同種の掛け合いが生まれる場として公園が設定されている。つまり，「ただいる」だけならどこでもよいのだ。

　それならば，どこでもよいのに，〈文化部〉がとりわけて「そこにいられる場」に挙げられるのはなぜか。

　学校外の任意の場を居場所とするのは，想像の上ではいくらでも可能であり，ネットを介した居場所の発見が，今日では，現実的にもなった。だが，少年少女の「社会生活」の大半を占める学校で居場所として想定されやすいのは部活ではないだろうか。中でも，学校で孤立しがちで居場所を見つけにくい存在（ぼっち）を引きつける場として〈文化部〉が想像されているように思う。

　ぼっち状態におかれた主人公を据えるジュヴナイル・ポピュラー・フィクションは，それが多数派といえるほど多い。〈文化部〉は，学校生活の標準に適応できない（青春できない [12]），そんな少年少女たちにとっての隠れ家（安全地帯）というわけである。

　仲間とつるむ集団性から排除された，あるいは，そうしたエートスになじめない者たち [13] がともにいられる場所という〈文化部〉表象は，種々の背景から孤立を余儀なくされた少年少女のアイデンティティ獲得過程に焦点が合わされている。「リア充」の学校生活から取り残され「ヘラヘラ」過ごす「落伍者」が集まった「裏演劇部」（ハセガワケイスケ『カーテンコールが鳴る前に』電撃文庫，2019 年）等々の設定は〈文化部〉を舞台とする物語の

一定型といえる。あこがれの美少女からの「互いに『切磋琢磨』しあうゲーム部」への誘いを断り、「逃避場所で，代償行為で，駄目な僕のコミュニケーションツール」であるゲームを楽しめる同好会をつくる少年の物語（葵せきな『ゲーマーズ』ファンタジア文庫，2015年〜）等々，はては，〈部活難民〉の少女が一人化学部に入れられ，人体模型と会話するといったストーリー（柳田狐狗狸『エーコと【トオル】と部活の時間』電撃文庫，2013年）まであるくらいだ。

　サクセス・ストーリーやボーイミーツガールという「王道」に分類される〈文化部〉ストーリーはもちろんあるが，キモオタやモブキャラの位置で学校生活を送る者たちが棲息できる場所という点に〈文化部〉の重要な特徴がある。この場合，〈文化部〉というトポスは，青春できない少年少女たちの隠れ家とでもよべる性格を帯び，孤立者がたむろできる依り代のような機能を果たしているといえよう。

　〈文化部〉のこのような表象は，文化系部活の実像と決して無縁ではないだろう。スクール・カースト序列で美術部，文芸部といった地味な部活は下位におかれることがあり，マン研，鉄研といった，オタクと見られやすい〈文化部〉もそうである。演劇部が他に行き場のない者のたまり場となっている状況もあるようだ。必ずしもどの〈文化部〉と決まってはいなくとも，あれこれの〈文化部〉が，学校生活を生きにくい少年少女たちにとってのアジール（縁切り寺のように一時避難所としての制度的，社会的機能を持つ場所）の役割を果たすことは十分に考えられる。

　部活すなわち活動である以上，ただいるだけの場所では都合悪く感じられるかもしれない。このタイプの文化部ストーリーでも，「そこにいる」という土台の上に，ラブコメやビルドゥングスロマンのトピックが散りばめられるのはしばしばであるから，隠れ家という舞台設定の意味は見失われがちではある。しかし，〈文化部〉表象のこの定型が重要なのは，文化系部活にひそむ現代的な機能を示唆しているからである。

おわりに

〈文化部〉も含め部活の場がイジメの舞台となりうることは，いまや，いくつもの事件によって明らかになっている。学校環境全体が生きにくいのだという表象は現代日本の少年少女に広く行きわたっており，デフォルトのイメージといってよいくらいだ。文化系部活が学校空間の中で居場所機能を果たすという通念は，現実には，危うくなっている。部活の世界にもきびしいパワーゲームが支配していること，教室の場よりも「緩い」統制下であるがゆえに，友人関係の葛藤や抑圧がより直接に降りかかる場であることなど，部活にひそむ「生きづらさ」を描く物語も少なくない。ほのぼのと牧歌的な文化系部活があたりまえとはいえないのである。

だからこそ，〈文化部〉表象が映し出す，「そこにいるだけでよい」場[14]の保障という理想は，学校生活におけるセーフティネットの重要性を示唆する。〈文化部〉表象にこめられた「緩さ」（互いの距離感）や「平場感覚」（権威主義的序列やカースト的地位序列の無力化）等々には，学校環境に欠けているもの，少年少女が切実に必要としているものが映し出されているのではないだろうか。

【本章のポイント】

- 文化系部活は一括りに定義できぬほど多様で多岐に渡っており、一般にイメージされるよりもその活動範囲ははるかに広い。
- マンモス化した文化系部活の全国大会が見直される一方、○○甲子園と名づけられる文化系コンテストが増加している。
- 文化系部活の一部は学校外の商業クラブとの競合関係におかれるようになった。
- 学校の中で「緩い秩序」と感じられる文化系部活には特有の居場所機能がある。

注

1) ベネッセ教育総合研究所（2014）「中高生のＩＣＴ利用実態調査」では，ネットで知り合った人がいる中学生24.7%，高校生24.3%。（回答者数，中学生2796人，高校生6070人）。

2) 〈運動部〉タイプの部活に近い吹奏楽部の女子比率が高まるのは60年代末から70年代にかけてだという。森田信一（2006）「クラブ活動としての吹奏楽の変遷」『富山大学教育学部紀要』（60）参照。なぜこの時期にそうした変化が生じたのかについては定かではない。

3) 由井一成（2018）「スポーツ系文化部「競技かるた部」」長沼豊編著『部活動改革2.0 文化部活動のあり方を問う』中村堂。

4) 普門館ストーリーとでもいえる吹奏楽部のドキュメント（たとえば，オザワ部長（2015）『オザワ部長の吹奏楽部物語——翔べ！私たちのコンクール』学研プラスやフィクションは数多い。アニメ化もされた武田綾乃『響け！ ユーフォニアム』（宝島社文庫）シリーズは累計130万部を超えるという。

5) マンガのアキヤマ香（2013～）『ぼくらの17－ＯＮ！』（双葉社）は，ボーイミーツガールの体裁を取りながら，俳句選手権の実際をつたえている。生け花甲子園を舞台にした，今村翔吾（2018）『ひゃっか！ 全国高校生花いけバトル』（文響社），そば打ち甲子園を扱った，そば打ち研究部（2019）『そば打ち甲子園』（学研プラス）など，70種類を超える文化系甲子園は，物語の枠づけに利用しやすい。

6) 「全国高等学校文化連盟全国高総文化祭検討委員会による答申」2019年1月29日

7) 島村菜津（2009）『スローな未来へ——小さな町づくりが暮らしを変える』（小学館）に詳しい紹介がある。

8) これらの経緯については，小川吉造・今井久仁編著（1999）『高校新聞の戦後史——学園メディアと高校生記者たちの青春』（白順社）がくわしい。

9) ただし，料理マンガ，ゲームアニメ等々，日本のサブカルチャーによって開拓しされてきた物語ジャンルの範囲が広いことは，〈文化部〉を形象化するうえで有効であったことにも注意したい。

10) この言葉は，「共にある態度，身構え」を共在感覚と呼んだ木村大治の検討にもとづく。（木村大治（2003）『共在感覚——アフリカの二つの社会における言語的相互行為から』京都大学出版会）

11) 「碧陽学園生徒会議事録」という副題のついた全19冊に及ぶ生徒会執行部の「物語」で，生徒会は実際には部活に等しい。そして，主人公たちはおしゃべり以外何もしない。

12) 青春という言葉は，「青春する」「青春できない」というように，動詞として用いられるようになった。

13) 笹生陽子（2010）『家元探偵マスノくん 県立桜花高校★ぼっち部』（ポプラ社）での「チーム・ぼっち部」部内でのNGワードは，「一致団結」「和気あいあい」である）

14)「ただそこにいる（いられる）こと」をケアの本質ととらえ，セラピーと区別する，東畑開人（2019）『居るのはつらいよ──ケアとセラピーについての覚書』（医学書院），参照。

あとがき

　本書をお読みいただき，改めて部活動についてどのようなイメージ・感想をもちましたか。これまでとは異なるイメージや新たな発見を得ることができたのであれば幸いです。

　本書では，部活動という実践とその社会的課題や問題点を，研究者，専門家が多角的な視点でアプローチし，考究してきました。各章におけるそれぞれのポイントをほかの章やコラムで補うことで，さまざまな立場や視点から積極的に議論がなされることを意図したつもりです。

　おそらく，部活動に対するイメージや実体験の個別性・特異性は，部活動に関わる（関わった）人の数だけさまざまあることでしょう。編者自身もかつて部活動を経験しましたし，現在も関わっています。体育・スポーツを研究対象とする立場としては，その経験を学術的，客観的に論じることが求められるのですが，研究を志すきっかけとなったのは部活動における個人的な経験であったように思います。このような個別の経験やイメージを語り合い，議論を深めていくことによって，部活動が持つ課題や問題点がより明確になるのだと思います。

　また，この課題や問題点は，部活動が日本社会の歩みという特異な文脈で生み出され，存続してきたことを無視して考えることはできません。それは，私たちが生きる社会やそこでの生き方にまで拡張して考えることにも通じているといえるでしょう。

　本書を通じて，一人でも多くの方が部活動の「これまで」と「いま」について認識を深められ，部活動の「これから」が具体的に描かれていくことを願い，本書のまとめとさせていただきます。

　最後に，本書の内容を構想するにあたって，執筆をご担当いただいた伊藤明己先生，中西新太郎先生，細谷実先生からは的確なアドバイスをいただきました。執筆を快諾していただいたほかの先生方からは，原稿を通じて新たな気づきや学びがありました。また，旬報社の熊谷満様，今井智子様には編集において細やかなご配慮をいただき，刊行にまで到ることができました。皆様にこの場をお借りして厚く感謝を申し上げます。

2019 年 10 月

岡部祐介

■著者紹介

編著者

青柳 健隆 （あおやぎ けんりゅう）

1987年、秋田県生まれ。関東学院大学経済学部准教授。日本学術振興会特別研究員、関東学院大学経済学部講師を経て現職。2015年、早稲田大学大学院スポーツ科学研究科博士後期課程修了。博士（スポーツ科学）。専門はスポーツ教育学。小中学校では軟式野球部とクロスカントリースキー部、高校大学ではアーチェリー部に所属。その後、大学アーチェリー部のコーチを務める。

岡部 祐介 （おかべ ゆうすけ）

1981年、茨城県生まれ。関東学院大学経営学部准教授。早稲田大学スポーツ科学学術院助手、至誠館大学ライフデザイン学部講師を経て現職。2011年、早稲田大学大学院スポーツ科学研究科博士後期課程修了。博士（スポーツ科学）。専門はスポーツ哲学、スポーツ文化論。中学校から大学まで陸上競技部に所属。長距離種目を専門とし、大学では箱根駅伝にも出場。現職の大学では陸上競技部の副部長を務める。

執筆者

伊藤 明己（いとう はるき）　関東学院大学教授，メディア文化論
春日 芳美（かすが よしみ）　大東文化大学専任講師，体育・スポーツ史
中西新太郎（なかにし しんたろう）　関東学院大学教授，現代日本社会論
細谷　実（ほそや まこと）　関東学院大学教授，哲学・倫理学・男性学

執筆者（コラム）

榎本 恭介（えのもと きょうすけ）　法政大学大学院，スポーツ心理学
清水 智弘（しみず ともひろ）　法政大学大学院，スポーツ心理学
額賀　将（ぬかが しょう）　東京都公立学校教諭，スポーツ健康学・体育科教育・スポーツ心理学
松田 太希（まつだ たいき）　広島大学グローバルキャリアデザインセンター特別研究員，暴力論・スポーツ哲学・教育学
吉田　語（よしだ かたる）　埼玉県公立学校教諭，軽音学部顧問

部活動の論点
「これから」を考えるためのヒント

2019 年 12 月 10 日　初版第 1 刷発行

編 著 者	青柳 健隆・岡部 祐介
装　　丁	坂野公一（well design）
発 行 者	木内洋育
発 行 所	株式会社 旬報社
	〒 162-0041 東京都新宿区早稲田鶴巻町 544 中川ビル 4 階
	Tel03-5579-8973　Fax03-5579-8975
	ホームページ　http://www.junposha.com/
印刷製本	中央精版印刷株式会社